十力丛书

熊十力 著

中国历史讲话 （外三种）

上海古籍出版社
上海书店出版社

图书在版编目(CIP)数据

中国历史讲话：外三种／熊十力著.—上海：上
海古籍出版社，2019.2(2022.9重印)

(十力丛书)

ISBN 978-7-5325-9087-2

Ⅰ.①中… Ⅱ.①熊… Ⅲ.①中国历史-研究 Ⅳ.
①K207

中国版本图书馆 CIP 数据核字(2019)第 020292 号

中国历史讲话(外三种)

熊十力 著

上海古籍出版社出版、发行

(上海市闵行区号景路 159 弄 1-5 号 A 座 5F 邮政编码 201101)

(1) 网址:www.guji.com.cn

(2) E-mail:guji1@guji.com.cn

(3) 易文网网址:www.ewen.co

常熟市文化印刷有限公司印刷

开本 635×965 1/16 印张 16.75 插页 2 字数 174,000

2019 年 2 月第 1 版 2022 年 9 月第 3 次印刷

印数:3,201—4,250

ISBN 978-7-5325-9087-2

B·1090 定价:49.00 元

如有质量问题,请与承印公司联系

"十力丛书"出版缘起

大约在 2006 年，我动念想出版熊十力先生的书，遂与熊先生后人联系。其时我不过是初入出版界的资浅编辑，没想到万承厚女士欣然慨允，给予我极大的信任。万女士为此事咨询王元化先生，元化先生又委托时任上海书店出版社社长的王为松先生主持出版事宜，事情很快落实，由当时我所在的世纪文景公司与上海书店出版社联合出版。

熊十力先生的曾孙女熊明心博士参与了丛书的编校工作，现代新儒家的传人罗义俊先生担任丛书的学术顾问。罗先生不顾久病体弱，亲自参与审稿或复校。王元化先生则将旧文中有关熊先生的片段连缀成《读熊十力札记》以代丛书序，并在前面写了一段引言，据说这是王先生亲撰的最后文字。丛书自 2007 年 8 月起陆续出版，历时两年，而王先生于 2008 年 5 月去世，未及见到丛书出齐。

转眼间十多年过去了，万女士也于今年仙逝。今由上海古籍出版社联合上海书店出版社再版"十力丛书"，因记其始末。新版"十力丛书"改正了不少初版未校出的错讹和不当的标点，将初版遗漏的《论六经》与《中国历史讲话》《中国哲学与西洋科学》等合为一册，《熊十力论学书札》增补了若干新发现的书信，"十力丛书"庶几完备焉。

当时为初版所撰"出版说明"，仍录于下：

1947 年门人刘虎生、周通旦等于熊先生家乡谋印先生著作，名之曰"十力丛书"。盖先生亲定名焉。丛书原拟印先生前期主要著作,因赀力不继,仅印出《新唯识论》语体本及《十力语要》各千部。先生晚年自筹付印《与友人论张江陵》《原儒》《体用论》《乾坤衍》诸书,亦以十力丛书为名,显见先生续成之意。然亦止成数百部以便保存而已。今汇集出版先生前后期主要著作,成为一完整系列,仍决定沿用"十力丛书"之名,亦为完成先生夙愿云。

本丛书编辑体例如下:

一、采用简体横排,以广流传。

二、以原始或原校较精之版本为底本,并参考其他版本点校。

三、依熊先生原文之句读,重施标点。通假字保留;异体字酌改为通行字;凡显系手民误植者,径改不出校记。

四、引文约引、节引或文字与出典稍有出入处,一般保持原貌;与出典差异较大者,予以说明。引文或正文少数缺略的内容有必要补出者,补入文字加〔 〕。原版个别无法辨识的文字以□示之。

补记:《新唯识论》立"翕阖成变"之义,系熊十力哲学的重要概念,为尊重故,丛书中与此相关的"阖"字不简化成"辟",而写作"阖"。另外适当照顾作者的用字习惯,如"执著"之"著"熊先生习惯写成"着",古印度论师世亲之兄,熊先生也写作"无着",今亦仍其旧。

刘海滨

2018 年 12 月 5 日

目录

论六经

中国历史讲话

题　记

　　《中国历史讲话》原系熊十力先生于 1938 年春为学生授课时的讲稿,是夏整理成书,由中央陆军军官学校石印行世。此次即以此本为底本,参照其他版本点校。

缘　起

余以今春避寇入川，依钟生芳铭于璧山。永善邓生子琴、无锡钱生学熙、郓城陈生亚三、汾城刘生公纯、友人菏泽王君绍常均先后来璧。江津任生伦昉、璧山刘生冰若亦均相依忧患之中。余以迂陋，无所自效于世，唯日与诸子讲说旧闻。一日，亚三偶提及国史云：发扬民族精神，莫切于史。今吾历史，被后生诬乱破碎殆尽，是事可奈何耶？子琴复提出种原及通史两问题。余感其切问，因与诸子略明吾意。为谈计二星期。理其记录，差可一卷。命曰：《中国历史讲话》。故识其缘起于卷首。

中华民国二十七年季夏三伏日逸翁熊十力

我现在要讲的题目，有两个。第一，是种族推原。第二，是关于修"中国通史"的一点意见。先说第一。

3

一、种族推原

中华民族，由汉满蒙回藏五族构成之。故分言之，则有五族；统称之，则唯华族而已。如一家昆季，分言之，则有伯仲；统称之，则是一家骨肉也。

汉　族

汉族者，本三皇五帝之子孙。历代居中国本部。本部复别以三：

一、黄河流域及其他省区。

如甘肃、宁夏、新疆、陕西、山西、河北、河南、山东，及热、察、辽、吉、黑等省。

二、长江流域。

如四川、湖南、湖北、安徽、江苏、福建省。

三、珠江流域。

如广东、广西、云南、贵州等省。

此皆汉族世代生长之地。其散处于满、蒙、藏诸边塞则为数较少。余如台湾、琉球,与朝鲜、安南、缅甸等属国,本皆汉族同胞,今沦为异域云。

汉族有数千年高尚悠远之文化。故言及中华民族,往往即以汉族为代表。但汉族,自其先代孳生既众以后,而与满、蒙、回、藏分支,自为留居本部之一族。后人自难确定其分支之祖为谁氏,只可说为三皇五帝之子孙而已。然历代传说,都以为汉族是黄帝的子孙。司马迁作《史记》,其《帝纪》即始于黄帝。大概黄帝建造我国家,保固我民族,其声威最大。故群奉为开国元祖,而定为一尊耳。古者汉族本称诸夏。或以为因夏朝得名。昔我神禹,会诸侯于涂山,执玉帛者万国。可见其声德广远。故四裔称我族类为夏人焉。或曰,夏之为言,大也。以其为世界上伟大的民族,故称夏焉。其曰诸夏何也?诸者多数之称。当时族人并建列国,又其支分派别,族姓日多,故云诸夏耳。其后称为汉族者,则因汉朝威震中外。四旁诸夷,皆称我国人为汉人。此汉族之名所由始。唯自是汉族一名,乃普遍流行而无以易。

汉族之性情,宽大而和易。向来对于异国异族,常敦守和平。苟人不以侵凌加诸我,则我决不侵凌人。唯人若肆意侵及于我者,则我亦必坚决抵抗。纵有时退让,而终久必令其自然同化,或以实力使之屈伏焉。通观数千年历史事实,明明如是。汉族所以伟大者,以其有含容性与持久性故。

或者汉人在西北边省业商，颇有狡诈之习，贪小利而失大信。此最害事。盖未受教育之民，愚蠢无远见，故有此病。今后边省教育青年子弟，宜时时教以贵信义，尚勇气。至于商人如再有不公道不信实之行为，地方官尤应以其法律禁止。

汉人的理想高，眼光大，故其学问偏长于哲学方面。唯其心思不屑于琐碎处用功，所以对于物理界的知识，不免疏略。因此，不能发展科学。此其所短。今后当吸收西洋人的科学，但当阐扬其固有的哲学思想，以为做人的根本，立国的精神。民国以来教育，对于固有的学术思想与道德信条等等，一切以为旧的，腐的，而尽唾弃之，却又无法凭空产生信条与新的道德。而哲学上，又没有新的中心思想。因此，没有维持身心的东西。所以社会上表现一种猖狂与混乱的现象。一切人的内心里面，好似空虚腐烂，无有一毫生气，譬如空心一般。由此纵欲、贪淫，一切所作所为，虚浮诳伪，全无实际。中国民族到今日，可说危险万分，而士大夫犹不觉悟。因为民初以来的教育，把固有的东西抛弃尽净，今日也无法自觉了。

中国孔子的思想，广大精微。他在宇宙方面，是发明了力用刚健的本体。宇宙万化无穷，万变不息，万象昭著，都由这个刚健的力量所发现。这是天地间不易的真理。根据这种宇宙观，来应用在吾人生活上，便是自强不息。原来吾人的生命，与宇宙的大生命，不可分为两片。吾人正于此自强不息的工夫上，认识自己的本性。万人念念自强，念念不息，念念是真实的力量流行。即凡应事接物，一切无有苟且，无有虚诳，无有迷乱。如此则何功不成，何事不办。又复当知自强不息的力量，是时时向前

6

的,时时求新的,时时求真的,时时自觉而不至倒妄的,决不会为过去的腐旧而不合理的势力所凝滞,所束缚。这种人生态度是应当保持而不可失坠的。至于孔子之所以治国与平天下者,则皆注重经济问题,而一以均平为原则。又必专主忠信与絜矩之道,絜矩即恕,唯恕故无以不平等待人者。而后均平之治可期。今日全世界人类,斗争与骗诈之祸,将趋于自毁,尤非孔学不救。我们要阐明孔子的思想,不仅是救中国民族的。虽然当世也有许多不成人类的东西如汉奸等。假托尊孔,而我们不能以此之故,遂说孔学不足提倡。须知真的出来,则假冒者自然绝迹。汉族之觉悟与否,关系中国五族的存亡。教育与学术思想,毕竟是社会政治一切的根源,所以谈到汉族,不嫌枝蔓,而说及此。

满　族

满族即东胡族,亦称通古斯族。向居本国东北边外。在成周时,则为肃慎氏。盖汉族之一支,由本部蕃衍而移殖于东北边境也。从前满清学者,亦有谓满族系黄帝子孙徙于塞外者,可谓实录。东胡在周以前,有九夷。《竹书纪年》称后芬即位三年,九夷来御。《后汉书》总东胡诸部为《东夷传》,曰:"《王制》云:'东方曰夷。'夷者,柢也,言仁而好生,万物柢地而出。故天性柔顺,易以道御,至有君子、不死之国焉。"不死言长寿也。又曰:"夷有九种……故孔子欲居九夷也。"据此,则东胡族在古代,犹存中原文献之传。故中原人士称美之曰夷,可谓文明矣。及秦汉以后,则纯尚武力,暴戾之气，变诈之性，时常入寇，毒害生民，无复曩时礼让之风焉。然汉世如乌桓者，但为边患，其势犹不足危害中朝。且受国军征讨，而仍归命阙廷。迄至于晋，则东胡有鲜卑者，乘晋室衰乱，纷纷崛起，甲马纵横，云扰北部，而生民之祸益呕。拓跋宇文，皆抚有北部，终以收拾五胡之局。其诸业有可称者。

唐朝季世，东胡复有一支，曰契丹者。初起尚微，后及浸盛，据北部而称帝，旋改号曰辽，历年二百。虽皇宋崛兴，号称统一，而幽燕十六州，犹属于辽，宋人未能收复。

其后辽衰，而东胡诸部中又有女真继起，取辽而尽有其地，复称帝号而建国曰金。其势又盛于辽。

至于明朝季世，则东胡又有一支崛起，所谓满洲是也。其初兴之酋长，本受明帝之命，以治其部落。迨后势力日盛，乘中原流贼之祸，遂倾覆皇朝，而代明为帝，改朝号曰清。遂主全中国之政。其盛，远非辽金可比。然及其衰也，则其族类式微，亦较辽金为甚。

昔者契丹即辽。之雄于北部也。当宋室未兴时，几可以夺全国政权，而逞一日之欲。然卒称帝号于北方之一隅，而不愿南下，更不肯徙其族类以居中原本部。此其用心甚深，眼光甚远。盖彼族一向在东北，有其雄悍强勇之习，亦由其环境之关系所养成也。若入中原本部，则温和之气，柔靡之景，在在足以移人之性情，而使之习于文弱。此其不愿入内地者，一也。凡一族类，常居于其世守之地，而勿过于向外发展，则保守之力量较强。虽无大进取，而又无大损失。此其不愿入内地者，二也。契丹兵临中原倾覆皇朝，仍为中朝立君而去之。立石敬塘为中国之帝。而不敢实握共主之柄,不欲居其族类于内地,可谓深思远虑矣。

其后女真之兴也,亦秉契丹遗策。故其初取汴京也,即立张邦昌、刘豫为帝,而彼仍不欲妄图全国。其后值南宋赵构之昏愚柔弱,又多猜忌,忘仇耻而去忠良,任宵小。金人乘此机,未尝不可灭宋而君全国也。然卒无意图南,而与宋媾和焉。虽以金主雍_{即世宗。}之盛治,犹对宋让步,讲和修睦。固由此时宋廷,非赵构时代之比。然金人无意南下,则除逆亮外,_{金主亮最无道,以伐宋致败而死。}殆为其先世以来一贯政策。金人最不善理财,而享祚殊久者,则以其不轻启野心故耳。

清人之兴也,初亦不欲入主中朝。其兵力时迫帝都,而自引退,还冀中朝与之讲和,犹是辽金之用心也。惜乎明廷无有深识,既不能平流贼,又不能和满洲,浮昏扰攘,自底于亡。及流贼陷北都,崇祯皇帝殉国,清人始动入关之野心。内地诸汉奸又怂恿之。迄入主全国,则悉移其族类,分布内部各省,号为驻防。天道恶盈,历二百余年,其故部族类,几于绝灭。乃知辽金时代所以不愿扩张,而令其种类保聚于故土者,其智虑深远,不可及也。此又可为百世之殷鉴矣。

满族入主内部,次数较多。而时有美绩,能绍述汉族英君贤相之志。如北魏孝文、金世宗与清康熙诸主,其英贤之誉,不可没也。

蒙　族

今之内蒙、外蒙诸同胞,统称蒙古族,亦省称蒙族。世居本国北塞，亦间有散居东北、西北各塞者。古代之獯鬻、猃狁，及秦汉魏晋时之匈奴，皆今蒙族之先辈也。而史家以为即今之回族者，此盖臆说，不足据。蒙族本吾国朔北一大族也。元朝时代，其势力且达于欧洲。岂小部寡民一旦崛起，而能至此乎？以理推之，蒙族当是吾国朔北有悠长历史的民族。故匈奴、猃狁等，当是蒙族先辈。

匈奴自汉族衰微，种人分散。晋代五胡之变，匈奴首祸，而败亡亦最先。其后有铁勒及奚诸部，皆匈奴别种，见《北史》及《旧唐书》等。势力稍振。至唐朝初，归附朝廷。天子嘉之。自唐以后，匈奴各部分散，颇有与突厥即回族。及东胡即满族。杂居，而为其臣属者，抑有伏处漠北而与外面绝关系者，皆久而不振焉。

爰至宋朝，鞑靼种人，始兴朔北。其势浸盛，并吞诸部，而称大蒙古国。后来灭夏并金，又推倒宋之皇室，晏然为中国共主，是为元朝。然未及百年而亡。则以明朝高皇帝，以汉族而崛起于本部，能领导汉族及各族人，以修明政治。故元室不得不倾覆也。其为匈奴遗裔无疑。不然，则此新兴民族，岂能一旦自天而降乎？若谓匈奴是回族先民者，则蒙族何所从来耶？

或有谓蒙族即东胡别支者。外人尤多持此说，却当修正。盖就五族原始而言，固皆同一本。自其分支而言，则五族又不当混视。宋时，蒙古人起于朔北，与当时东胡族虽有接触，但无可以断为同族之理据。两族人之性情习惯，显然确有不同。东胡之鲜卑、辽、金及清人，其入关也，皆易接受中原文化，政策亦较稳健。蒙古人入主中朝，则于中朝文化，不易吸收，而多保存其在塞外时之性质。其手腕甚强，故进取甚骤，而败退亦较速。故谓蒙族为东胡别支者，其说不足成立。外人于吾国族系，自多隔膜不清，而吾国人则不当茫然也。

蒙族当是匈奴苗裔，已如前说。《史记·匈奴传》云："匈奴，其先祖夏后氏之苗裔也，曰淳维。"按太史公《史记》作者。在西汉，去古未甚远，故籍多有存者。其说当可据。唐司马贞《索隐》，引张晏曰："淳维以殷时奔北边。"又乐产《括地谱》云："夏桀无道，汤放之鸣条，三年而死。其子獯鬻妻桀之众妾，避居北野，随畜移徙，中国谓之匈奴。"其言夏后苗裔，或当然也。晋时，匈奴有赫连勃勃者，亦自称为大禹之后。其传说必有所本。或云，赫连疑是伪托汉族，以明其本非戎胡，用自宠异。不知《史记》所载，远在西汉。太史公当汉室隆盛时，值匈奴尚未开化。彼何至故造伪词，而谓匈奴为夏后苗裔，以彼胡俗，猥与华胄同本耶？按《匈奴传》有云："逐水草迁徙，毋城郭常处耕田之业。熊按：毋字至此为句。然又各有分地。毋文书，以言语为约束。……其俗，宽则随畜，因射猎禽兽为生业。急则人习战攻以侵伐，其天性也。其长兵则弓矢，短兵则刀铤。利则进，不利则退，不羞遁走。苟利所在，不知礼义。自君王以下，咸食畜肉，衣其皮革，被旃裘。……父死，妻其后母；兄弟死，皆取其妻妻之。"其记匈奴之俗如此。然则何所贵爱于匈奴，而故称为中夏圣王之裔耶？其必有所据也，明矣。由是征知，蒙族同胞，乃我大禹之苗裔。虽远适穷荒，自为支族，文化落后，戎俗见嗤，然神州哲史，神州者，中国为灵异之地，故云。犹能详其所自。同气之爱，今当加笃也。昔匈奴中替时，犹能挈群西走，建匈奴加利之名邦。其后元代武功，陵驾中外，震烁古今。后先辉映，有光华胄，亦足奇矣。

外蒙独立,离异祖国。犹望其与内地同胞,更新国策,同御外侮云。

回　族

回族一词,与回教一词,应有分别。世俗或疑凡奉回教者,即是回族。此大误也。中国人之性情,自昔以来,便好接受外来思想。故无论何教,一入中国,必有众多信徒。何至回教入神州,独无信徒,必限于回族之人耶? 大抵回教规约甚严,一经奉教,则其人之所行持服习者,每笃守教条,而有同一之色彩。久之则以同一教者,为同一族耳。实则回教徒,不必即回族也。近年回教之学者,亦多持此说,甚有理据。

回族亦曰突厥族。在今甘肃、宁夏、新疆、青海、陕西等省区为最多。内地各省散居者,大抵素奉回教,不必悉属回族云。

突厥族类,始显于隋。史家每难详其所自。按《北史·突厥传》云"其先居西海之右,独为部落,盖匈奴之别种也。……为邻国所破,尽灭其族。有一儿,年且十岁,兵人见其小,不忍杀之,乃刖其足,断其臂,弃草泽中。有牝狼以肉饵之,及长,与狼交合,遂有孕焉。……生十男。十男长,外托妻孥,其后各为一姓",渐至数百家。或云:"突厥本平凉杂胡。"又曰:"突厥之先,出于索国,在匈奴之北。"隋唐诸书,记突厥先迹,略同《北史》。考突厥初兴,臣于北狄蠕蠕。史称蠕蠕为匈奴之一支。北魏时颇盛。狼孕之说,或由蠕蠕诸胡,妄言轻侮。但凡厥民族,草昧之际,类多神话。此亦不足辨也。今人多据《北史》，以匈奴为回族先辈。不知《北史》原无定说，一云匈奴别种，一云平凉杂胡。猜度两端，未衷一是。及至《隋书》，则云突厥之先，平凉杂胡也，而无匈奴别种之语。《旧唐书·突厥传》云："突厥之始……《隋书》载之备矣。"是亦准据《隋书》，而不谓突厥为匈奴支派。《北史》所以有突厥出于匈奴之推测，盖值突厥始兴，其势未盛，故有此等臆度耳。又匈奴自古代以来，恒为朔北大族。方其盛也，则背叛中朝，不受中夏正朔。而东北及西北塞外诸族，即满族、回族、藏族。恒受侵逼而为其臣属。值其衰也，则归附中朝，而入居内地者有之，散处于各边塞群族间者亦有之。此匈奴之名，所以独著；而新露头角的部族，或误被目为匈奴。况突厥初本臣服匈奴别种之蠕蠕。其后强盛，又灭蠕蠕而据有其地。《北史》疑突厥出匈奴，亦非无故。至隋朝时代，突厥种类，便大露头角。当时已知其非匈奴支派，仍不能审其本始，故云平凉杂胡。夫突厥蕃衍既盛，其与西羌及蒙古、东胡诸族接触甚多，关系綦密，习俗亦多相近，谓为杂胡，良有以也。但此说毕竟是一种臆测，未堪依据。自隋唐以逮于今，突厥族恒为我中华民族中之一大支族。其本支自有特点。如一家昆季，各人自有个性。《隋书》以突厥之先为杂胡，则不承认其自为一支。此则犹沿《北史》之谬，不可不辨正也。

唐世有回纥者，突厥之别支也。《旧唐书》云："其先匈奴之裔也，在后魏时，号铁勒部落。其众微小，其俗骁强。"按铁勒种类，《北史》称为匈奴苗裔。又记其部属甚多，姓氏各别，总谓为铁勒，并无君长，分属东西两突厥。居无恒所，随水草流移。人性凶忍,善于骑射,贪婪尤甚云云。按汉魏以后,匈奴分散。《北史》所叙铁勒情形,似是匈奴崩溃以后之实录。故谓铁勒系匈奴别种,亦可信也。回纥本突厥别支,虽常与铁勒杂居,要不可谓回纥即是铁勒。考《旧唐书》,回纥与铁勒,各别有传。《回纥传》在一百九十五卷,次突厥之后。《铁勒传》在一百九十九卷,据北狄之首。回纥、铁勒,其始杂居若一,而同臣于突厥,习性亦相似。故《旧唐书》总称回纥,号铁勒部落也。实则回纥为突厥别支,铁勒出自匈奴,二者不容混视。部落虽同,族类非一。《旧唐书》个别立传,盖亦知此矣。惜两传开端,措辞颇欠精检,遂滋后来之惑。又考《旧唐书·回纥传》,回纥之初附铁勒部落者,似即仆骨、同罗、回纥、拔野古、覆罗,并号俟斤。而其后乃称回纥。至特健俟斤之子菩萨者,劲勇、有胆气,善筹策,常击破突厥颉利可汗,俘其部众。回纥由是大振,渐并诸部。及唐太宗贞观二十年,遣使入贡,遂内属。太宗于北地置六府七州,以回纥部为瀚海府。是后叛服不常。具详史传,兹不赘。

又唐季有沙陀者,亦突厥族之别种。其部众有李存勖、石敬塘、刘知远,先后僭帝号。皆为时甚暂云。

突厥亦别名回,想自回纥始也。宋时称回鹘。元以后,始称回回。盖取复词便称之故。《元史·俱蓝传》:"至元间,俱蓝国主必纳的,令其弟肯那却不剌木省,书回回字降表以进。又马八儿国宰相马因的等言,凡回回国,金珠宝贝,尽出本国。其余回回,尽来商贾。"据此,则元世回人在海外者,经济力颇优裕。又能为外交辞令,非复从前游牧之俗矣。马八儿国,当在今马来群岛。

或曰:前谈满蒙两族,最初种类,皆与汉族同源。此突厥

14

族,若溯其远祖,亦与汉族同源否? 答曰:据考古学家所发现之北京人,经鉴定为远在距今百万年前或至少亦在五十万年前。由此征之,则汉、满、蒙、回、藏五族在原始时期,同一血统。已有确证,绝不容疑。谁谓回族不与汉族同源耶? 向者外人研究我国民族发源,有谓自西极来者。自北京人发现以后,西来说已不足成立。在鸿古期,我中华民族,后省称华族。已为神州之土著人,非从他方转徙而来。至此,已得确证。若复由此而推考吾先民发展之迹,则由今之冀、察、热、陕、甘、新,而蔓延于满、蒙、康、藏诸塞外,殆为其势所必至之果。故就吾华族分派之情形推测,在鸿古时代之祖先,不妨即名为北京人。意即依此北京人,而用为中国远古种类之通称。此北京人之子孙,一支留于神州本部者,即今所谓汉族是也。一支蕃衍于东北者,即今所谓满族、古之东胡等是也。一支蕃衍于朔北,内外蒙古等地域,即今所谓蒙古之匈奴等是也。一支蕃衍于西北甘、新诸省,并蔓延于中亚细亚等地域,即今所谓回族、古之氏族是也。一支蕃衍于西藏、青海等地域,即今所谓藏族、古之西羌是也。自考古学家发现北京人,而后知吾五族本自同源。易言之,即五族血统,同出于北京人。此其证据坚强无可摇夺者。或曰:五族同源,既闻命已。然今回族大部分,居于中亚细亚及欧洲东部,他处亦多有之。其蕃衍独盛何耶? 答曰:自隋以前,蒙古久盛朔北,东胡与西羌,亦常并起称雄,皆侵扰内部,争乱不息。独回族一支,由夏、商迄东晋,历世悠远,而于国内无侵逼。其支属散布殊方异域,务勤远略,劳苦坚忍之操与经验俱增,故子姓繁殖,为拘促国内者所不及。

门人资阳陈文馥,昔教于旧京蒙藏学校。常问曰:若以猓

犹、匈奴为蒙族之先者,则回族祖先,在上世岂无征耶? 余曰:
回族本世居西北边地,与藏族相糅杂。《诗·殷颂》曰:"自彼氐
羌,莫敢不来王。"羌即藏族,自昔云然。其所谓氐者,盖即回族
之先。后人误以与羌并为一谈,致令回族来源失考,而妄指为獯
犹、匈奴之苗裔。于是蒙族之先,又不可稽。辗转诬妄,其术卒
穷。吾不知唐以来史家何故粗心如是也。晋世五胡系别,氐、羌
犹不相混。盖依上世传说,未失其本。夫《诗》以氐、羌并举,诚
以此二族,杂居西北边塞,其习性或相近,其归中朝亦相同,故并
言之耳。回族在上世可征者,即《诗》所谓氐。此当为铁案而不
容疑者。审地望,辨源流,回、藏二族,自昔杂居西北边,至今而
如其朔也。则知《诗》言氐、羌,即今回、藏二族之先,的然可据。
又旧史以氐为有扈氏之后。有扈氏,古代诸侯,本汉族也。《括地
志》称其国在雍州南鄠县。夏帝启时,启,大禹之子。有扈氏不服
朝命。帝启伐之,灭其国。有扈氏之族,盖由此西徙,与有苗氏
杂居云。自唐至于虞、夏二朝时代,皆努力于国家统一之功绪。
舜、禹伐有苗,帝启征有扈,皆以其不服朝命,妨碍统一,而伐之
耳。有苗、有扈,皆汉族群侯。观《尚书》所载,未有蛮野之习、凶
暴之行也。及其流移边塞,种类蕃衍,犹复慕义来王。同气之
感,可谓深哉。如上所述,羌之后衍为藏族,氐之后衍为回族,确
不容疑。其在汉世,所谓西域之国者,概属此二族。唯以其杂居
之敝,史家亦略不详其支别。但实际上,其称姓未尝失考,故晋
世犹有氐、羌之辨也。氐人在晋世,僭帝号者,以前秦苻坚为最
盛,亦最贤云。

　　晋世五胡族姓,分匈奴、羯、鲜卑、氐、羌,名之以五,实则四

族也。史称羯即匈奴别种。别种皆言分支。殆以其别成聚落，故谓之别种，而授以羯名。准此，则羯种实匈奴。故止四族。匈奴为蒙族之先，鲜卑为满族之先，氐为回族之先，羌为藏族之先。其派系历然，至今不可紊也。夫匈奴出自夏禹，史迁记之。鲜卑，东北之族，古谓九夷。夷者，仁也。以其源出夏人，犹言汉人。文德未替，故褒美之曰夷。氐、羌二支，一出有扈，一出有苗，皆夏人也。自殷商时，已见称于《颂诗》。然汉史传西域诸国，即今西北同胞之先民，而于族姓未加详辨。迄至晋世，五胡之判，始知西北分氐、羌焉。盖是时诸族皆深入中原，与中原人接触密切。而诸族各守其先世遗言，皆能知其所自出。故西北之族，若氐若羌，一出于有扈，一出于有苗。殷商以后，中朝之史虽多失载，而此二族在晋世犹能自言之，于是中原人亦由此知西北族姓有氐、羌之别也。今所谓满、蒙、回、藏，即古匈奴、鲜卑、氐、羌四族。四族之始，皆为夏人，自中原流徙于边塞。本支百世，不忘亲爱。虽中间亦常互相攻伐，而今则同气之感弥深，御侮之忧益著。吾以为，今不当复分汉、满、蒙、回、藏五族之名，只统称华族焉，可也。华者，大义，章氏云，华、胯音近，今北方称大人曰胯子。是吾先民之旧称也。然著其分支，而仍存五者之名，亦复无碍，但不可忘其本耳。吾说至此，而邓生永龄以为此说精确无可易。近时史家皆以氐、羌混视，而同说藏族。今此以氐、羌分别回、藏，改正从来谬误，尤不可忽。

吾国政府对于边区教育，向不知注意。然满清以来，回教学者，间有以孔孟学理与回教经旨相融通。此为学术界最好之现象。盖真理元无异致。群圣之道，自有会通之处，不可过分门户。惜乎努力于此者，其人数太少。今后唯望青年学子有志于斯,立身立国,自有贞常之道。故先哲学理不容一切鄙弃。至于科学思想,为吾人日常生活所必不可缺。尤望边省当局,加意提倡。如任边省多数回教同胞废学失教,将不为立国久长计乎。

藏　族

藏族,俱云西藏族,亦曰羌族,又译图伯特族。世居西域,即今西藏、西康、青海等处。汉时所谓西域,包括葱岭以西及印度,今此谈藏族,且约西藏等而言。

藏族最古者为羌,亦云西羌。《后汉书》曰:"西羌之本,出自三苗。姜姓之别也。"此则以三苗为神农氏之后。汉时故籍未泯,其说必有确据。姜与羌本同音。《通鉴·外纪》:"神农长于姜水。"近人以为当在今陕西宝鸡县。由陕趋陇、蜀而流徙西藏等地,其势亦便。晚世学人,好为异论,每谓苗与汉非一族,汉人驱苗而有其地。纯是逞臆妄谈,绝无佐证。舍古籍不信,而尚臆说,未知其可也。夫古代苗民乃是汉族中之一姓耳,非其血统有异也。虞、夏时,有苗梗化。同气之中,而有顽强,亦常事也。然帝舜诞修文德,而苗人以格,何尝驱逐之耶?苗人西徙,当由其强悍,能勤远略耳。及其后裔,僻处西隅,犹述职帝廷,不忘内向。《殷颂》曰:"自彼氐羌,莫敢不来王。"同气之爱深矣。周兴,文王率西戎,征殷之叛国以事纣。及武王伐商,羌鬃率师会于牧野。汉初,匈奴不念同根,时举兵内犯。尤赖西域五十余国,归

18

附皇廷,遂令匈奴势孤,边疆息祸。藏族在前世,常与中朝亲昵,扶持正义。昆弟之好,永世不渝。今之藏族同胞,缅怀先德,何忍忘也!

《后汉书·西羌传》开端历叙夏、商以来戎患。如犬戎、山戎、西戎及春秋时杂居内地诸戎,<small>如太原戎、申戎、六济之戎、陆浑戎等等,不可胜纪。</small>并秦时义渠、大荔等戎。格其地望,或在今陕西、三晋边地杂居,或在朔北塞外。皆汉代所谓匈奴,非西羌也。书中首论戎患,连类及之耳。义渠亦入据今甘肃地,然其族姓当属匈奴。唯王武丁,征西羌鬼方,三年乃克。《汉书音义》曰:"鬼方,远方也。"当即今西藏、西康、青海诸地。以其距殷都甚远,故云鬼方也。又文王率西戎,征殷之叛国。此所谓西戎,当即西羌。取征于《诗》,"文王之化,行于南服",则以南国有离殷之志,故文王之化易入也。文王引西羌以征南国之不顺于殷者,所以为至德。自西羌而出庸、蜀,向江汉,声气所播,不可得阻焉。文王之妙于通变也。其后武王伐纣,羌与庸、蜀等皆以师会,见于《尚书》。即此可证羌与周室之关系,甚深且久。故知文王所率之西戎,即西羌也。文王服事殷,而羌从之。及武王以殷终不改行而伐之,羌又以师会。羌同心于周室,可谓忠顺已。

秦汉间,羌人多入居陇西等地,与匈奴交通。其俗日益鄙野。范书称其强则分种为酋豪,弱则为人附落。更相抄暴,以力为雄。堪耐寒苦,同之禽兽。虽刚强之气足尚,而礼义之化已衰。范书于羌人颇致丑诋之词。<small>如云同之禽兽。</small>彼所见者,盖当时流移于今甘、陇诸地之羌,而非其本支也。羌人本支,在今西藏全境。后汉时,当已接收印度文化。故魏晋间,藏族同胞多入内部而传播佛家思想。其理解精深，堪追梵方明哲，安得同之禽兽耶？

西羌本土，即今西藏。治藏文者，谓藏文语根，多与国文相同。盖藏人本汉族姜姓之裔，宜其语源同也。但因僻处西陲，与印度交通较密，故其文字与梵文同系，而与本国衍形文字成异焉。前汉《西域传》中所记诸国，多数属今藏族之系统。或称杂匈奴，然更有今回族之祖先，如大宛、乌孙等是也。

流徙今甘、陕诸地之羌，在东汉时，最为中朝所患苦。范书称其种类繁殖，性坚刚勇猛。自光武帝时，便寇掠金城、陇西诸郡县。其后豪酋日众，狭党横行寇盗。终东汉诸帝之世，未尝衰止。朝廷数遣大将征讨。府库告竭。百姓死亡，不可胜数。并、凉二州，耗为废墟，可谓惨矣。及羌祸削平，而汉祚亦随倾。范书所以深诋也。

藏族虽源出古帝神农，然自晋以后，颇杂东胡即鲜卑。种类。盖唐世有吐蕃者，为晋时南凉秃发利鹿孤之后。利鹿孤有子曰梵尼，率众西奔，乃于羌中建国，为群羌所怀，以秃发为国号，语讹谓之吐蕃。参考《旧唐书》等。其后子孙繁昌，土宇渐广。至唐代，始归附中朝，修臣职甚谨。太宗皇帝以文成公主妻之，是后屡嫁公主于吐蕃，其血统与皇族混合，自此始。然习俗强悍，终唐世，叛服不常。后历宋元以逮明清，部众分居，竟奄有前后藏全境云。

又唐世有党项者，在古析支之地，先族之别支也。旧分诸姓，曰细封氏、费听氏、往利氏、颇超氏、野辞氏、房当氏、米擒氏、拓拔氏，而拓拔一姓最强。又赤水西，有黑党项。而雪山下，亦有党项。于前述诸姓，又为别子焉。凡诸党项，皆于唐时内属。朝廷悉列其地为郡县。而拓拔氏之裔，自唐至宋，世官于朝，统有夏州，后乃割据其地，而称国曰夏。《辽史·西夏传》曰："本魏拓拔氏后。"此则以党项诸姓中之拓拔氏，而误认为北魏之拓拔氏，不可无辨。

又有吐谷浑者。其先世，为晋时辽东鲜卑徒河涉归子，名吐谷浑。有壮志，匹马西奔。其子孙渐大，历受刘宋及拓拔魏封爵。后乃建国，纵横数千里。都伏埃城，在青海西十五里。参考《北史》。族众不忘其祖，故以吐谷浑名焉。至唐世，并于同族之吐蕃云。

据前所述，今之藏族，本出汉族姜姓，所谓有苗是也。但自晋以后，亦杂有东胡族。而东胡之先本出汉族，于上世流徙东北，久乃别为一支焉。故推本言之，东胡与古羌族，其原始血统，非有异也。今日人有谓西藏人与彼族有血统关系者，此于古书全无依据，不知何以云然。

又有谓西藏属印度人种者，此亦无史籍可据。然以理推征，与其说藏人为梵种，不若言印度人为中华民族之别种。盖由所谓北京人而征之。中华民族既为远在距今五十万年前，或百万年前之古族，其发展由东而西，以渐滋殖于印度，其势甚便。或由西北赴印，或南中由缅甸赴印，皆有可能。如谓古代交通不便，此亦迂陋之见耳。吾国先民北匈奴之衰也，挈群西走，卒乃得庐弥之地，建匈加利之名邦。昔先民西突厥之衰也，率众西行，卒乃下东罗马之故墟，建土耳其之新国。此皆未有现代交通工具而成兹伟举。以此类推，鸿古时代之中国人，能流徙印度而据之，何不可能之有。此虽吾一人之假定，尚未搜得充分证据，然就语言习惯上征之，略得一事焉。如《庄子》书中，所谓重言者，即假于古人以为重也。其所假之古人，必是历代相传为过去世实有之古人，乃可假其言以为重。其所言之义虽是假托，其语气必遵用古时所有者，否则人不之信。按《庄子·则阳》云："天而亡朕耶？"（编按：《庄子·在宥》云："天忘朕耶？"）尊人为天，六籍以来，久所未见。当是远古时语，而后来失用耳。《庄子》所引，必据远古之籍。此等语气，决非其所臆造也。其假于重言，必引用古语也。印度人之致尊于人也，亦呼以天。即此可证吾国远古语言习惯之遗存于印度者。惜此证尚孤，愿宏博君子留心斯事焉。

除上所述外，尚散处有两粤、云、贵、川、湘各省之夷人。名目繁多，不暇细述。略举类别，则有所谓苗、猺、獠、猓猡、犵狪等等。若细分之，当有数十种。或总目为夷人，或总称为诸蛮。近人有谓一切夷人，统属苗族，乃是古代苗民之后。此说全凭臆想，既无史料可据，而理论上亦不可通。满清末叶，外人妄倡中国人种自西方来之说。吾国学子，完全信从。于是有好异者起，而以苗民为中夏之土著人。谓吾汉族自西极来，乃驱苗而抚有中土。又复以今日南中各省之一切夷人，为古苗民后裔。因古时被逐出中原而孑遗偶存于西南山谷也。其说之由来盖如此。自北京人发现以后，西来说已不攻自破。中国人种，既是鸿古时代之土著人，则生长于一地之苗人，焉得别有血统而不与汉族共祖耶？焉得判为异族耶？故知古籍以苗民为姜姓，本神农之后，绝非虚语。近世后生浮薄，好为异论，轻疑古籍，真可痛惜。苗民既是汉族，则唐、虞诸帝，纵惩戒其中不良分子，断无将其子姓尽行驱逐之理。清末以来邪说,都不攻自破。

夫汉族从西来,及苗人另为土著之一族,与汉人驱苗族,如是种种臆造之邪说,既皆不足成立,则据古籍而知古代苗人为汉族中之一姓,是义决定。因为古籍所说既没有反证,故决不可摇。于是复有一问题,即今西南各省山谷夷人,其果出自古代苗民否耶? 吾于此敢断言曰:今西南各省一切夷人,都是汉族,决定无疑。但不能谓其本支世系独出于古代苗民一姓,因为此事不独无证据,而且无有理由可以持此说。今之疑夷人为古代苗民后裔者,大抵因诸夷人中有所谓苗子之一种。实则今所谓苗子一类人与古代苗人,只是名称之偶合,决无世系相承的关系。此事本无证故,又无理由可认故。余以为今西南各省一切夷人,其祖先都是汉族。因其伏处僻县深山之内,地方荒陋,交通素不发达,耳无闻,目无见,其知识日以塞,生活日以困难,久之遂降落而为一特殊种类,乃被人轻视,而目之为夷。彼亦忘其所自,而自称为夷。门人永善邓永龄云,家乡故有俗所谓苗子者,自称夷家,谓我等为汉家,不知本是一家,无汉夷或分也。永龄持论,亦与吾同。夫西南各省之在国内,本属区区一隅。而此一隅之地,夷户比较汉户,特居少数。如何可说此少数夷户,别是一个血统,而与汉人不相联属耶? 若汉族果由外方迁来,则谓夷人为土著,与汉族不同血统,犹可说也。自北京人发现,已证明汉族是中国远古时代的土著人,绝非由他方转徙来此者。然则谓西南一隅别有少数山谷之民,向为夷家而与汉族不同血统,不共祖宗,此等观念,可谓迷谬至极。年来社会热心人士,颇有注意调查此等降落的同胞之生活状况,藉谋改良。顾犹沿冀过去迷谬观念，未能将夷汉区别，加以辨正，为之扫除，其何以昭示平等，扶持正义？吾鄂之黄冈人也。少时阅史，见有以吾先民为蛮者。似是《南史》诸蛮传中，以今河南光山与湖北故黄州府一带，有诸蛮云。顷无书可查。六朝时，光黄之间，或文化较低，其人勇悍尚斗，而遽目以诸蛮。若与齐民不同种类者，岂非可笑之甚乎？今之妄分夷汉，过亦同此。是故应知，今所谓夷人，实是汉人之降落而退化者。如贵家子弟之降为贫隶者然。但其聪明之资、质实之性，比较今日浮华之汉人，或更优胜。如及时注意教育，此诸同胞必能发挥特长，以为我民族之光也。自清末以来，熊凤凰以文学与通达，致位总揆；岑西林以吏治与风节，见推领袖。世皆谓其出自夷族，实则非夷也。其先固汉人也。

五族源流，前已略说。或复问言：公主五族最初同一血统，吾犹不能无疑焉，何也？答曰：人心私于其所近习，久而忘其本。毋囿于习，而照之以理。毋滞于私，而豁之以公。则五族无畛域，不致数典忘祖矣。夫就全人类而言，其始为一元，为多元，虽犹为难决之问题，但就吾中华民族即所谓五族而言，理应决定其出于同一之血统。因为同是一个以大中国为中心而分布四出的人种，决定是同根，而不会是多元的。此处吃紧。如果五族之中，有些民族是从他方转徙来入中国，而不是从这个伟大的中国分散出去，那么，便可说这般民族另有祖宗。易言之，即中国各个民族，不是同一血统，是多元而不是一元。今中国所谓族，考其来历，明明都是中国的老土著人，没有一个是他方转徙来的。如汉族，就是老在中国本部，而后向海外发展的。如朝鲜、台湾、琉球、安南、缅甸、暹罗与南洋群岛，大抵均是最老的汉族流徙去的。又今美洲,亦时发现中国人的遗迹。大概属汉族,因汉族居滨江海故。如满族就是老在中国东北边省,而后向朝鲜等地发展的。朝鲜人,是汉族与满族两支的混合。如蒙族,就是老在中国朔北边省,而后向西方发展的。匈加利是蒙族先辈西徙者。如回族,是老在中国西北边省,而后向各方发展的。首先流徙中亚细亚及欧洲东部,今则各地多有之。如藏族,就是老在中国西域边省,而后向印度发展的。印度人大概与中国人同血统,似是远古的羌人移去的。羌人移印,虽犹待证,而汉、满、蒙、回、藏诸族,由国内移出去的事实,却是显然无可否认。所以前面说,同是以大中国为中心而分布四出的人种,决定是同根,而不会是多元的。因为他们谓五族。是一个小家庭之内的同胞兄弟,如何可说不同血统?全中国,譬如一个小家庭。因为中国虽大,而在全地球上面来说,却是很小了。在这个小范围内的人类,如何可说各有所本而不是一元呢?此段吃紧。所以我确信中国民族赅五族言。是一元的,是同根的。向怀此意,唯苦于中华民族之源本,未有征据,不便楷定。及考古学家发见北京人以后,乃确信此最初之人种,是吾五族共同的老祖宗。其后支分派别,乃有今之所谓五族云。

或疑五族既同血统,如何其性习又显有不同?文化发达,彼此亦相隔甚远,其故何也?答曰:一父母所生之众多子女,其知、愚、刚、柔等等,能彼此齐同而无所差别否?又复当知,凡人天性,本无不同。其卒至于殊异者,实受其所处环境之影响。此事甚明,无待繁说。今自科学发明,开发物质与征服天然的工具,将日出不穷。人类改造环境的能力,必日益发抒。凡居处高原大陆的人,后此进步,正未可量。但非短时间所可企耳。吾中原物力,已有耗竭之虞。吾东北、西北诸大陆,向未开发。是在吾同胞一心一力,共守固业,求所以光大之而已。

讲至此,姑且作一结束。现在要说第二个题目了。

二、关于修中国通史的意见

历史之学，所以数往知来。其意义幽广，<small>幽者幽深。广者广博。</small>其责任极重大。凡一国之历史，其对于民族思想之指示与民族力量之启发，恒于不知不觉之间，隐操大柄。故史学，未易言也。国家艰危，民族忧患，莫甚于今日。吾望有深心卓识之史学家出焉，能出一部"中国通史"，勿像学校教科书一类性质的编著。须如司马温公修《通鉴》，直是终身事业。如此聚精会神为之，又必得多数精博之友以为资助，其庶乎有成也。<small>温公《通鉴》，实非一手所成，彼不过总持纲要耳。</small>

凡为史书者，必有一个根本精神，遍注万事万物而无所不在。否则只是比辑事件，可谓抄胥，不成为史，决无感发人的力量。《春秋》最为广大，其根本精神为何，非简单可说。今此且置。自汉四史以下，无论其书为短为长，而通有一个根本精神，即忠君是也。他这种精神，无处不见。随举一例，如范隆臣于刘曜。

27

考刘曜行事,真是不成人类的东西。范隆而臣于曜,则已甘为兽类而不惜矣。然史家以范隆能守直于曜之廷,则称美之为经儒。史家不论曜是何许人,只以曜既为君,范隆已为之臣,则能尽忠节者,即是好人。史家于此,就是依据他忠君根本精神来作裁断的。举此一例,可知其余。试思全部二十四史,忠君精神所给于过去社会的影响,该有多么大。君主高于一切,人人都愿为他而牺牲。

今日民主思想发达。既已废除了君主,修国史者自然是以忠于国家、忠于民族为其根本精神。但是这种精神的灌输,却要先使一般国民对于自家民族,免除支分派别的谬误心理,起其天性之爱,而不仅是利害关系的结合。此应注意者一。又关于国家观念,一般人以我国人向来没有此等观念,其实不然。据实言之,我们所谓国家,与西洋列强所谓国家,根本不是一回事。西洋现代的国家,对内则常为一特殊阶级操持的工具,以镇压其他阶级;对外则常为抢夺他国他族的工具。他们的国家是这样的恶东西,列强之间,彼此都持着这样的恶东西相对待。不知将来如何得了。我们的国家,绝不同他们一样。我欲说明他,却难措辞。我听说英国罗素先生曾有一句话。他说,中国并不是一个现代国家,而是最高的文化团体。不知此语有忆错否,但意思却是如此。这话说得好,用不着多敷说。我国人向来爱和平、贵礼让,不肯使用凶蛮手段。无阶级于内,无抢夺于外,就因为他常有维持最高文化团体的观念。这便是他的国家观念。由中国人这种观念扩充出去,人类都依着至诚、至信、至公、至善的方向去努力,可使全世界成一个最高的文化团体。岂不大美? 岂不大乐?

无如今日列强不悟，大家甘心要做强盗、凶狮、抢夺、残杀的事情。我们的东邻，首先以此对待我们的国族。我们今日要维持民族的生命，为宇宙真理计，为全人类谋幸福计，我们都得要保全我固有的高尚文化。我们不得不牺牲，与强盗战，与凶狮战，与抢夺残杀我者，坚决力战。我们诚然不能不改造我们国家的机构，以应付非常时局，但并不要变我们固有的国家观念，即始终是保持一个最高文化团体，决不拿来做毁坏人类的工具。历史家对于国家观念的指导，是要正当的。此应注意者二。又关于哲学思想方面，我国先哲向来以尽性为学。性者，宇宙生生不息的真理。在人则为性。尽者，吾人日用践履之间，悉率循乎固有真实的本性，而不以私欲害之，故说为尽。由此，故学问即是生活而非以浮泛的知识为学。这点意思，须是用力于此学者，方可与说。今后，固当努力科学知识，但于固有学术，万不容忽视，否则失其所以为人之理，而科学知识，又何以善其用耶？人类皆习于向外追逐，而不知反，至以科学知能为自毁之具。罪不在科学，而由于无本原之学，以善用此科学知能也。世有大觉，宁不悼此。历史家于文化，必有抉择精识。此应注意者三。略陈此三，至近而要。今治史学者，能慎之于心术隐微之地，则著书垂训，可以寡过矣。

"中国通史"的叙述，应该如何划分时期？我以为依史籍记载，追索过去演变之迹，可分五个时期来叙述。

一、上古史。起三皇五帝，至周朝战国时代六国并亡时为止。

二、中古史。起秦始皇并六国称皇帝时，至唐末五代终局为止。

三、近古史。起宋初，至明两京失陷时为止。明失两京，犹不得谓之亡。然已往的局势，至此算告一段落。

四、近代史。从清顺治入关，迄溥仪逊位，凡二百五十余年为近代。

五、现代史。民国成立以来，为现代。

上古史，又总分为三个时期。（甲）庖牺氏至尧、舜为第一期。（乙）夏禹至西周之终为第二期。（丙）东周平王迁洛至战国时六国之亡，为第三期。此三个时期的划分，各有主要的意义。甲期中，从庖牺氏由游牧进化而成部落，而建国家，而有种种创造，种种制作。至尧、舜二帝，乃渐备。所以划为一个时期。

乙期中，从大禹始巩固君位世袭之制，控御万国群侯，而统一于王朝之下，历商至周初，王朝的地位较前益巩固，权威较前益扩大。所以又划为一个时期。

丙期中，平王东迁以后，王朝权威崩溃，徒建空名于诸侯之上，实则王室亦夷为列国。自此历春秋战国，成列强并峙、竞争剧烈的局面。直至六国悉并于秦皇，而后此局告终。故又划为一时期。

甲期的帝系，难为征述。世俗杂书，叙开辟时代之帝皇，有盘古氏。考盘古说，始于三国时。前史称西南溪洞诸蛮，传为盘瓠种。不知果有盘瓠其人否。后来讹盘瓠曰盘古，又曰盘固。附以神话，谓为首出之一人也。此其虚妄，无足深辨。

中国开辟的帝皇，无正史可查，只散见古籍中。古代正史，当推《尚书》。而《尚书》托始于尧。尧以前，便不载。后儒或谓孔子删《诗》《书》，如果是真的，那尧以前事，便是孔子删去了。然删《诗》《书》的话毕竟不足信。将什么作标准去删呢？若如晚世《史记精华录》《古诗选》，这一类的删法，便无甚意义了。我想，孔子本人未必删《诗》《书》。但孔子的政治思想，确是取法尧、舜的。观《论语》中推尊尧、舜，有曰："巍巍乎唯天为大，唯尧则之。荡荡乎，民无能名焉。"又曰："无为而治者，其舜也欤？"即此，可见其受尧、舜遗教的影响不浅。《中庸》曰："仲尼祖述尧、舜，宪章文、武。"孟子学孔，而言尧、舜。学脉相承，的然可见。七十子后学，或因独宗尧、舜之故，就于《尚书》全部之中特别提出尧、舜以下的篇章来教学子，转相诵习。那原本日就湮灭了。因为古代尚不知造纸，更没有雕版印刷等术。书籍之保存与流传，都很不易。那不常诵习的书，既已失掉，唯尧、舜以下的篇章，尚为儒生所日用不离。因此误传为孔子删《书》。至于删《诗》的话，我想孔子不必有此事。但古诗也许不止此数。《史记》云，古诗三千余篇。或因门人取其合于弦歌者而肄习之，这一部分诗，便流传下来。其余有许多不常入弦诵的诗，因简策不易保存，便亡佚了。后人由此误传孔子删《诗》。我这种推想，或者较近事实。有人云，《史记·孔子世家》已言孔子之时，周至微而《礼》《乐》废，《诗》《书》缺。所以孔子序《书》传，上纪唐、虞之际。故知尧以前帝王事，非是孔子所删，只是那时书策已自缺了。故孔子只好序自唐、虞。余谓孔子时，《书》有亡阙，自不待言。然独尧以前，完全亡缺，而无一篇之存，此恐未然。吾意孔子根本未曾删过《书》，亦不是因尧以前的《书》全缺才从尧序起。据《论语》，说孔子雅言《诗》《书》《艺》《礼》。大约尧、舜以下，孔子所雅

31

言,就流传下来。既非孔子对于《书》的简篇,有所去取,亦不是尧以前的记载,当孔子时便全亡缺,至一篇没有。孔子于尧、舜以下,是所雅言。试征之《论语》便可见。《论语》记孔子称述尧、舜、禹、汤、文、武、周公的话,都非常扼要。当时雅言所及,自不止此。然即此已可窥见孔子精神所寄与其思想渊源。然则二典与商周书,略有存者。只因七十子后学宗主师说而常传诵之故,其他便不幸散失了。总之,《尚书》原籍亡佚,古代帝系,遂难搜考,唯有求之于古籍散见者。《春秋·纬》古皇十纪之说,宋罗泌果于信从。虽未免诞妄,然其中所列帝王名号,必非全无所本。上古部落甚多,各部君长,尽有许多贤明的人。其名字流传于后,渐有附会,遂有误将这些名氏编成帝皇世系,如《循蜚纪》所记二十二君;《因提纪》所记凡十三氏;《禅通纪》详循蜚以后、黄帝以上诸代。凡此所述世序、年代与行事等等,虽传说悠谬,难以征信,然其人名号,不必尽属子虚。有的也许是小部落之长,有的也许是建国以后的帝皇。至于行事,亦多有可信。如说辰放氏见人民不知蔽体,而教民衣皮;大巢氏见人民不得安居,而教民构巢;燧人氏见人民不知熟食,而教民用火。这都是上古应有的发明。这些发明家的名号,自是人所不能忘的,如何得都不信? 唯《五龙纪》,称有皇伯、皇仲、皇叔、皇季、皇少五主,其名号可疑。然或某部之长,其弟兄五人并贤,俱为部众所爱戴,亦无足怪。又《九头纪》,以人皇一姓九头,谓九人也。古语质,如今人数鱼鸟,以头数计之。人皇,大抵亦部落之长。皇者大义。人皇,则大人之称。如汉以下诸胡中,有所谓诸部大人也。人皇,即以其地位受称,名字失传。然人皇必确有其人。至若天皇、地皇，则或因有人皇之称，而附会及之，不必信有其人也。《摄提纪》五十九姓，《合雒纪》四姓，《连通纪》六姓，《叙命纪》四姓，亦皆诸部君长，不必疑此等姓氏都无。如《路史》称合雒乘蜚鹿以理，连通乘蜚麟以理，叙命驾六龙而治。上古部众，随逐水草。其长，能驯服鹿及龙等物，自常事也。又《因提纪》中，有庸成者，守于群玉山。近人以为葱岭，则今藏族或有庸成之后，不唯姜姓也；即印度，亦有庸成苗裔，未可知耳。余以为《十纪》，当是《三坟》古典中佚文。后世虽多附会，其人名必实有，其事迹不尽无。远古之籍，仅此残存，甚可宝贵也。

《十纪》所载诸氏，大概是众部之长为多。至自昔相传，有三皇五帝者，当是统一诸部，而建立国家，最有勋德的大君主。唯三皇五帝名氏，古有两说。一、太史公依《世本》《大戴礼》，以黄帝、颛顼、帝喾、唐尧、虞舜为五帝。谯周、应劭、宋均皆同。二、孔安国《尚书序》、皇甫谧《帝王世纪》、孙氏注《世本》，并以庖牺、神农、黄帝为三皇，少昊、颛顼、高辛、唐、虞为五帝。吾谓当以第二说为正。

关于古代谣俗、信仰与器用等等，近时地下发现的材料，须待考古专家供给。

上世文物肇开。如衣服、居室及田猎、攻战、农耕、交通等工具，乃至立官、修纪、谓伦理及法律等。施政、御敌种种行事与夫文字、书史、学术思想之原，分类搜集，必博览周秦故籍。汉以下，记述古事者，亦多可推考。

自昔相传庖牺氏画八卦，此当为文字之始，亦为算数之始，亦为哲学思想之始。每卦之数，始于一而成于三。明有一则有二,有二则有三,对待以成其变化。一切事物,由是起也。或谓庖牺氏常时画卦,本为占卜之用,未必有如后儒所说许多大道理。此意吾亦相当赞同。但庖牺氏确有窥于事物变化之原理则不容疑。不然,何能画出这卦?又古帝名号,多由后人依其创立勋德而为之称。庖牺始作结绳,为罔罟,教民佃渔畜牧,最有功烈,使民能以牺牲供祭祀,肉食充庖厨,故民思之而为之号也。是时,未脱游牧生活。《易·系传》称庖牺"仰以观于天文,俯以察于地理,近取诸身,远观诸物,于是始作八卦"云云。这段话,如此亲切,确是上世流传下来。迄至孔子,又授诸七十子,转相传受,后来笔之于书策。我们由这段话,尚可想见游牧时代的大首领,他在流行活动之中,运用他的天才,仰观俯察,近取远观,忽然悟到变化之妙,所以画出这卦来。我在少年时,颇疑庖牺当上世,未必有这种创见,后来自觉这是一种错误的推想。人类的天才,没有古今之异。况我先哲凭借优美的环境,灵思欻动而深测化理,自是应有的事。从古相传画卦自庖牺,绝无歧说,此何可疑?

黄帝轩辕氏,为三皇之一。今或不信有其人,此好异之过也。或谓故籍言黄帝者,其时代至早亦在战国时。战国人好作伪,故不可信。不知战国人容有造伪语,而托为古人事,以饰己说者。抑古事有流传失实,而学者不审,或好异而妄称之。但必古代实有其人,此处吃紧。然后流传失实之事,有所托焉。如尧帅诸侯以朝舜,见辟于孟子。此等无根之谈,事虽不实,然尧与舜之二人则实有也。否则其说亦无所托。又如《庄子》书中有寓言焉,鲲鹏等说是也。有重言焉,凡称引古人者是也。寓言,如齐谐志怪,庄生自言之矣。若夫重言,既假古人为重,则其所假之古人,必为实有可知。否则一己捏造之人名,世所不许,已足启人疑谤,而可假其言以为重乎? 此处吃紧。世疑《庄子》所引古代人名,不必实有其人,此未思之过也。当知其所托之人,必古所实有者。唯所说事义,则本出己意,而假为出自古人,期以取信于世耳。《庄子》书中,称黄帝者甚多,岂古无其人而捏造之耶?《易·系传》之文,为孔子亲笔与否,虽难断言,然为七十子后学口说相承,渐修饰以登简策,则断不容疑。孔子自云"五十学《易》",又云"五十知天命"。《十翼》出孔氏,昭然不容否认。《易·系传》已言黄帝,安得曰始见战国人书耶? 又凡初民神话中之人物,则其非实,不待辨而明。神话本身的性质,显然不同历史故也。若盘古头为山岳云云,天地等皇寿各一万八千岁云云,此等神话,谁有误认为历史事实者乎? 按黄帝为尧高祖。《史记》称尧父帝喾高辛氏,高辛父曰蟜极,蟜极父曰玄嚣,玄嚣父曰黄帝。其时代在庖牺、神农后,早离初民草昧之代。《易·系传》曰:"黄帝、尧、舜氏作,通其变,使民不倦。神而化之,使民宜之。"又曰:"黄帝、尧、舜,垂衣裳而天下治。"皆以黄帝与尧、舜相连成文,足征其时代接近,故治功亦同。《史记》所称,亦与之合。自伏羲时,已有文字、算数,且通自然现象变化之原理。其作罔罟、教渔业,似已渐离游牧,而进农业社会。神农氏兴,则耕稼已盛,又创作农具、察水泉、析土宜,又因辨谷类而尝百草,遂发明草药,为医学宗。是时已有许多科学思想。又创为交易之法,商业浸发达。社会进化如此,而黄帝氏始兴焉,此岂神话时代耶?《史记·黄帝本纪》,本据古籍甄录,皆经国大业。最著者,约有三事。一曰,

35

时播百谷草木，此即继神农氏，而推广农政。淳化鸟兽虫蛾，此即讲求畜牧与蚕桑也，虫蛾谓蚕。旁罗日月星辰水波土石金玉，此谓上察天象，下穷水土金玉等物产。勤劳心力耳目，节用水火材物。此可见其开发生产，无处不周。不然，何能开物成务而奠国家永世之基乎？二曰，披山通道，未尝宁居。东至于海，登丸山，及岱宗。西至于空桐，登鸡头。《索隐》云在陇西。南至于江，登熊湘。北逐荤粥。荤粥，即汉族之徙于朔北者，后至汉世，则谓之匈奴。其俗犷悍，屡为暴乱，故逐之。此言黄帝巡省四方，平治道路，以利交通。当时统一诸部，而建立国家，以交通为最要。帝未尝宁居，以全力经营此事，可谓知所先务者。此中四方所至，称其巡幸之迹耳，非谓其国境如是。盖当时修治内部交通，必亲历四方，相度地理。三曰，平内部蚩尤之乱。蚩尤本汉族，盖当时部落之长。《管子》书称其受卢山之金，而作五兵，最为凶暴。故黄帝讨平之，以安定内部。晚世有疑蚩尤为异族者，此妄谈也。中国人种，皆同一血统，何有异族乎？《史记》述此三者，皆建国大勋。其余制作文物，散见载籍者，如划野分州、经土设井、立步制亩、确定社会组织。又帝之史官仓颉始作书。盖承伏羲之后，别有创明。帝之臣大挠，始作甲子。又有容成者，制盖天即浑天仪。及调历，黄帝历名。以定四时。又始制冕服，焕乎其有文章。又帝始命隶首定数，造为律度量衡。命宁封为陶正，赤将为木正，以教百工，以利器用。又命挥作弓，夷牟作矢，想必于蚩尤五兵之作，别有发明。不然，何能胜蚩尤乎？又命共鼓，化狄刳木为舟，剡木为楫，以济不通。邑夷作车以行四方，服牛乘马，备物致用。民乃大利。又作军用物，如旗、纛、镯铙、鼓角、灵鼙、神钲之类，使战阵可以利指挥，作军气。又伐木构材，起建合宫。明堂敷政,创立其规。又始范金为货,制金刀五币以御轻重。《易·系辞》所谓"通其变,使民不倦"者也。又帝元妃嫘祖,始教民育蚕。又命伶伦取竹,瀣溪之谷,断两节间而吹之,创定音律。又立司天之官。命臾茇占星,斗苞授规,正日月星辰之象。并令羲和占日,尚仪占月,车区占风,各掌天文之事。气候测验精审可知。是则开物成务,创制显庸,庸,用也。显庸,谓备万物而显其用也。莫盛于黄帝之世。《大戴礼》:"宰我问孔子曰:'荣伊言黄帝三百年。请问黄帝何人也? 抑非人也? 何以至三百年乎?'子曰:'生而人得其利百年,死而人畏其神百年,亡而人用其教百年。'"详此所云,既非神话,又非见于一书之文,则黄帝为实有,可知。夫乌有先生,唯神话中有之耳。今此散见各种正书,又非有共同造伪之约,安得以黄帝等诸神话中人物耶? 或疑晚世方士,有所谓五帝之说,如东方青帝,西方白帝,中央黄帝之类。而此黄帝名号,似是方士所托。不知晚世方士之谈,另为一事。安得以方士有所谓黄帝之名号,而疑古代黄帝为无其人乎? 果如此一则当因方士有所谓帝之名号,而疑自昔以来历朝之帝为都无也。按黄帝制作虽多,而其最使社会注意者莫如定章服,以章五色。古者以黄为正色,人君衣黄袍,帝宫作黄色,其源或自黄帝。《易》曰"黄中通理",服色尚黄,颇有意义。民国以来,始从西俗,章服不尚黄。黄帝之号,或因其制定服色而得称,未可知也。黄帝经道家伪托。庄子始托其说于黄帝。自战国迄汉初,想必经道家者流,附会许多妄诞之说。史迁所谓"百家言黄帝,其文不雅驯,荐绅先生难言之"。夫曰不雅驯,则为怪诞之谈可知。若关于文物制作诸事,则无所谓不雅驯也。史公又曰:"总之,不离古文者近是。予观《春秋》《国语》,其发明《五帝德》《帝系姓》章矣,顾弟弗深考,其所表见皆不虚。《书》缺有间矣,其轶乃时时见于他说。非好学深思,心知其意,固难为浅见寡闻道也。"据此,则史公作《黄帝纪》,其征考最为矜慎,后人何可妄疑!若古书一切不信,则古事无可谈也。诸书散见黄帝事者,既非神话;又据《尚书》而考尧舜时代之文化,亦当有黄帝之文物制作,为其先导。否则唐、虞之盛,何可骤至?故不独黄帝实有其人,万不容疑,即诸书所纪黄帝时代之功绩、创制,亦断断不可妄疑。中国民族本最古,由北京人之发现可证。其开化特早,原无足奇。今日学子,好立异以为高,不惜矫诬古籍,变乱事实,乃至摧毁民族数千年信仰所集之标的,毫无畏惮。此为可痛之现象。闻有以大禹为虫,而无其人矣;有谓屈原无其人矣;有谓墨子非中国种矣;有谓唐太宗为胡产矣。种种怪妄,不可究诘。然诸疑大禹,疑屈原,疑墨子,疑唐太宗者,则众人多知其邪妄,往往一笑置之。独黄帝最古,而其名号又似难索解,于是疑黄帝之说,易以惑人。余以黄帝为中国五族之元祖,数千年信仰所集,故不能无辨。余坚确之信念,则庄子重言,既称黄帝,必古有其人,亦为世所共知有者,始可假其事与言以为重。又凡有人名而无实人者,唯神话中之人名则然。今诸书涉及黄帝者,多系正规典册,绝非神话性质。而所传名事,又非怪诞之谈。以此,确信黄帝实有其人。愿将来修通史者,于此注意焉。

孔子之政治思想以伦理为本,实导源于尧、舜。《虞书》云:"帝曰:契,百姓不亲,五品不逊,《史记》逊作驯。汝为司徒,敬敷五教,在宽。"按五品者,父子、君臣、长幼、夫妇、朋友五伦也。五教,谓父子有亲,君臣有义,长幼有序,夫妇有别,朋友有信是也。亲、义、序、别、信五者,本于天性而达于伦类之中,各得其理,是所谓道德也。吾国先哲,其言道德,无不以为本于天性者。功利之说,则未之有闻也。今依五教,略明其义。首以亲言。父母之亲其子,子之亲其父母,皆非有所为而为之也,皆出于其本心之不容已也。本心之不容已者,即天性也。其有失于亲者,则后起习染之私为之,而本心不存焉者也。本心不存,非果泯亡也,直为习染所障耳。次以义言。义者宜也。君以恩礼使臣为宜,是亦自求诸心之所不容已也。非将有所利于其臣,而始为此也。然而君或有所利而为之者,则是君自丧其本心之良,亦习染害之也。臣以忠信事君为宜,是亦自求诸心之所不容已也,非将有所利于其君而始为此也。然而或有所利而为之者,则是臣自丧其本心之良,亦习染害之也。长以慈幼为序,幼以敬长为序,序者理也,长不慈幼,幼不敬长,则失其理。皆各发于其本心之所不容已也。设使有长而暴幼,及幼而慢长者,试令其人平情静气,屏除习染,而自叩其良知焉,则必皆有所不安于心者。此不安之心,即天性之不容已也。夫妇之别,朋友之信,一皆发于其本心之不容已。纵淫无别,诈伪无信,必其习染乘权,本心沦丧,而后不觉其非也。否则其心有能一日安乎?故亲、义、序、别、信五者,皆人之天性所固有,而达之伦类之中,以各当其理者也。此五者,具于天性,谓之道。人率而行之,以有得于心也,则谓之德。然凡民在日常实际生活之中,往往于无形中徇其形骸而有自为之私焉,于是起诸习染,而不克有其道德。此教之所以兴也。教者,因人之天性而启之,将使人反求其在己者,在己者即谓天性。非能增益以其所本无也。在宽者,本身作则以化之,因其善端而诱之,崇奖有道者以劝之,终不以威刑齐之也。若齐之以

39

刑，则是从外面拘束而使之然，非所以使之反求内在的本心，即天性。而敦自然之化也。非字一气至此。唐、虞设教之本旨盖如此。故孔子称美尧、舜之辞曰："大哉尧之为君也。巍巍乎，唯天为大，唯尧则之。荡荡乎，民无能名焉。"尧使人自得其天性而已，未尝以己宰物也。天成物而不宰。舜德犹天也，万物不谢生于自然，而何能名尧之德焉？孔子称美舜与禹之辞曰："巍巍乎，舜、禹之有天下也，而不与焉。"不与者，言无所事于天下也。任天下之人各得其天性，而无不治也，而我何所事之有？此舜、禹所以上同乎尧也。注家解不与，以为视天下于己若非所有者。此解殊浅随，非夫子本旨也。从来学者，皆言孔子贵尧、舜无为之治，顾不了无为之实。若曰无所为作而已，则是隳败天下事也。若曰为而不扰而已，则如何而后能为之不扰耶？仍未有说明也。须知孔子政治思想以伦理为本。其言伦理，则本之唐、虞五教，将使人各反求其天性。亲、义、序、别、信，油然畅然达于父子、君臣、长幼、男女、朋友一切伦类之中，各得其理。天下熙熙焉，皞皞焉。总德而立，旷然天游。夫如是，则虽复经纪万端，修举万事，实乃各适天性，交尽其力。不待约法素习，而循理为治；不待乘敝激变，而更化随进。夫何所为作之有乎？孔子曰："为政以德，譬如北辰。"北辰，无为也。而以德，则其所以无为也。德者，本之天性，以达于伦类之中，各当其理者也。何云以德？敷教之谓以。凡民不克率德，必敷教焉，而后克厥德也。孔子论治，实以唐、虞五教为本。修古史者，于此不可不尽心焉，勿以为陈言而刍狗视之也。

今之言道德者，以为亲、义、序、别、信不适于新时代也。不知道德的表现,随伦类关系扩大而有新的形式。如旧言伦类,只有五品。今则不当限于此五,而有个人对社会之伦焉。独立、自尊、自觉、公共心、责任心、平等、自由、博爱,皆今之所谓新道德也。与旧云五品中之亲、义、序、别、信,异其形式矣。然而道德的本质,即所谓天性是也。此乃恒常不变,无新旧异也。亲、义、序、别、信,皆出于本心之不容已,皆天性也。独立、自尊,乃至自由、博爱,又何一而非出于本心之不容已? 何一而非天性流行乎? 人类的天性,本是无待无倚的。不待他有,曰无待。不取资于外,而生理自足也,曰无倚。故独立不羁者,天性然也。自尊而不肯妄自菲薄者,天性然也。本心之明,即天性固具。常惧为一己平生染污结习,与社会不良习俗等等之所缠固蔽缚,而求反诸良知之鉴照,以适于事理之当然,是谓自觉。此非本心之不容已而何? 非天性而何? 天性上本无物我之分,故公共心即天性之流行而不容已也。天性至诚无息,其视天下事,无小无大,莫非己分内事直下承担,无有厌舍,无或敷衍。故责任心,即是本心不容已处,亦即天性也。天性上无物我之分,故无恃己侵物,此待物平等。亦无蔑己毁性。不自轻蔑,故不至为恶以毁伤天性,即自性平等。故平等者,发于本心之不容已也,天性也。天性本来自在,本来洒脱,于一切时,于一切处,无有屈挠,是谓自由。自由正是天性,不待防检。盖自由与放纵异。才放纵时,便违天性,便已不是自由也。西谚曰:"人得自由,而必以他人之自由为界。"此非真知自由义者。真正自由,唯是天性流行,自然恰到好处,何至侵犯他人? 天性上本无物我分之,自然泛爱万物。故博爱者,本心之不容已也,天性也。凡诸私身家而不顾社会公益,私其一国家一民族,而欲以他国他族为鱼肉者，此皆人类后天的恶习，积累日深，遂至障蔽其天性中博爱之善端，而以恶习为心也。中土圣哲之学，唯于自家天性，体究真切。此学此理，在今日无可与人说。今人精神，完全向外追逐。其为学，又纯恃客观方法，不知有反求内证之功。故于此学，竟成隔膜。其闻天性二字，且不知作何感想也。总之，道德有其内在的源泉，即本心不容已处是也，即天性是也。若不于此处用力，只在伦类间的关系上讲求种种规范，谓之道德，仍是外面强作安排，非真道德也。人类终古不得复其天性中自然之善，而互相攻夺，无可幸免，终必自毁而已矣。

今人多主废弃旧道德，此其本心沦丧故也。父子之亲，其忍废乎？君臣一伦虽废，而有忠国家忠民族之义焉，其忍废乎？长幼之序，不可废也。夫贞而毋邪配，妇贞而无私遇，人道之异于禽兽在是，即生理上亦不容渎乱也。夫妇之别，可去乎？朋友之信，人道斯在。诈伪相与，则不成人类。且朋友一伦，所摄至广。如领袖以诚信导群众，群众以诚信戴领袖，亦朋友有信之谓也。

上来因论五教，说得嫌多，然此确是根本问题。历史学在数往知来，于此正不容忽。

古代我同族人之流徙于各边塞者，其俗日习剽悍，文化亦未能发达。唯东北人尚多保存其在内部时之美德，少为边患。而朔北人则风气特别刚劲，其势力且遍于西北各边，时或侵暴内部。当时谓之北狄，亦称荤粥。黄帝尝逐之，使安其所而已。自后至于高辛，称日月所照，风雨所至，莫不从服。尧时协和万邦，舜时四门穆穆，可见其时朔北亦内向中朝。

帝舜时，内部有三苗独立，初未统一。《史记》云："三苗在江淮、荆州。"刘宋裴骃《集解》引马融曰："三苗，国名也。"唐张守节《正义》引《左传》云："自古诸侯不用王命，虞有三苗，夏有观扈。"孔安国云："缙云氏之后为诸侯，号饕餮也。"吴起云："三苗之国，左洞庭而右彭蠡。""按：洞庭，湖名，在岳州巴陵西南一里。彭蠡，湖名，在江州浔阳县东南五十二里。"又《史记》云："缙云氏有不才子，贪于饮食，冒于货贿，天下谓之饕餮……舜宾于四门，乃流四凶族，迁于四裔。"裴骃《集解》引贾逵曰："缙云氏，姜姓也。炎帝之苗裔。当黄帝时，任缙云之官也。"详上所引诸说，足见古代苗民，确是汉族，本炎帝之后。其所居即今两湖、江西之间。《左传》谓为舜时诸侯之不用命也。《史记》据古籍，谓其贪冒，为天下所恶。舜迁之四裔，盖只迁其君与君之家族，非空其国人而迁之也。据《尚书·大禹谟》，帝舜以有苗弗率，不顺王命也。命禹徂征。禹纳益之谏，不果用兵。帝舜乃诞修文德。七旬，有苗格。想是有苗国君被流放之后，苗民不无怀旧之思，犹未服王命。舜复命禹伐之。益谏禹，有满招损、谦受益之言。盖谓既流其君，又伐其国人，是中朝将以满盛招损，不如修德以来之。禹与帝舜，竟罢兵修文德，而苗民遂来格焉。格，至也，谓来听命朝廷也。内部由此无不顺于教化者。可见统一之功，不当恃武力。又禹誓师之辞曰"蠢兹有苗，昏迷不恭，侮慢自贤"云。可见其并非凶暴之群，只是不顺朝命，有独立之意而已。与《左传》所云亦合。舜、禹之征讨，亦只欲完成内部统一，别无私意。苗民卒服化焉，毕竟是内部有高深文化的群众，故团结自易。由是以观，则苗民原未尝受逼。不知后人何以有灭苗族之说也。又张守节《正义》引《神异经》曰"'西南有人焉，身多毛，上头戴豕，性狠恶……善夺人谷物。'三苗性似"云云,此则谓三苗似后世西南山谷之野人。纯是臆说,所当辨正。又苗民之先神农,本生于姜水,当在今陕西宝鸡境。旧说西羌即今藏族。为三苗之后,大概当初苗民有一支徙今西藏等地,有一支散布内部,即今两湖、江西等地。或其君族被朝廷逼窜三危,即今甘肃地。其后发展,而益西徙今藏地,为西羌云。晚世对于三苗之解说,甚为离奇。余征集古说散见者,与《尚书》相证。苗民事实,庶几章著云。

　　自伏羲至唐、虞,科学思想便甚发达。虽不能说他已成功了科学,但科学思想之发达,则无可否认。唐、虞设共工之官,以理百工之事。日用器物的创作,技术的精巧,大概犹可想见。禹造交通之具,陆行乘车,水行乘船,泥行乘橇,山行乘樏。虽不尽由禹发明,大概至禹改造益精。至于政治和社会方面,种种制度的创造,由伏羲而至尧、舜,便已大备。若详考而深论之,亦有温故知新之益。是时学术最盛者,莫如天文、算术、音律、医药,《黄帝内经》虽或后人所托,然当时必有医术,故后人托之耳。如《庄子》托于颜渊的一段话,与颜子亦有相近处。其发展至如何程度,今虽不可得详,然创明特早,极可惊焉。天文仪器推测之精确,历家定节候之准的,音律之微眇绝伦,后人多莫能及。《列子》书中有云:"天地,空中一细物耳。"此虽中古伪书,其言必本古代遗籍。古代天文学者,必已知道宇宙间有无数的太阳系,故有此言耳。天文、音律二学,皆非数学精深莫办,可惜后儒罕能传之。又黄帝以来,析土宜,辨物性,亦最精审。农业早盛者以此。当时学校教育,已极发达。古史称五帝之学,名曰成均。又称有虞氏养国老于上庠,养庶老于下庠。今西人国学必有高年教授在其间,犹符此旨。

其学术发达,有以也。今人以欧洲文化发达之晚,因狃于进化之说,必欲将吾国前代文明尽行抹煞,而说为野蛮,不知是何用意。

关于古圣王德行处,作史者宜详考载籍而叙述无遗。尝谓西人之论治也,自下而上,西谚所谓"善治如草木,民智如土田"是也。土田好,则草木茂。民智高,则善治可期。故社会不良,而政治难期善美。必下层好,才可望上层好。中人之论治也,多主自上而下,所谓"君子之德风,小人之德草"与"人存政举"等说是也。实则二说不可偏废。由西人之说,必注重民众教育与群众运动,使一般人民的智、德、力等方面,皆有长足的进步。如是则社会优良,决不会产出坏的领袖,即有坏人,亦不能占足于政界,此乃一定之理也。西说好处在此。但人民的智、德、力未增进时,还是要待好的领袖以身作则来切实领导群众,否则社会如何好得了?西洋文明发展到今日,却还靠领袖来引导群众,而其群众亦甚服从领袖。中学的说法,在今日更可见其理由充足,不可颠仆。吾尝言,人类就全体说,总是进化的,但就各个分子说,在长途进化之中,每经一个阶段,而各分子间的智、德、力等方面,欲其各各平等俱进,无有差别,此终是不可能。因为各人有气质上的缺憾,本于造化之无心而构成。这是无法避免的事。因此,人类智愚贤否,毕竟永远是不齐,而领袖人物的需要似是永远不能去掉的。既陈此义,仍归到本题,即我古代圣王所以创建此伟大的国家,决不是偶然的事,必其德行有以大过人者。我侪生数千载下,只有从古籍中搜罗材料,藉以想像古先圣王德行之实。《史记》称黄帝"勤劳心力耳目",又曰"未尝宁居",可见其为群众牺牲之精神。又称颛顼曰:"静渊以有谋。"静渊者,德之本也。又称帝喾曰,"普施利物,不于其身。聪以知远,明以察微。顺天之义,知民之急。仁而威,惠而信,修身而天下服","溉执中而遍天下"。言帝喾治民,若水之灌溉,平等而执中正,遍于天下也。按,帝喾为尧父。《论语》记尧授舜之辞曰,"四海困穷","允执其中","舜亦以命禹"云云。夫欲使四海困穷之民各得其所,则在乎以平等而执中正为治。帝喾首行之。尧承其家法,而以授舜。舜亦授禹。《史记》据古籍记帝喾之行事,与《论语》尧、舜、禹相授受之辞,不谋而合。此岂得谓之偶合耶? 今人不信古书,不知脉络分明,乌容抹煞? 以疑古炫俗,何其忍心害理耶? 平等执中之道,后来儒家承用,益弘其旨。《大学》言平天下,而本之絜矩。絜矩,所以求平也。只计及我一方面的利害,而不顾他方面,即非絜矩之道,即无以求平。《周礼》立政,唯本均平。将来世界人类而有自觉之一日也,舍平等执中之道,而何以焉?《史记》称帝尧曰:"其仁如天,其知如神;就之如日,望之如云。"而孔子称述之辞,见于《论语》者,亦必有所据。孟子称舜:"明于庶物,察于人伦,由仁义行,非行仁义也。"仁义,性之德也。舜能全其天性,故所行皆从仁义之性而流出,曰由仁义行。失性而作伪者,以仁义为美名,乃勉强而行之。舜则不然,故曰非行仁义也。孔子述禹之德曰:"禹,吾无间然矣。卑宫室,而尽力乎沟洫。菲饮食,而致孝乎鬼神。禹,吾无间然矣。"孟子称其好善言。夫自苦以勤民事者,如天之仁也。自薄而致孝,不以嗜欲害其本心也。好善言,至公无私故也。《论语》记汤之辞曰:"万方有罪,罪在朕躬。"基督似之矣。孟子曰汤"执中",此则帝喾以来相传之道也。又曰"立贤无方",方,类也。贤则立之于位,不问其类。公之至也。孔子称文王为"至德"。孟子云:"文王视民如伤,望道

46

而未之见。"可谓善形容圣人心事。又称武王曰:"不泄迩,不忘远。"泄,狎也。至公之心,遍注天下。故迩不狎,远不忘也。为一己之私者,必狎左右亲迩,而忘四海之远图。又称周公曰:"思兼三王,以施四事;其有不合者,仰而思之,夜以继日;幸而得之,坐以待旦。"周公之忧勤天下与来世也,至矣哉。凡此,必皆据古史记载,非揣测可得。须知吾国数千年高深的文化,若非累圣明德相承,艰辛领导,何能有此伟大成功? 天地间,没有以虚妄而做出实效来的。此处吃紧。我辈于古先圣王真实德行,切须留心体究,不可忽略过去。作史者,要当于此有所发挥。

尧、舜盛德,观于孔子《论语》中所称述,即可想见。闻今人编学校教科书,却把尧、舜禅让之事,看作与操、懿同流。不信古今有德人,不信古今有美事。以此败坏青年心术,最堪痛恨。试思古籍称尧、舜之圣德,亦称蚩尤与四凶等等之恶德,即其于恶无掩讳,可征其于善无粉饰也。如谓古史家记录恶行,或有偏党。然尧、舜、禹,皆其所尊为圣德也。舜之父瞽,禹之父鲧,史皆不掩其恶,不为圣王之父而有所讳也。以此征其无偏党。世之说者又曰,当时去部落时代未远,君位未定也。尧授位于舜,亦是寻常事。然后世游牧诸胡,犹以争位相攻杀,流血不息。况唐、虞时,一统之局久定,历史事实,不可抹煞乎? 在圣人行盛德事,本自寻常。而吾侪把古今盛德事看作寻常,鲜存敬慕,则此心有不可问者。此不可不辨也。自操、懿以后,奸人得志。社会染于污习,以为当国者,只有利害,无有道义;只有骗诈污贱,无复博大高明。因于古圣王行事,不信为实。以此成心习,欲国无亡、种无危,何可得也?

47

或曰：儒家言古圣帝明王之德，可谓盛矣。然诸子之论每不同。其所传帝王行事，亦有异乎儒家所称。此何故耶？答曰：儒家自孔子盛道尧、舜、禹、汤、文、武、周公之事，见于《论语》。其学术思想之渊源，在是也。诸子晚出，各求异于孔氏，而自树一家之论，故不得不将孔学之所根据者，一切摧毁之。孟子时，齐稷下先生之徒，非尧、舜，薄汤、武，皆反对儒家者也。孟子言必称尧、舜，而韩非独诬辞薄之。韩非所说，纯是造谣。其书《忠孝篇》曰："瞽瞍为舜父，而舜放之；象为舜弟，而杀之。放父杀弟，不可谓仁；妻帝二女而取天下，不可谓义；仁义无有，不可谓明。《诗》云：'普天之下，莫非王土；率土之滨，莫非王臣。'信若《诗》之言也，是舜出则臣其君，入则臣其父，妾其母，妻其主女也。"细玩此段话，其为造谣，显然易见。如所云，信若《诗》之言也，是舜出则臣其君，入则臣其父，妾其母云云。前文云舜放父、杀弟，今忽引《诗》，又曲添出妾其母一事，岂不怪哉？夫受尧之禅，非是臣其君也。子为天子，何至便臣其父？后世汉高即帝位，而其父太公犹存，谓汉高臣其父可乎？且唐高祖禅位于其子太宗，后来此等事颇多，清高宗之于仁宗，犹行之。若如韩非之说，则凡子受父禅者，皆是臣其君父，有是理乎？妻其主女，便成罪名，则凡自古帝王之女，皆当寡居，因人臣不可妻主女故。韩非邪妄诬构之辞，稍有识者，不难明辨。臣君父，妻主女，妾其母，种种造谣，既皆易见，则放父、杀弟，为其故造之谣，不辨可明。古史载瞽瞍惑后妻，不慈于舜，象又日以杀舜为事，而舜卒以孝友感其父与弟焉。当时尧与四岳、伯益等皆称舜之孝友，见于《尚书》，岂可抹煞？韩非乃反构舜放父、杀弟之谣，不知是何居心。按韩非主张法治，故极力反对儒家言人治，其辞曰"故人臣毋称尧、舜之贤，毋誉汤、武之伐，毋言烈士之高。尽力守法，专心于事主者为忠臣"云云。此等言论，《韩非》书中，满纸皆是。其所以诬罔古圣贤，即此故也。战国时，诸子百家初起，皆各有追索真理之热诚，各有伟大的创见。但其门徒后学，渐至失掉本师的大处，而偏以攻伐异己为高。故不惜坏心术，而造诬妄无聊之说。如《竹书》所载，太甲杀伊尹，文丁杀季历，皆此类也。法家初祖，今不可考，其家派亦多。如韩非者，盖亦法家支流。其书亦当有末学小生妄加入的文字，学者不当轻信。孔子本云"信而好古"，"述而不作"，但其考古之态度极谨严。据《论语》所载，言夏、殷之礼，而以杞、宋不足征为憾。又称美古者史阙文，而叹今之亡其风。则知妄造古事，孔子时已有之，而深致叹乎此，因追慕古史之谨严而能缺文，不妄添说也。孔子又曰："多闻阙疑，多见阙殆。"又曰："知之为知之，不知为不知，是知也。"凡此，皆足见孔子为学的态度与方法，其与晚世科学家遥相契。其考古最谨严，故孔子所称述之古圣贤，吾侪必不容不信。孟子生平愿学孔子。其论及古哲，皆依据孔门传授，不为当时猥鄙诬词所乱。汉儒云："百川异流归于海，群言淆乱衷诸圣。"可谓能守家法。今世后生言古事者，好背六经而逞邪怪臆说。凡战国诸子书中，所有掺杂诬妄之词与后世浮浅而妄疑古籍之说，_{古籍诚不无可疑，然如欧阳修等，则浮浅而妄疑者多矣。}最为流行。此乃学风大弊，君子所深忧也。

以上都是关于甲期的几点零细意见。

甲期中，庖牺至于二帝，唐、虞。政治、社会与学术各方面的创造,似都有突跃之象。至乙期中,统一之局已粗定。政治上各种制度,自有许多改造。如官制及田赋等等。但禹时九州,只是划为垦田定赋之区,非当时领域只限于九州也。夏朝声威最远,何止九州? 然学术思想与技能等方面,夏朝似有一种停滞之象。《表记》曰:"夏道尊命事鬼,敬神而远之,近人而忠焉。先禄而后威,先赏而后罚,亲而不尊。其民之敝,惷而愚,乔而野,朴而不文。殷人尊神,率民以事神,先鬼而后礼,先罚而后赏,尊而不亲。其民之敝,荡而不静,胜而无耻。周人尊礼尚施,事鬼敬神而远之,近人而忠焉。其赏罚用爵列,亲而不尊。其民之敝,利而巧,文而不惭,贼而蔽。"这一段话,叙三代政俗,大概可信。夏朝人惷而愚,乔而野,朴而不文,学术上想无甚进步。殷时人,荡而不静,胜而无耻。然荡而争胜,则已渐开西周之风,知识必又发达。周人利而巧,文而不惭,贼而蔽。足征此时人的知识已大开,文明盛启。利而巧,必于物质上多所开发也。周公能作指南针,此不是偶然的现象,必其时科学思想发达,工艺精巧,始得有此发明。文而不惭,文明盛则诈伪多也。利弊相因也。贼而蔽,贼,深刻也。知识精深,则务偏至。偏至,则明于此者,暗于彼。故曰贼而蔽。今西洋学术,犹患此也。《表记》这段话,似是杂录晚周道家语,道家反文明故也。然其观察深刻,至可玩也。孔子曰:"郁郁乎文哉! 吾从周。"故知《表记》所云,非孔门之传也。然推观三代世变莫如此段之精矣,故表而出之。

世儒以唐、虞揖让,汤、武征诛,为风会大转变处。不知君位传贤,但是二帝高行,于世运上不算一个变局。汤、武征诛,亦是朝代迁移中必有之现象,不是世运中另成一种趋向。

春秋战国，不能判为封建社会时代。闻有人据甲骨文的材料，臆测古代社会情形。余以为地下发现的材料，当与古籍相参考，但万不可胸怀成见，先把吾国某时代的社会，硬判他属于未进化的某种状态中，然后随时所尚，而取片段的材料，以证成其曲说，自矜新颖。中国只是中国。各时代的社会情形，还他各时代的样子。须综观全部，不能以一曲论也。如生物学者，发现一个原生物，遂不博观生物界发展的全部，而但据一个原生物，谓今日犹是原生物的时代也，岂非可笑之至乎？今人摘片段材料，以断古事，大抵类此。须知就机械发明与生产改变的观点，以判社会的阶段，则谓中国至今未离封建社会可也。从文化方面，如哲学思想、艺术、道德及政治、社会等等的观点而说，则谓春秋战国时犹是封建社会，其何以餍人之心乎？当时社会有丰富的动力，生产虽以农业为本，而春秋时农人，已有直接参政权。列国有御敌及立君等大事，人民全集于外朝而共议焉。《左传》中，此等事实甚多，蒙君文通尝征集之。可知是时农民已非复为君、公、大夫之奴隶矣。工商业亦渐发达。《论语》曰"百工居肆以成其事"，是工人已群集都市，非复为家庭附业也。《管子》书中所记，亦可考见。郑商人弦高，远商国外，闻秦师将袭郑，设计却之，足征当时商人知识甚高。至其时人道德思想，皆趋向于独立、儒家遁世不见是而无闷与中立而不倚的精神，道家浩然独与天地精神往来的境界，皆代表其时代个人尊尚独立的道德。平等、孔子"有教无类"，孟氏谓"人皆可以为尧、舜"，明人性无差别；道家与万物同体的意思，皆代表其时代尊尚平等的道德。自由、子贡云"我不欲人之加诸我也，吾亦欲无加诸人"，此自由义也。人以非礼加诸我，是毁我之自由也。我不可受也，尊我之自由也。我所不愿受者而施之于人,是毁人之自由也。吾决不以此加诸人焉,尊人之自由也。如此言自由,可谓精矣。《庄子·在宥》,义益恢广。凡此,皆代表其时代尊尚自由的道德。**博爱**,孔云"泛爱众",墨言"兼爱天下","兼利天下",皆代表其时代尊尚博爱的道德。视今世所谓文明先进者,利令智昏,抢夺是务,其高下果何如耶?艺术有伟大、浑朴、精丽种种之美,自古代已然。古物之偶存者,可考也。哲学思想,则诸子百家,各穷其大,各究其微,蔚然钜观。如斯伟大时代,而谓其犹是封建社会,谓其不脱封建思想,吾所不能解也。中国与西洋两方文化,毕竟各是一种路向,各是一种面目。执西方之所有,以衡中国,而一概卑陋视之,吾未见其可也。

三代的田制、如井田。税制,如贡助等。最为难考。治古史者,望于此细心焉。

明堂、学校、里社等制度,原于上古,而极备于成周。近见蒙君文通,颇有考定。然彼似一方面认为是当时王朝与列国的行事,一方面又说为汉代经师的哲学,其议论未免混淆。实则此等制度,本古代所实行者。据蒙君所征引材料,皆属历史事实,并非汉世经师之一种理想。经师只是绍述古学,谙习先王成法。推其美意,不欲废坠,愿后世勿失三代治制之良,而流为专制愚民之弊。汉世经师博大诚挚处,决非清儒所敢几及者,正在此耳。但蒙君如谓此等治制,为出于经师之哲学思想,则又与其考征古事之态度,自为矛盾,不可无辨。吾本未多看蒙君的著作,但曾看过一二篇短文,觉得他是如此。然而蒙君在这方面努力之绩,治古史者要不可忽。

晚周诸子书,今人皆以为西汉人伪托。因为时俗狃于进化之说，以为古代总不如后世，所以要将诸子思想拉退向后，以迎合现代的风气。此吾所不忍赞同者。战国时诸子百家，以儒、道、名、法、墨为最盛。其著述已多不传。《墨经》与《韩非子》，其思想与文字，显然不是汉时的产物。墨子兼爱、尚同的思想，正是生在列强竞争时代的反感。其谈名学的部分，文字严栗简劲，汉人绝不能及。汉世所谓法家者，大抵务实行而不尚理论。其于行政持法也，主综核，尚严刻。前者如文、景、宣三帝之为治，莫不精于综核。<small>文、景虽习于道家言，而亦参法家。</small>后者如晁错辈，欲矫宽缓而以严刻为政。<small>错主刻削诸侯，亦法家也。</small>汉世号为法家者，不过如此。至于《韩非》书中，许多理论都是与儒家针锋相对。西汉法家并不注意理论的工作，且《韩非》书文字，简而理，<small>简要而有条理，异乎汉人不能持论。</small>质而温，<small>温润有文也。</small>与汉人文字尤不类。《管子》书虽非其本人所作，要为战国时法家辑录之书，则无疑。其书中多叙述管子当日行于齐国之政，必有所本。其理论部分，往往闳博奥秘而根于经验。非生当战国，另练宏富，则莫能为也。更言儒道。《老子》书，以极少文摄无量义，真所谓含藏万有者也。西洋哲学书，大抵以辨物析理、条分件系、繁称博说为务。中国哲学书则称引不越人事，文辞浑约，而意理渊广。欲使读者会心于文言之外，可以涉众事，历万物，而毕达其原也。故以读西书眼光，而读吾先哲书，如不能得先哲意，则必轻之矣。此段话，本不专为《老子》书说，但读《老子》书者，必识此意思，否则无可与之言。《老子》书，广大渊微。其文辞，敛奇气于深淳，隐彩丽于朴质。汉人哪有此境地？汉人文字，不失之粗豪，即失之肤泛。<small>如贾谊论文，只是粗豪，无甚道理。《淮南子》书，其中深语，太抵杂录晚</small>

周人的。许多肤浅浮泛的文句，就是他们自造的。识者自不难辨。凡大包细入，含摄万象，而着笔不多的文字，凡字至此为句。最为难作。张孟劬先生尝云，中国有三部奇书，曰《周易》，曰《论语》，曰《老子》。此说卓有见地。中世如王辅嗣的《易略例》《老子注》，郭子玄《庄子注》，亦是难能。以其词约而理广故也。否则意尽于辞，不能令人起种种解。《老子》书，境地甚高，决非汉人所可伪。《庄子》书非伪，自不待言。《易十翼》，为七十子后学记录孔氏之说，当是春秋战国之间的文字。比于《论语》，较为流畅。比于《韩非》诸子书，则浑含语浑而含理广，曰浑含。而不厉。斯所以异于后之法家也。即比之孟子书，亦朴质气味较多。孟子之辨，稍近纵横，虽由应机故尔，然较之《易十翼》朴实说理，则稍异矣。孟子生孔子卒后百零六年。其著书在游齐梁后，至少在六十岁外。上距孔子，约百七十余年。风气当大变。《礼记》《周官》文字，大部分与《易十翼》较近。意者孔氏没后五六十年间，七十子后学，忆持尼山口说而始笔之简策乎。百年者，数之大齐。五六十年间，则风会不能无变矣。《礼记》，汉儒辑录之书，其或旁采晚周杂家材料，不纯为七十子传授之辞，亦间有谬说浅语为辑者所妄附。然大体自属尼山传授，无可疑也。《易十翼》义蕴，以《论语》推征之，殆无不合。故求孔子哲学思想的体系，诚莫如《易》。非旷然神悟，未可与之言斯义也。当别为文论之。《十翼》，决非汉儒所可伪。一则汉初儒者，值六国灭亡秦皇暴乱之后，无暇游心高远，仅能为抱残守缺之业。《十翼》博大精微，决非其所能为也。二则汉儒治《易》，偏于象数，又好以繁琐的名数，配合而成说，纯是悬空构画。大概是沿袭战国时阴阳家的绪论。西汉易家流行的说法，不曾申述《十翼》的义理。这是

显明的事实,如何说《十翼》是汉人所作?汉人书中,引用《易传》
中文字,此不足奇。如《淮南子》等书,大部分是辑录晚周人语,
及缀述故事,间附以己说耳。其书中许多空泛语句,绝无义蕴,
文字有杂凑而无力量者,大概由辑录诸人以己意搀加上去的。
后人抄录或引用前代语,此是常事。如以此而倒转过来,反谓前
代书是后人所作,此非怪妄之极乎?须知古书义蕴,不易寻索。
狂妄狐疑,何如细心体玩。往者欧阳修辈,亦曾疑《易》。实则修
只会作艳丽词语与八股式之古文耳,更有甚思想?更识何义理
耶?孔子信而好古,亦曰"多闻阙疑"。唯虚怀求真,而非浅见
者,乃可与言缺疑。此事谈何容易哉!总之,《十翼》确是孔氏传
授,不可谓汉人所作。观于汉世言《易》者,风气自别,已足释疑。
至于辨析其义,则非此中所及也。

《周礼》一书,今人或以为汉人作,或以为六国时人作。吾向
者以为此书本出儒家,但融会法家思想,后来自知有误。此书确
出孔子传授无疑。《论语》记孔子曰"吾其为东周乎",其全副经
纶,具见此书。今人也多知道此书的价值。其于国计民生,一切
计划,周到而又广远。直是上天下地,无所不包罗,没有纤毫遗
漏处。此书的组织,以官为经,以事为纬。大概原本周制,而推
演精详,以成一部大典,待之后人。决定是孔子口说流传下来,
其后学记录成书。大概在孔子没后五六十年间,不能再向后说
去。后来的儒家,如孟子及荀卿的文字,看来都与《周礼》不相
似,此意容当别论。吾初疑《周礼》受法家影响者,以为《周礼》似
将民间万事,都加以严密的组织,故似法家。实则儒家政治思
想,本不是任人民各自散漫,不相为谋的。果尔,则何政治可言?

儒家思想，本来细密。即举一部《仪礼》来说，其条文何等详密！尤复当知，《周礼》的政治思想，其根本则在以乡三物教万民。乡三物者，六德、六行、六艺是也。六德，智、仁、圣、义、忠、和。六行，孝、友、睦、姻、任、恤。六艺，礼、乐、射、御、书、数。郑玄注六德、六行，皆浅陋，而不得其旨。颜习斋之徒，知六艺切于实用，而于德行则未有见也。六艺在今日，相当于科学知识。辨物析理，则利用安身所必资也。然人道之所以立，则存乎德行。六德首智。万恶起于惑，未有愚而不恶者也。兽类凶噬，无智故耳。智者自明自了，心体澄明，无有感染。郑注以明于事言之，陋矣。仁者与万物同体。郑注"爱人以及物"，亦是。然非真能以万物为一体者，又何能爱人及物乎？郑氏未识仁之体也。圣者，尽性之称。天性真实，万善具足，不以私欲害之，使本性之善完全显现，故云尽性。《中庸》言圣德处，可玩。郑注"通而先识"。不知未能尽性，则心有私蔽，何能通而先识乎？义者，以智断事，皆得其宜。郑注"能断时宜"名义，则未知如何能断也。忠者，心无邪妄曰忠。郑注"言以中心"，嫌泛。和者，心不放逸，物不得扰。郑注"不刚不柔"，则未知和之体也。孝者，善于父母为孝。弟者，善于兄弟为弟。睦者，亲于族党。郑注专以九族言，甚狭，应兼乡党言之。姻者，亲于戚友。姻亲也，不专为外亲言之，交友皆在所亲。郑注义亦狭。任者，社会公益所在，毅然身任其事，今所谓公共心与责任心是也。郑注以"信于友道"言之，失其旨矣。恤者，同情心。社会上有种种不平的制度与自然灾患等事，则对受苦者同情而谋所以振拔之。六德，难期于中人以下。故次六行，则尽人可勉之以实行也。详此，则《周礼》的根本意思与《论语》所云"道之以德，齐之以礼"，原是一贯。其于法家，全无融通处也。

晚周诸子百家，学术派别与学者姓名，及其著述存废，史家宜博考详征。

孔子哲学，自来在吾国学术思想界，号为正统派。研究孔子的思想，当以《易》《春秋》为主要的典籍。而群经与四子书，均当参互以求之。

或谓治《春秋》必通《礼经》。余谓《春秋》家言，不可胜穷，但当以何邵公所述之三世义为主。若依经文所载当时行事，而上究圣心所以别嫌疑、辨是非者，必据《礼经》故义，以为准绳。此亦就据乱、升平二世言之耳。至于太平世义，原极性道，而知斯人继善以成其能。继善，见《易传》。吾人不使心为形役，而有以全其天性固有之善，是谓继善。否则滞于形而失其性，即不能继续其本，有之善也。成能，见《易传》。继之之功，即人之所以自成其能也。此义须反身体会方得。毕竟率其恒性，无有恶根也。恒，常也。人性常于善，而人有不善者，是有生以后，滞于形而囿于染习，非其本性有不善也。《书》云恒性，旨深哉！推征群变，而知奇偶相荡。有奇数，则有偶数。而偶复为奇，动荡不已，是成万变。世间无绝对之美，然《剥》《复》相因，终必有《复》之几焉。《易》终《未济》，而未尝无《既济》，义深远哉！又乃观物之生，以比为用。《易》之《比卦》，明万物莫不以相比助而得生。互助论者，有见于此。民群生产，均平为不易之原则。《周礼》与《大学》，皆明此义。以斯而谈，太平何遽不可期耶？然此义渊广，必会通群经四子，穷其根柢，得其条贯，夫而后可与言《春秋》太平义。岂徒执守礼文云乎哉？康有为言三世，空泛肤乱，无义蕴。其传自井研廖氏。蓝之质未美欤，犹未足以出青也。

《易》道深度,此姑不谈。要之,求孔氏学者,必主《易》《春秋》,则非余之臆言也。

传孔子学者,凤推孟氏。孟子首明民贵之义。论选贤,必国人皆曰贤。论刑,必国人皆曰可杀。论经济,必民皆有恒产。其他胜义无穷,要皆发挥《春秋》由升平进太平义也。其原本性善,则从形而上学中人性的认识,以树立其太平理论的基础。博大精深哉,孟氏学也。今人或摘取为政不得罪于巨室一语,以孟子为主张贵族政治,此可叹也。言固有一时感事而发者。今各国政界有势力而系人望者,犹得以巨室言之。况自孔子时,大夫专国,"五世希不失矣;陪臣执国命,三世希不失矣"。以此证孔子时,贵族政治已渐崩溃。后来所谓贵族者,不过虚有阶位,如今虚君之国,犹存世爵之臣也。贵族而专政,则被倒也甚速。春秋世已然,况战国乎?春秋以来,政权日下逮于民。故孟子曰:"得乎邱民而为天子,有以也。"《左传》中关于人民参决国政的事实很多。今人谓其时为贵族社会、奴隶社会,岂不怪哉?吾前云,周代田制、税制及学校、明堂等,须细心考正者,以此。因谈孟子,而牵连及之。

工艺方面的发明家,则有周公、墨子、公输子等。孟子称公输子之巧,必多创作。惜皆失传。而周公之罗盘针,其功尤伟云。

算学发达最早,而《周髀算经》仅存。当时数学书,散佚者必多。恐古代数学发展之程度甚高,惜今无从考见耳。

周世塞外诸部众,凡夷狄、外患等字,今皆不必用。以本同种类,又诸部在上世本已臣属中朝故。犹未甚开化,俗号犷悍。春秋以后,时向内侵扰。齐国有管仲者,时相桓公,修明内政。为列国盟主,能纠合诸侯。故各国赖以安定,而侵扰者不得逞志云。

战国时,孟子始有王伯之辨。后来宋儒之学,一宗孟子。故于王伯之辨,尤断断焉。详孟子所谓王者,谓尧、舜、禹、汤、文、武也。《孟子》书中屡称之,谓其皆能"以不忍人之心,行不忍人之政",绝无一毫矫揉造作,绝无一毫虚伪。国内之治如此,国外之交亦如此。故乃率天下以仁,率,倡之也,以身作则,使人皆化之也。而使天下人皆有以复其本心,任天而动,放道而行。放,顺也。天者万物之本真。理之至实,无虚妄也。在人则谓之本心。道亦天也,特变文复言之耳。无有诈虞,无有侵暴,无有欺诳,无有钳束。而天下熙熙焉,皞皞焉,各得分愿,率土旷然称治矣。王道之旨,盖如此。其所谓伯者,谓齐桓、晋文、秦穆、宋襄、楚庄等也。伯者,袭先王仁义之迹,迹者,已然之谓。是先王已行之事。而假之以自文,虽做得似仁似义,而实不从其本心流露,徒作伪以欺与国,取巧便。其处心积虑,则完全在功利上计算。所标榜者,皆极美之名。而所为者,乃利令智昏,不顾公谊,卒至一无所利,适得其害也。在其国际如此。至其国内之治,凡所以约其民者,约者,约束。纯本其一己之主张,制为法令而以权力强制人民,使之不得不从。彼直视人民如机械。其趋事赴功,亦足鼓舞一时,而使民有欢虞之象。欢虞者,势不可久,而愁惨随之矣。伯道之敝,盖如此。夫王者之为治也,一本于其不忍人之心。此不忍人之心,即所谓本心也。本心者,人皆有之。孟子是以谓人心之所同然者也。好仁而恶不仁,好义而恶不义,人心之所同然也。不仁者,而恶居不仁之名。不义者,而恶居不义之名。以此见不仁不义之人,其本心之同然者未尝不在。而至为不仁不义者，特执其小己之私，缚于染污之习故耳。王者，使人各得其本心之所同然，而无以小己之私害之，无以染污之习障之。人人共得于天性自然之中，自然，谓纯任天真，无有伪妄也。脱然无挂，无有挂碍也。旷然无害。无相侵害也。美哉，盛哉，人道之至尊至乐也，王道所以为大也。孟子王伯之辨，义至宏远，盖本孔氏《春秋》太平之旨，而敷衍之。真乃义彻人天，德齐覆载矣。或曰，孟子贬斥伯功，亦已过矣。其曰仲尼之门，五尺之童，无道桓、文之事者，然《论语》不常言齐桓、晋文耶？不常大管仲之功耶？何孟子言之过乎？答曰：春秋时，五伯行事，犹有先王礼治之遗，当别为论。未至如战国时伯术之无所不用其极也。孔子已云晋文谲而不正。然战国时，复有如晋文者乎？晋文尚能用其民，能合诸侯，而六国已不能也。至如秦之残暴，则真如今法西斯主义国家矣。今列强皆伯道也，而法西斯尤甚。孟子所以过斥桓、文，恶其开祸乱之源耳。孔子居春秋时，以管仲有匡天下、御侵略之功，故盛赞管子之仁。言各有当也。或曰：若王、伯之说诚然也，则古代美于后世乎？答曰：如宋儒邵尧夫所云，则世愈降而愈下矣。余谓此问题太大，若详究之，将累帙不能休。无已，而简单言之。古代天才家之智力，其大处深处，或非后人所能及。但其条理详明处，又决不能如后人也。至古代社会上一般智力的水平线，其下于后代甚远，亦复何疑？古代圣的道德，自当高过后人，以其浑朴未离故。若古代社会，虽较后代社会为浑朴，然对于道德行为之判别，则限于经验尚简，而未能精到，每有许多不合理的信条，亦安之若素，而不知其非。后代社会，虽智伪百出，而离其浑朴，然对于道德行为之判别,则又远非古代所及矣。夫王道出于古代圣帝明王,而伯道则后王所尚。孟子一本先王,荀卿法后王。故公孙丑、万章之徒,不肯仕于当世;而荀卿之徒李斯,遂相秦焉。儒家在战国,已有孟、荀二派,不能相一也。宋世,朱子与陈同父诸人,亦以王、伯兴诤也。今世列强之治,又皆伯道,与秦为类,尚不敢望春秋五伯。五伯犹假仁义以行之,今则公然抢夺,公然为凶猘矣。余以为今后治道,必本吾固有王道的精神,而参以近世伯治之法度,方可拯兹人类。若纯任伯道,则人类终于自毁而已。邵尧夫诗曰:"帝皇王伯大铺张。"帝谓五帝,皇谓三皇,皆王道也。尧夫虽尚别有说,今此不从。吾意只云王、伯并用。百世之下,倘见行焉,犹旦暮遇之也。

中古史,起秦皇并六国称皇帝时,终唐末五代。

中古史,可分为三期:自秦皇迄东汉之终为第一期。自三国迄六朝之终为第二期。自隋文灭陈,统一南北,迄唐末五代之终为第三期。

秦皇并六国,天下始定于一。此是中国历史上极大的变局。前此,如夏至西周,虽确立中央制度,然实际仍是万国并峙,王朝不过监督于其上而已。及东周以降,王室亦夷为列国。尔后诸侯互相吞并,日益剧烈。逮战国时,仅余七雄。至秦始皇,遂灭六国,改郡县。自此,乃确立大一统之规模。此后,虽时有分裂,要是变乱时偶然的现象,终必复归于大一统之旧云。

中国至秦而一统,此实必然的趋势。一则中国民性之表现也。中国人的思想,向来是趋向大同,不喜分化的。所以在远古部落时代,就有共主出现,如包羲、神农诸帝,就是那时无数部落

61

的共主。当时侯国，元来都是部落。又如塞外的各部，虽有时向内侵暴，然遇中朝有贤圣主政，他们还是各自荒塞外来朝，无有离贰。即此可见我先民厌分化、爱统一的天性。二由事势演进的结果也。自夏朝大禹确立君位世及之制，王朝地位，日趋巩固。及周公历行中央集权，共主之威愈振。当时大封同姓功臣，能废除前代以来许多侯国，足见新王威权之大。又孟子谈王制曰："诸侯恶其害己也，而皆去其籍。"可想见王朝于诸侯有严密的统治的法规。此必周公所定也。平王东辙以后，周适衰微。适值楚人崛兴，灭国无数。代周之势，虽未竟功；统一之业，已开端绪。楚地不唯全有今长江、珠江两流域，即中部豫、鲁等省，亦多入楚国版图。老、庄自昔称为楚人，实非长江流域诸省人。其先，大抵是鲁、豫间小国，为楚人所并耳。秦人后起，所与竞者，仅余六国。而孟子当其时，已有天下定于一之预言。盖天下大势所趋，哲人知之审矣。三则儒家思想之所促成也。儒家本持世界主义，不限于自理其国而已。孔子有太平、大同之义。《大学》言治，以平天下为鹄。齐、鲁之间，儒学浸渍已深。楚国则陈良北游，悦周公、仲尼之道。燕与三晋，势弱于齐、楚，而皆依齐、楚为重，其不能不熏染于儒术可知也。六国之民，既习儒言，而有诸夏统一之蕲向，非若遇异族侵逼，义不共戴也。又值六国君相昏庸，无以固结民志。故秦兵东向，而六国势如土崩。儒家思想之有利于秦，其一因也。及秦既夷六国，而所行者，悉反于儒生所期望。儒者又相率非毁之。秦皇惧儒生又将不利于己也，于是坑诸儒，而不知适所以速亡秦之祸也。卒之，秦皇仅为皇汉驱除难，非真能定大一统之业者也。而儒生之期望，竟获于汉焉。综上三因，天下之势，至战国末叶，不得不归于大一统。此其所由来者渐也。

中国自大一统以后，利之所在，而弊亦伏焉。畴昔本部之内，列国并立。文物制作，互竞雄奇。殆如欧洲列强今日之状焉。春秋战国，政权由贵族而逮平民。农人夙隶君、公、大夫之家，渐得解放，而为国家之公民。哲学思想，如十日并出，万卉齐发。或为极端个人主义，如春秋时丈人，战国时杨朱等。或为极端社会主义，如墨子，许行等。或为极端国家主义，如管子、商君等。或为极端世界主义，如墨子及庄子是也。老子虽非国家主义者，但其主张又有特别处，容当别论。或亦坚持无政府主义，许行与庄子皆然。或专主法治，如韩非等。或始终不废人治，如墨与老，皆有尚贤意思。或力主专断独裁，如商君等。或偏尚自由放任，如庄子等。种种矛盾，种种冲突，广漠扬沙，大洋飞浪，千态万状，雄哉奇哉。其唯宣圣，"天地为炉，造化为工；阴阳为炭，万物为铜"。穷极至道，万变不齐，揆之以道。通以三世。《春秋》三世义，至为宏远。大哉无不包乎！诸子各为偏至之论，俱为孔氏支流，而仍不能不汇归于孔氏。原夫道之一，而通其世之变。则诸子种种不同的主张，莫不各有所当，而各因其时。《易》之《随卦》曰："随时之义大矣哉！"执其一，则碍于至理。通其变，俱适于大道。如四时之运行，如万物之并育。孟子尊孔氏所以喻如乐之大成也。又战国时哲学家中，有主知者，如名家等。有反知者。如道家。而孔氏，则于本体论方面，主亡知而默识；于日常经验界的事物，则不废知识，而以慎思明辨为功。此儒学所以为大也。后来名、道诸家，各取孔学之一端，失其本矣。综前所述，学术思想界发展之状况，奇伟如是。岂不以诸夏为列国竞争之局，而始有此盛事哉？庄子云"知出乎争"，盖亦见及此矣。及一统以后,全国悉为郡县,人各安其乡里。汉人所谓士食旧德,农服先畴,而无异见异闻,以荡其知。社会较为安定,而学术思想亦凝滞而少变化焉。所谓弊亦伏焉者,此也。晚周诸子百家之学,至汉而亡失殆尽。名家、墨家,皆未有闻也。法家,则置其理论而不究。道家,亦全失老、庄宏旨。如窦太后者,或略得于保啬精神乏术,而因托于黄老欤?其他盖公、黄生之伦,以清净少事言治。当扰攘之后,亦一道也。然其自得浅深何如,今不可考见。儒家,若董生,虽多守古义,而杂以怪迁。贾谊,全无思想可言,但文字有粗豪气,为时所推。后世名流不学之风,自谊开焉。其影响之恶,不可言也。淮南王安,招致游客,杂录晚周百家言,而妄有附益。本杂家也,而倾向道家为多。但其言,法出于民众公意。又谓法籍礼义,所以禁人君,使无擅断。余民二有笔记一则,载梁氏《庸言》杂志,说此事。此区区数十字,则晚周法家要义赖以保存,功亦钜矣。王充《论衡》,肤杂无统纪。其他,皆可不论。汉世学术思想,锢陋亦甚矣。唯经师笃守明堂议政、君位传贤诸义,敢以死犯时主而不讳。蒙君文通尝考之。史迁于帝制,亦不满焉。其列项王本纪、陈王世家,传货殖以戒垄断,传游侠以厉民气,皆有深意。则以汉兴去古未远,晚周师儒轨范犹存。后此,遂不可见矣。汉之学者,除考正六艺外,诸子百氏之故言,亦间有采摭。而天文、算数之学,亦多能通习,不失古之遗绪。吏治以循良著称,必其于政治上实际问题研习有素也。凡此,皆其可称者。然上视晚周,则思想单简,学术废坠,为憾多矣。自汉而下,失学日甚。著说者,乃至以浮俗杂文充数,而集部盛焉。老聃曰"绝学无忧",此实可忧之至也。岂人智不古若欤?亦大一统之环境使然耳。

又大一统以后，不唯学术思想少变化而已，即政治上，亦利弊参半。往昔列国之世，各国壤地较小，人民较寡，公朝之政令达于民间也易，君、卿大夫之与人民交接也亦极密，人民之互相团结而参决国政也又甚便。古代民权发达，良有以也。自大一统以后，疆土广远，而交通难；人民众多，而接触难。天子、相臣与亿兆民庶，成疏隔之势。每有政令，不易速达。地方监司守令之贤否，朝廷常不易督察。偶有英君贤相，能慎选疆吏，精于考课，则吏治可观，民获安辑。然此等君相，不可常有。故政治败坏者其常，而修明者其暂也。人民既互相疏离，而不易团聚。故日趋散漫，无缘共参国政。久之，人各自为身家谋，至不以国事为怀。凡此，皆大一统以后发现之弊也。然亦有其利焉。即政府因地大民众，不得不取放任政策。常一切任人民之自营，而无所拘迫。即政治败坏时，贪官污吏有所诛求剥削，仍自有相当限度。苟诛求剥削太过，则人民群起反抗。小则聚众控告官吏，或竟诛杀官吏。大则揭竿起义，四海响应，而昏乱之朝廷，随之崩溃矣。又人民既习于自营，如保甲、书院、义仓等等，多有可观。虽组织力未臻强固，然因而导之，则民治之基在是矣。今自世界大通，交通便利。东西文化，互相接触，若比邻之相与也。唯广大国家，广大民众，最易为治。则过去之弊尽去，而未来发展之利，将不可思议也。是在吾国人好自为之耳。

汉高帝，千古之英杰也，豁达大度，从谏如流。此等处，切勿随便看过。史称其知人善任。夫领导群伦，开物成务者，唯能用天下之智以为智，而不自任私智焉，所以为大智也；用天下之力以为力,而不恃少数爪牙之力焉,所以为大勇也。然所以能此者,则豁达大度故耳。唯豁达大度,故能从谏如流。如胸中有一毫私吝,则有所蔽焉,有所怙焉,而从谏难矣。不能从谏,则顺乎己者善之,异乎己者嫉之,何以知人? 不能知人,何以任人? 不能知人任人,而欲毋自害以害天下苍生,何可得也? 汉氏长世,四百余年。三代后,国运昌隆,莫与比焉。高皇帝开基之善,有以致之也。近见后生,轻于持论。乃摘其见秦皇出游,有"大丈夫当如是"之语。又叔孙起朝仪,曰"今然后知皇帝之贵"。以此鄙其心事。不知人非上帝,安得语语尽善,事事尽美? 但从其平生大端趋向而察之,则其贤不肖可论也。宋祖既君临天下,鉴五代之祸,常虑诸将有异志也,而务以高官厚禄靡其志,金帛子女柔其气。惴惴焉,唯猛士之是惧。而高皇帝晚年大风之歌,思猛士,守四方,所存不在一己,而在四方。视彼猜忌材武而思所以柔之者,何如乎? 即此一念,而二代兴衰之故,从何识矣。夫大人物之有造于社会国家也,其端甚微,而影响极钜。可不慎欤?

王船山先生谓高帝起匹夫为天子,是古今一大变局。吾谓不然。国体未更也,政权操于君上,如故也,何所谓变局? 秦既开一统之基,而不能守位。则代之者,必出于民间。此必然之势也。

秦据关中,而法家之言,独试验于其国,而致富强。商君孝公之烈,有足多者。秦地,自周室东迁而后,先王遗俗,日就湮灭。秦人新造之邦,约之以法,守信不渝,首从上倡。今人标榜法治者,皆躬先毁法之人,宜其所为与秦异效。苟非其人,道不虚行。天下事,谈何容易哉? 然秦以法治,行之一隅而治。及始皇行之大一统之天下,而竟以速亡。其故何欤? 六国之政,晚虽衰敝,其始,固一遵周先王之遗规,以礼为国者也。楚之围宋也,见宋人析骸而炊,易子而食,遂舍而去之。其伐郑也,见郑伯能自下,而谓必能信用其民,亦使复之,而不取其国也。楚雄南服,而彬彬有礼如是焉。中原诸国,又不待言。夫六国之政,皆近于礼治,而未习于法也。其文化,又素高于秦陇之民。秦皇一旦欲易之以法治,违其夙习,而又督之以严刻。欲偃然临天下之上,毋自覆焉,其何可得乎?

清末以来,治史者好为翻案文章,每颂美秦皇,吾不知其果何心也。秦皇以枭雄之资,承累世之强,壹意兼并,遂夷六国。诸夏文化,受其摧残,自是不振。大一统之局既开,后来人主,恒秉其规,务以力征兼并天下。人民在大一统而专制之帝政下,绝不利于组织,绝无参政机会。何者? 大一统,则地域广而人民众,势不得相结合以参预国事。专制,则亦不欲人民与闻国事。人民与国家关系,仅有纳赋与质讼二者而已。以此养成人民自谋身家的心理,而无所谓国家观念,无所谓民族观念,无所谓政治观念,无所谓公共观念。此皆秦皇开其端也。或曰:战国之末,不能不一统者,势也。焉得罪秦皇? 曰:是不然。使秦皇无兼并之野心,修其内政,发扬文化,而与六国相休息,则势不能至此。夫六国之衰微,原因当不简单,然举其要者言之,则攻战太剧,疲敝民力太甚,实主因也。而六国之疲于攻战者,则又以秦人兼并之野心,威胁海内,不得宁息故也。使六国稍弛其攻战之祸,而各从事内治与文化之发展,中国当不至成为汉以后之局面。余以为人类不能无所与竞。但竞尚于德慧方面者,则世界所由进化。武力竞争,必不得已而后用之,决不可以太过。大

67

《易》之道，去泰去甚，至可玩也。秦皇之夷六国也，疾如飘风。
而其自亡也，亦如狂风不终朝。元室之纵横欧亚也，如飓风。而
其结果又何如？此亦可为肆侵略而夷人国者之殷鉴矣。且秦皇
以一统之局，而用愚民之术。焚书之事，近人虽多为之曲辨，然
民间挟书有禁，直至汉惠而后除之。此犹得曰秦皇未尝以愚民
为事耶？夫抚广土众民者，则莫急于开民智，养民力，作民气，使
其练达于集团生活之中。由地方以达中央，人民皆得表现其力
量，而后可为大一统之雄国矣。今秦皇唯用愚民政策，开此乱
端，而汉以来君主尽率由之。周制外朝询万民与学校教民之政，
乃至一切良法美意，至秦而荡然以尽。秦皇可谓万世之罪魁矣。

汉之治，先儒谓其杂王、伯。高帝入关约法三章，疏节阔目，
使人坦然昂首天壤，而不虞刑网之密、逼迫之苦，其于王道也近
矣。高帝天资开豁，萧何能识大体，故所为往往有当于理。然仁
心诚意，保育群生，一举一措，而不敢以私意干之。尧、舜、禹、
汤、文、武，所以见称仲尼者，有以也。高帝、萧何，何堪语此？又
凡哲王开一代之规，必博采群情，制为大法。王制，《周官》其书
皆有所本，非由后人伪托也。汉兴，大抵因秦旧制，而去其太甚。
挟书之律，至惠帝而后除之。承秦严刻而继之以苟简，终未能自
树一代之规。天下安其简便，而不可与建皇极，游康衢。故汉之
衰，而有曹、马，天下沦于胡焉。固本之道既亏，驯至人无与立，
而兽噬之祸自至。此处宜深思。吾于典午之世，有深痛焉。推本
穷源，伯道之余习使然也。抚今思昔，使袁氏能以正治国，则民
国开基便稳，何至倭寇乘我于今日耶？

战国时，楚之文化已甚高。老、庄、屈平，或出于其宗支，或

产于其领土,皆道家也。社会主义者许行,孟子称其南蛮鴃舌,亦楚人也。楚自熊绎开疆,虽承周王之化,其后则已杂伯术,而不纯为礼治之国焉。特礼意未尽泯耳。道家之下流,可杂权术。楚之变周,有以也。秦起西都,并六国,而高帝卒以故楚遗民,起而代秦。汉之治,犹楚之遗绪也,非独杂秦俗而已。汉犹继楚也,何必一姓而后为继乎?

汉世思想界虽凝滞,然民族力量雄厚。高帝、萧何豁达开基。惠帝仁厚,文、景恭俭,一意休养民力。及武帝,雄才大略,延揽天下英俊。自经儒、将才、良吏、谏士、文学、技术之良,博采旁罗,无不毕集。河工,亲身历视,与文学咏歌,忘其劳苦。用人勤政如此,故能大振武功。北开沙漠,除累世之患。西通西域,今中亚细亚,及印度诸国,多来臣属,而大秦亦几至焉。东北,有今东三省及朝鲜地。西南,抚有交阯。日月照临,无思不服。皇矣大哉!中国声威之远,自三代下,未有盛于此时者也。夫愚儒之众,不兴神武之君;衰敝之卒,莫出英威之将。武帝伟大之人物,实自当时社会产生,岂是从天而至乎?吾于是知汉时社会的品质极其优厚。品者,品格。质者,性质。若是卑劣的社会,如何能生出这等英杰来?

卫青、霍去病诸人,气度雄远,故能成就伟业。《淮南王安传》,称其问汉大将军卫青。于伍被曰:"公以为大将军何如人也?"被曰:"臣所善者黄义,从大将军击匈奴,言大将军遇士大夫以礼,于士卒有恩,众皆乐为用。骑士下山如飞,材力绝人如此……及谒者曹梁使长安来,言大将军号令明,当敌勇,常为士卒先;须士卒休,乃舍;穿井得水,乃敢饮;军罢,士卒已逾河,乃渡。皇太后所赐金钱,尽以赏赐。虽古名将弗过也。"霍去病为人少言，不泄，有气敢往。武帝欲为治第，令视之。对曰：匈奴不靖，无以家为也。盖匈奴诸部，自三代以来，尝侵暴百姓。汉初，尝围高帝于白登，又致书嫚辱吕后。文、景欲休息民力，不轻用兵。及武帝，始张挞伐。卫、霍皆志在为民除患，故成非常之功云。《汉书·卫霍传》，几皆嘲语，将英雄志事，一概埋没。班氏识量太浅故也。

文帝玄默恭俭。三代而下，以学者陟帝位，文帝称首焉。帝本治老子哲学，而参用法家之术。匈奴侵肆，吴王不臣，皆静以镇之。不轻启兵戎，而汲汲修明政治，百司循规，各举其职。海内日渐富庶。不期与寇竞，而寇亦自不能我害焉。景帝贤明，无改父道。国家元气深厚，文、景二帝含育之效也。武帝兴，始资之以扩张，非偶然也夫。

恭俭者，德之基，治之本也。奢侈盛，而盗窃萌，货赂行。百姓死于剥削，万事败于冥冥。内既鱼烂，而外患有不至乎？虚文日张，外饰日侈。轻意肆志，以天下莫予侮也，百姓为可欺也。曾不知凶猘日同于其旁，祸至而莫御焉。昔"子路问君子。子曰：'修己以敬。'曰：'如斯而已乎？'曰：'修己以安人。'曰：'如斯而已乎？'曰：'修己以安百姓。修己以安百姓，尧、舜其犹病诸？'"甚哉，敬之难言也。敬者，此心之良知良能，恒时为主于中。恒时二字，注意。邪欲不得干，怠慢不得起，一切虚伪苟便之私，不得而入焉。以此修己，而一旦居位，则其用人行政，犹有自私自便而害人者乎？犹有自私自便而害百姓者乎？故吾儒治己治人之道，恭敬而已矣。《论语》言道国之要，节用居一焉。老氏有三宝，俭居一焉。孟子曰："俭者不夺人。"可罢之务，无益民生之费；撙节一分，即为人民宽一分力，又可为人民多兴一分利。公家之务，必持以俭，而后百事修举。否则侈心一萌，手段挥霍已惯，而假公肥私，盗心炽焉。所盗者，皆人民膏血也。思之抑何忍乎？文帝平生恭俭，自是三代哲王以后所仅见者，可为万世法也。

汲黯赣直立朝，武帝不冠不敢见。尝面斥武帝内多欲而外施仁义，帝亦优礼之。其以直道为朝廷矜式，所关不亦重乎？

武帝雄才大略，虽置丞相，而恒用顺承意志者为之。公孙弘得志，以此也。然武帝虽独裁，而有二善焉，可以无患。一能受直言尽谏。汲黯力攻其短，无所避讳，武帝能优容之。二屡举贤良文学之士，以共谋议。《严助传》云："是时征伐四夷，开置边郡，军旅数发，内改制度，朝廷多事，屡举贤良文学之士。公孙弘起徒步，数年至丞相，开东阁，延贤人与谋议。朝觐奏事，因言国家便宜。上令助等与大臣辩论，中外相应以义理之文，颜师古注：中谓天子之宾客，若严助之辈也。外谓公、卿、大夫也。大臣数诎。师古注：谓计议不如助等，每诎服也。"是时武帝年未二十，即位不久，便广延郡国贤良文学为宾客，共谋议国事，临朝与大臣辩论。帝乃集思广益，而后断之于己，施之行事。此其所以能独裁，而不至暗于天下得失利病之故也。又公孙弘虽以曲佞见讥当世，然其为人，守俭约，能含容。当时材能之士甚多，方方面面，各尽其用，弘未尝有所排忌。辕固生教弘曰："公孙子但正学以言，毋曲学以阿世。"弘未尝以为忤也。若东京以后人，便无此量。武帝用弘为丞相，含蓄众流，弼助天工，亦可谓知人善任矣。

张骞冒险而动远略，班超亦然，皆千载英杰也。然是时，商

71

旅远出，逾葱岭，越绝塞，贸易通于殊方异俗之国。中朝使臣与军队所至，要皆商旅为之前导也。当时商业情形，史皆不详。其识太陋。

汉时社会，私人讲学之风最盛。诸经师门下，尝数百或千余人。此等材料，官搜考列传，而汇述之。

汉代用兵西北，所向克捷。当时交通及马政，必有可观，惜史籍不详。

汉时社会，任侠尚武。史公《游侠传》犹存其概。班固讥之，陋又甚矣。

桑弘羊祖管、商之术，兴榷管之利，所以安边境、制四夷，成国家大业，功不当在卫、霍下。伐功怨望，自取诛灭，其人格固无足称。朝廷待之，亦稍薄也。桓宽论盐铁，以弘羊为博物通达之士，可谓允矣。财政、军事，相关密切。弘羊之略，宜加考焉。

汉廷儒臣，大抵乐守常而厌远略者多，故于将帅及计臣，每不喜之。然尚无结党横阻，相率去位，以败挠大计，如北宋诸儒臣之反对新法者。然尚无至此为句。武帝卫、霍、弘羊之成功，赖有此耳。汉人气量毕竟广远。但东京以后，此风浸息。世运升降之故，亦难知也。

卜式毁家输边，意量远矣。史家不赞边功，隐存轻视。义士爱国之善举，无所称扬，何以劝后之民乎？

新莽之篡帝位也，今人谓莽以经儒怀抱政治主张，故欲代汉以行其政策，虽陟位未久，主张失败，然其理想与志愿，亦足以大暴于天下后世，不可与曹操、司马懿之徒并论也。此说恐未尽然。政治主张是一事，其人是否为私人权利，而缘饰经术以自文,则又一事也。莽未得势时,淳于长方以外亲遇宠,常代王根辅政。莽心害长宠,因诬陷之于王根。根信之,命白太后。长由是得罪,莽遂代根为大司马。长本佞幸,不足道。而莽之所以自进者,亦太卑劣矣。莽为人阴险,务以诈伪牢笼士大夫。莽篡位前,天下上书颂莽功德者,动以数万计。岂皆赞同其主张者哉?得毋与袁世凯之筹安会及乞丐请愿团等相类耶?班书称莽既不仁,而有佞邪之材,遭汉中微,王后为之宗主,故得肆其奸慝成篡盗之祸。虽复及身诛灭,而其污风所煽,已开操、懿之端矣。

莽既窃位,尽更汉制。莫可注意者,唯禁民买卖田及奴婢二事耳。莽诏曰:"古者,设庐井八家,一夫一妇田百亩,什一而税,则国给民富而颂声作。……秦为无道……坏圣制,废井田,是以兼并起,贪鄙生,强者规国以千数,弱者曾无立锥之居。又置奴婢之市,与牛马同栏,制于民臣,颛断其命。奸虐之人因缘为利,至略卖人妻子,逆天心,悖人伦,谬于'天地之性人为贵'之义。……今更名天下田曰'王田',奴婢曰'私属',皆不得买卖。其男口不盈八,而田过一井者,分余田予九族邻里乡党。故无田,今当受田者,如制度。敢有非井田圣制,无法惑众者,投诸四裔,以御魑魅。"莽禁不得买卖田及奴婢,不可谓非善政,然莽竟败亡。想其田地分配法,必未得当。后世生齿过繁,欲复古井田制,计口授田。使人皆得力耕而食,无纷扰之患。此事谈何容易哉!历代言井田者众,而卒莫能行。其事诚难,而执政者安于苟且,不求切实办法,则亦不得辞其咎也。余以为莫若仿井田之意,而行限田之法。凡地主有田者,其最多率以若干为限。过此,则严罚不稍贷。既杜兼并之患,而又必广副业之益,严游惰

73

之律。如此，则地利均，人力尽矣。明季，海中介尝令贫民抢夺富人田。华亭相国家之田亦被夺。当时病其严酷。然势家盛行兼并，非贫民相率起而夺之，彼又乌肯让产耶？莽之亡，非井田不可行，必行之未得其宜。又莽好缘饰六经，纷更制度，矜己而自便，诸不利民者多。小人缘为奸利，莽益作伪日拙，矫符命以诬天欺众，虽欲勿亡，得乎？然莽之所为，毕竟非操、懿之徒所可及。世衰，则为恶者亦愈卑下，是可叹也。

光武以文儒创业。既即大位，其政术亦上师文帝，参老氏之术。匈奴骄恣，驭以宽容。远方贡献，或却而不受。一以抚绥内部为务。自新莽末年，海内寇盗蜂起，皆失业之民也。光武才起数年，即平定天下。虽乘人心思汉之势，然全国失业之众，既成寇盗，未知何以安集。中家亦不详其所以。王船山先生尝论此事，以为光武首征卓茂谨厚之吏，大底极力整饬吏治，使良吏散布郡县，以恺诚之心，收招流亡，为谋生理。民得安生乐业，而社会固如磐石矣。船山所见甚是。今日民无死所，而举世莫知吏治之为急。空言训政，不究其实，虽外寇不来，亦何以为国乎？

汉承秦氏，易列国之局而为郡县，天子与兆民悬绝。所以与民亲接，而悉其患害，相与提挈，以谋福利者，唯在郡县长吏。故昭帝常曰："与我共天下者，其唯良二千石乎。"此深知治本之言也。汉世郡县制度与守令登庸及奖进等法，犹略可考见。修史者，宜详著于篇。

自古代初期，已重工商业。春秋战国之世，商贾百工，尤为发达。工商相因者也。商业盛，则工业进步可知。然吾国自周代开基，其政策已是重农抑工商。周公《七月》之诗，咏歌农事艰难,以明王业之本,而于工商不及焉。又始禁奇技奇器,见《王制》等。盖辑录周公成法,下逮东周,学者思想,犹有以创造机械为戒。如庄子"有机事者必有机心"云云。以不贵难得之货,为理民之上策。如老子。儒家如《易·系传》,虽提倡制器尚象,利用宜民,与道家思想相反,然在孟子,则因恶垄断而有重农抑工商之倾向。观其谈生产,皆不外农桑渔畜而已。商鞅以法家治秦,尤以重农贱商为政策。商贱,则工艺不振可知也。汉兴,一秉周秦遗策。诸帝劝农之诏,皆以农为天下之本,屡言之而不厌。又常减租轻徭,以慰安之。设三老孝弟力田等乡官,以督厉之。其所以谋农事发展者,无微不至。独于工商,则特加抑焉。始禁贾人毋得衣锦绣绮縠絺纻,操兵乘骑马。其后又禁毋得为吏。桓宽为汉世政论大家,亦以工商盛而本业荒为可虑。本业,谓农也。昔在上世,特别注重器用创作。故唐、虞时,有共工之官,谋工艺改进。周人虽轻工艺,然但禁淫巧而已。至常用必需之具,亦校其工楛,毋令失坏。《周官·考工》有记,可见其不全忽略也。汉世竟无综核百工艺事之官,忽视工业如此,盖与其抑商政策为一贯的精神。然冶兵器与治宫室者,尚有专官典其事。则其武功所由盛,而建筑术亦有可观也。要之,重农抑工商,不独两汉为然,自汉以后,累代恒以此为传统政策。吾国人有反科学的精神,亦可于此等政策见之。然至清末,则已稍变趣向。现时论政者,犹有乡村建设与发展都市之两大潮流,相持而若不相容。言乡建者,近于重农。言都市发展者,注意提倡工商。实则民生以食为天,工商必资原料。古人以农为本业,实有理由。况神州大陆为天然农业之国,传统的重农政策,亦非出自偶然。但今日世界大通,科学昌明，物质文明日益发达，利用厚生，不能专仰一国之农产。工为制造，商通滞积，大地交通，而工商业的文明遂启焉。此乃自然趋势，非可以一国政策之力，从而遏之也。今后改造乡村，振兴农业，虽仍为不可易之政策，但工商业之提倡，实至急而不容缓。前年有吴君者，发表一文，明发展都市的重要，甚为时人所称许。不悟吾国今日，都市非不曾发展也，只是外人以其工商业来发展于吾之都市，以吸取吾乡村血汗。吾今日急切问题，乃在如何能自振兴工商业，以自力发展都市。吴君似未见及此，而时贤亦若未计虑及此者，是可怪也。

吾国人工商业的天才，自昔有可惊者。如古代陶器等制品，精工古雅，仅存于今者，犹可想见其概。丝织品之美，尤斐然可观也。丝绸之行于远方，或在汉以前也。惜奇器之被禁绝者，今不可考见。而墨子作木鸢即飞机之始，犹载故籍。其作法惜不传，必为奇技无疑也。商业在上古之情形，虽不可征，其在汉世，则民俗趋商，殆非法令所可抑绝。《汉书·地理志》所称，秦地富人，商贾为利，周俗之失，喜为商贾。陈人夸奢，上气力，好商贾。鲁俗俭啬，爱财，趋商贾。粤地近海，中原往商贾者，多取富。王符《潜夫论》曰："今举俗，舍本农，趋商贾。牛马车舆，填塞道路。"据此，则政府虽抑之于上，而人民相率趋之于下。其天才之不可遏绝也如此。当时商旅出塞外、适异域者必多，惜史家无识，略而不载也。又当时商贾在国内者，多以铁冶致富。如《货殖传》所载，蜀之卓氏，本赵之迁虏也。程郑，山东迁虏也。宛之孔氏，梁之迁虏也。而皆以铁冶致巨富焉。豪商垄断利权，国与民交困。故桑弘羊、孔仅之徒，始为国家兴榷管之利。而盐、铁、酒诸厚利，皆专之于国。武帝四出征讨之费，取给于是。桑、孔，真吾国历史上有数之理财家也。然其能济军用，而商人不敢反抗者，则以其清廉故耳。班氏薄言利之臣，不为弘羊立传，但略见其事于车千秋等传中。然不言其有贪污淫佚奢侈等事，足征其清白不可诬也。此其成功所由，而为后世所莫能及也。弘羊政策，足抑国内商人垄断。然国外贸易，犹未讲求云。

东京之世，光武、明、章，敷扬儒学，表章名节。因新莽败坏士大夫廉耻，故提倡名节以振起之。光武优礼隐逸，特征太原周党、会稽严光至京师。当党入见，伏而不谒，自陈愿守所志。赐帛四十匹，罢之。光少与帝同学，帝即位后，物色访之。及至，帝与共寝，以足加帝腹。太史奏客星犯帝座。光卒不受官，去耕钓于富春山中以终。余如太原王霸、北海逢萌，皆隐居养志。霸应征而后归，萌竟拒征不起，时论以为高洁。明帝亲临辟雍，行大射养老之礼。礼毕，引诸儒升堂，自为演讲。诸儒共执经问难于前，都人皆圜桥门而观听。时皇太子、诸王侯及大臣子弟、功臣子孙，罔不受经。下至军校小卒，悉令通《孝经》章句。匈奴闻之，亦遣子入学，可谓盛矣。章帝宽惠，尊师重学，亲诣鲁，祀孔子于阙里。又诏诸儒，会议于白虎观。帝亲称制临决，因成《白虎通》一书。又令曹褒依汉旧典，撰次自君主至于庶人冠婚吉凶终始制度为书奏之。虽或采及谶记，要以具一代之礼典焉。夫三帝崇儒术，奖名节，孜孜如不及。宜其学风不变，士修节义，彬彬焉成一代之治矣。其后，冲人昏主继世外戚宦寺乱于前，凶獝大盗恣于后。诸名士始终与之抵触，趋死而不止。后世皆称其节义，以为东京自章帝没世以后，朝政昏乱，而犹得载祀二百，不至速亡者，党锢诸公，以死支柱其间故也。此说然否，兹且不论。然三帝崇奖儒学，躬亲讲习。且自皇太子以下，至于军校小卒，无不读经。儒学之盛如此，胡为三帝垂殁未几，朝廷间竟无守经尊道敦节重义之风？戚宦何故乘权？此岂偶然之事？当时朝廷，如有些子正气存在，何至昏乱如彼？岂儒学不足提倡欤？吾常求其故，而窃叹光武、明帝用心之不诚不正，未足弘敷儒学，而适以自害也。光武鉴于新莽之事，欲以名教束士人，则假儒学为工具，非真有得于儒也。然光武为人，犹有向善意思。明帝察察为能，则虚伪更甚。唯章帝长者，而年又不永。光武、明帝所尊宠之师儒，则无耻之桓荣也。荣拜太子少傅时，大会诸生，陈其车马、印绶，曰："今日所蒙，稽古之力也，可不勉哉!"其鄙陋至此。明帝尊荣以师礼。每言，辄曰太师在是。常幸其家，问起居。入街下车，拥经而前，抚荣垂涕，良久乃去。诸侯、将军、大夫至荣家问疾者，不敢乘车到门，皆拜床下。荣贵显如此。盖善以佞媚结主知故也。夫皇帝崇儒学，而其所崇之师儒乃如此，实乃奖其媚己者。儒云乎哉？垂没而朝政昏乱，宜矣。

　　东京一代，上继西京，下开六代。此诚世运升降之一大关键也。吾读史至此，常悠然有感，不适于怀。盖六代之污风颓势，直至于今，而未有已也。而开其端者，厥在东京之世。夫东京所以酝酿后之衰因者，何耶？吾求其故，略得数事。一曰，思想界愈益贫困也。西京二百余年，思想虽云凝滞，然承战国之后，诸子百家，流风余韵，犹有存者。至东京之世，上距战国已远，近承西京二百余年固蔽之余习，则思想界不唯凝滞，而直患贫困焉。王充《论衡》虽时有善言，可以发时俗蒙蔽，然实肤杂无统纪，未

可以名学术也。史家称其正时俗嫌疑，然未见其有何所持，可以
导人于一个新的方向。徒擅杂评，有何足贵？但在东京，则为一
代瑰宝。充同郡谢夷吾，上书荐充，至谓前世孟轲、孙卿不能过。
袁山松书曰："充所作《论衡》，中土未有传者。蔡邕入吴始得之，
恒秘玩以为谈助。其后王朗为会稽太守，又得其书。及还许下，
时人称其才进。或曰，不见异人，当得异书。问之，果以《论衡》
之益。由是遂见传焉。"《抱朴子》曰："时人嫌蔡邕得异书，或搜
求其帐中隐处，果得《论衡》，将数卷持去。邕丁宁之曰：'唯我与
尔共之，勿广也。'"夫《论衡》一书，为名士尊重如此，正可见其时
思想界之贫困。此为衰微之一大因。凡人知识缺乏，则其活动
的力量亦渐衰退。思想是行动的工具故。故考察一时代之盛衰者，
必精核其时代之思想界果何如。此最不容忽者也。二曰，党人
尚标榜而逐浮名也。西京诸儒，类有醇固重厚气象；佞曲如公孙
宏辈，特少数耳。又多能留心当时的实际问题，故有通经致用之
说。如桓次公治《公羊春秋》，而推衍盐铁之议，增广条目，极其
论难，著数万言，庶几究治成一乱家之法。其他明经通法律政
事，为贤公卿与良吏者，不可胜数，俱详列传。东京之儒，习经术
达治体者，虽未至乏绝，然是时儒士习尚所趋，大凑于结党标榜，
激扬名誉，互相题拂。饰行以惊俗取名者众，而躬行敦重，才堪
应世者，殆所罕见。郭林宗之徒，浮誉过情，昔人已有弹之者。
陈仲弓号为重厚，实乃工揣测，藏拙养望，全身远害，乡原之雄
也。父子皆有高名于世，亦可羞已。其他名浮于实者，兹不俱
举。虽孔北海之高志直情，而犹以才疏意广，迄无成功，见讥当
世，况其余乎？夫名者，实之宾也。士人若竞浮名，则其内部生

活空虚而无实。以此成风，世运焉得不衰？是其所关至大，不可忽也。晚世西洋人长处，只是务实。而谈西化者，却不留意及此。三曰，朝野习俗，奢淫贪污也。王符《潜夫论》曰："今京师贵戚，衣服饮食，车舆庐第，奢过王制，固亦甚矣。且其徒御仆妾，皆服文组彩牒，牒，□布也，锦绣绮纨。葛子升越，葛子布也，出南越。筒中女布，犀象珠玉，琥珀玳瑁，石山隐饰，金银错镂，穷极丽美，转相夸咤。一飨所费，破终身之业。"谓贵富者一食所费，足破中产之家也。豪贵淫侈如此，民众尤而效之。《潜夫论》云："今人奢衣服，侈饮食，事口舌而习调欺，或以谋奸合任为业，合任者，合为任侠，犹今结党为劫盗也。或以游博持掩为事。持掩，谓意图得钱，如今赌博等事。妇人不修中馈，休其虫织。"据此，可见民间风习敝坏。又当时丧葬侈伪。《明帝纪》云："丧贵致哀，礼存宁俭。今百姓送终之制，竞为奢靡。生者无担石之储，而财力尽于坟土；伏腊无糟糠，而牲牢兼于一奠。靡破积世之业，以供终朝之费。子孙饥寒，绝命于此，岂祖考之意哉？"丧事如斯奢靡，民德之薄可知。夫豪贵淫侈，非剥削百姓，耗敝国家，则其珍藏从何处得来？《左雄传》称当时吏治之坏云："下饰其诈，上肆其残。典城百里，转动无常，各怀一切，莫虑长久。熊按：令长等皆由朝廷权贵私授，以敲剥为务。其选用不遵宪度故常更易。谓杀害不辜为威风，聚敛整辨为贤能……髡钳之戮，生于睚眦；覆尸之祸，成于喜怒。视民如寇雠，税之如豺虎。"熊按：此段话，今人宜省。《黄琼传》云，外戚秉权，"竖宦充朝，重封累职，倾动朝廷，卿校牧守之选，皆出其门，羽毛齿革、明珠南金之宝，殷满其室，富拟王府，势回天地"。其赃污贪冒，若此之极也。又当时将领贪污，亦成积习。《西羌传》云，诸将多断盗牢禀，私自润人。皆以珍宝货赂左右。上下放纵，不恤军士。士卒不得其死者，白骨相望于野。将帅贪渎如此，由朝廷戚宦开其端故耳。在位者以淫佚奢侈而肆行贪赃，民众则以奢靡而结聚为攻盗。见前引《潜夫论》文。俗尚如此，不亡何待？故东京季世，盗贼蜂起。天下群牧，各乘机会，拥盗兵而图不轨，互相惨杀。百姓死亡略尽。士女凌辱，更无待论。虽帝女，亦不免于董卓凶猘之逼焉。范史致慨于天地不仁，诚可痛也。夫奢淫贪污之风，从来圣哲，皆所痛戒。东京种此恶因，不唯祸流当代，而延及魏晋，遂致五胡惨变。其后如唐，如宋，如明，末世衰亡，又无一不由于此。历史事实，昭昭可按。惟奢与贪，习之自上，能令百姓死于剥削，万事败于冥冥。破损国家，摧伤种类，莫此为甚。哀哉生人，自有恒性，胡忍作恶自贱，如斯其甚耶？吾少读《孟子》，见其讳言利，而不知其心之所以痛也。少长，读王船山先生《通鉴论》，又见其悯衰世之人，没于权利而不顾族姓之危亡也。其文辞，直是字字随泪俱出，而窃病其感伤太过也。今忽焉老至，涉历弥多。读书论世，全凭一副真心，自尔见理分明，感事真切，然后知孟、王诸子所为如彼者，实有所不容已者存也。今古学人，辜负大悲心事，可胜痛哉！综上三因，第一、第二，属于学风士习之敝，半由于大一统之局既成，思想界以无所与竞，而不能不腐；半由于三帝表章名节，天下感发而怀贞徇义者固多。其存矜尚之意，标榜以盗虚声者，亦自是始焉。第三曰奢靡贪污，则从安帝以后，罕有令主。外戚宦竖，迭窃主权，遂成国败官邪，神州鱼烂之局。此中第三，若得继世有贤君相，转移风会，即可转危为安。古今本无不可转移之风会，然而继汉者为曹氏、司马氏，肆卑其险，竞

81

长颓风，则吾民族国家，欲无衰败焉，而何可得耶？

东汉之乱，由于外戚宦竖。近有某君，教于上庠，以为光武不鉴新室之变，疏于立法。《孝明帝纪》云："帝遵奉建武制度，无敢违者。后宫之家，不得封侯与政。"据此，则光武鉴王莽移鼎之祸，明立法度，以防外戚。某君所云，殆未深考。夫明主开基，莫不定家法朝章，以垂后嗣。然继体昏庸，奸邪得志，则祖宗法度横遭毁弃，无可如何。但光武亦有立法不善之处。即鉴于王莽以执政篡位，遂削夺相权，欲使大柄一操之君上。卒至庸主不能自持其柄，外戚宦寺窃之。其势浸成，则三公退听，无可与抗。此又光武立法不慎所致也。仲长统《法诫篇》曰："《周礼》六典，冢宰贰王而理天下。春秋之时，诸侯明德者，皆一卿为政。爰及战国，亦皆然也。秦兼天下，则置丞相，而贰之以御史大夫。自高帝逮于孝成，因而不改，多终其身。汉之隆盛，是唯在焉。夫任一人则政专，任数人则相倚。政专则和谐，相倚则违戾。和谐则太平之所兴也，违戾则荒乱之所起也。光武皇帝愠数世之失权，忿强臣之窃命，熊按：数世，谓元、成、哀、平四帝也。强臣谓王莽。矫枉过直，政不任下，虽置三公，事归台阁。熊按：台阁，谓尚书也。自此以来，三公之职，备员而已；然政有不理，犹加谴责。熊按：如遇灾异，则三公降免也。而权移外戚之家，宠被近习之竖，亲其党类，用其私人，内充京师，外布列郡，颠倒贤愚，贸易选举，疲骀守境，贪残牧民，挠扰百姓，忿怒四夷，招致乖叛，乱离斯瘼。怨气并作，阴阳失和……此皆戚宦之臣所致然也。……又中世之选三公也，务于清悫谨慎，循常习故者。是妇女之检柙，乡曲之常人耳，恶足以居斯位耶？势既如彼，选又如此，而欲望三公勋立于国家,绩加于生民,不亦远乎? 昔文帝之于邓通,可谓至爱,而犹展申徒嘉之志。郑通,文帝幸臣也。居上傍,戏慢。丞相申徒嘉奏事见之。罢朝,召通责之曰:'通小臣,戏殿上,大不敬,当斩。'通顿首,出血。文帝使人召通,谢丞相曰:'此吾弄臣,君其释之。'夫见任如此,则何患于左右小臣哉? ……光武夺三公之重,至今而加甚……未若置丞相自总之。若委三公,则宜分任责成。"仲氏之论,深达治体。夫行政之权,或专于君上,或专于宰相,有统一指挥之效。如身使臂,臂使指,则可以为治。若分任三公,便有指挥不能统一之嫌。莫若总之丞相为得。至于不置丞相,而三公又为虚设,竟使国之大柄旁落戚宦。斯真大乱之道也。又明帝虽号崇儒,而遇士大夫实无礼。据《左雄传》,顺帝时,"大司农刘据以职事被谴,召诣尚书,传呼促步,又加以捶扑。雄上言:'九卿位亚三公,班在大臣,行有佩玉之节,动有庠序之仪。孝明皇帝始有扑罚,皆非古典'"云云。夫大臣受摧辱如此。戚宦得轻视朝廷,而擅威福,亦何足怪! 光武、明、章三世,皆君主独裁,政权未至旁落。然既不置相,又不任三公,又摧辱九卿。则继世之主,如非其才,欲政权无旁落戚宦,何可得也? 又今委员制,亦有仲长统所谓相倚之失,但事实上仍必总其权于委员长或主席焉。仲氏之论,至今无以易也。

西汉初,匈奴甚强,不奉中朝正朔,又屡侵苦内地民众。自经武帝讨平之后,匈奴始为臣属,边境安宁。及新室,犹袭前威,匈奴受策命焉。至东汉时,匈奴又渐衰。南北单于互相攻伐,皆求内属。朝廷以南单于犹忠顺,居其众内地,资给优厚。西域诸国,自五帝时,已内属。及至东汉,班超经略西域,前后三十一

年,恩威并著。尝遣掾甘英西使大秦,_{今欧洲东南境,古罗马帝国。}
抵条支,_{今波斯西南。}临大海,_{波斯湾。}英欲径渡。因闻船人言,恐
风阻粮绝,乃还。班超、甘英,可谓能勤远略者也。东汉时,中朝
权威犹盛。但内地羌人叛扰,兵连祸结。良由朝政不纲,吏治败
坏,军纪不修,故至此耳。

前代史书,国以君为主体。故于塞外诸国,虽为立传,而辄
曰夷狄。今后修国史,自以本家为主体。则叙述从前塞外诸国
事迹,自当视为一国以内之事。如春秋战国时,各国的文野盛
败,与其对于王朝的或叛或服,都据实叙述。但均视为诸夏,且
视为共隶于统一的王朝之下,毕竟不是异国异族也。今之国史,
其叙述从前塞外诸国,亦应采此态度,不当以外患、外夷等等字
眼,标立题目。唯引用古史事实时,如胡俗及戎胡之性等等词
语,无法避免者,仍从实录。若可减省处,亦不妨减省。吾国塞
外先民,武力虽多可称,而文化确实落后。未免胡俗,自是实情。
社会开化有迟早,此不足为吾塞外先民病也。《春秋》诸传,对于
吴楚,亦以野悍蛮俗嗤之。当时吴楚文化确后于中原诸国。史
家纪述其习性,自当据实,不能谓其有何偏见也。至所以当视为
一国者,则亦事实如此,不容歧外。朔北獯鬻、猃狁,自上古以
来,常服属中朝。匈奴,则两汉时皆称臣内属。虽亦时有叛变,
要不能以此之故,而视为异国。内地又岂少叛变者乎?西北方
面,则自上世庸成之代,领地已逾葱岭。黄帝、尧、舜、大禹数代,
声教广远,万国咸服。至两汉时,西域五十余国,_{包括今中亚细亚、}
_{印度等地域。}皆来内属。盛唐之世亦然。西藏、青海及甘、新诸省
塞外悬远之地,历史上夙为吾国领土。《汉史》所谓五十余国,《唐

书》所谓突厥、回纥、吐蕃等等者,无一不受中朝封爵。中朝又置都护以监临之。虽有时叛变,则因中朝政教凌夷所致,要不可以固有的领土,视为外国也。东北方面,则九夷在夏朝时已输诚内向。春秋时,孔子且欲往居之。汉时乌桓,亦曾受朝命。虽叛服不常,要是边民动扰之性,不能视为外国。至如朝鲜、安南、缅甸、暹罗等等,向为藩属,亲昵逾恒。若存歧外,亦复无义。是知依据事实,国史之体,于叙述从前塞外诸国,当准春秋战国时所有各国之例,不当以外患、外夷一类字眼,标立题目。此乃事实本然,非立意造作而然也。史家用字造句,宜知体要,不可胡乱下笔。前见一相识云,新闻记者每不晓事,尝见其记藏事,文中以中藏相并成词。不知藏之在国内,犹蜀与鄂之在国内也,可曰中蜀、中鄂乎?此说甚是。史家亦宜知此意。抑吾尤有一说。从前塞外诸国,虽旧史有传,大抵记载兵戎之事为多,此外无甚可述。余以为今后国史,只于诸国起灭大概及其内属情事,甄述明白,其人有贤善可嘉者,应予称扬。如不好侵略,又能和其部众之类。至其兵戎之事,可极端省略。近人笑廿四史为相斫书,未为谑虐。今日学术,门类甚多。所必需的知识,亦深苦求之不及。若以相斫书,耗人目力精力,甚不合算。且此等事迹,亦不能使人有美感,不如极端从略为是。人类总以去褊狭、趋和同为进化美事。故凡塞外之乐于内向,能去其侵暴之俗,服中原礼乐之化,而扩大团结性者,是国史所应加详。说至此,又触及一问题。吾乡有冯生者,自新疆还。谓新省教育当局及各学校教师,并苦本国历史无有适当课本。余叹曰:今人治史学者,却喜在零碎事件上去搜求,又或狂乱去推翻史据,却莫肯在大体上着想,莫有在急切的问题上注意,不思量什么是史学的意义和价值。边省的人,受国外的刺激多,所以感觉到激发民族意识,是在历史学。其实历史课本,边省更无别样。只要将古代圣王以来,一切伦理、教化、制度、文物与各时代演变的大概,及历代模范人物,一一好好发挥出来。使边省青年,少而习之,知道本国文化之所由成,并知道国家的统一日趋巩固,又知道中华民族由一本而分支,又由分支而合归一本,团结性日益扩大,加增其共同生活的兴趣。如此便得了。

回族之先,在汉时居西域,与藏族即西羌。互相交错。当时亦受匈奴侵逼。武帝以后,西域诸国恒依赖中朝,以脱匈奴羁轭云。

东汉时,吾民族已伏衰象。此中有一最大之原因,前未说及。其原因维何,即早婚之俗是也。古代男子三十而娶,女子二十五而嫁,足征其于生理极有研究。古人婚嫁以时,其体气决甚健壮。如《礼记》所称,三十曰壮;四十曰强,而仕;五十服官政;乃至七十、八十,犹杖于朝,杖于国焉。据此,则自五十之年始,正是为国家担重任、耐繁剧之时。人生五十,精力完足,经验宏富,神智明利,故任政为宜。七十、八十,杖朝杖国,则是国有大政,犹备咨询,非以虚文相酬也。可见古人年寿长远,精气始终充盛。所以文化发达,国力雄厚。及至汉代,便有早婚之俗。西京宣帝时,王吉上书有曰:"世俗嫁娶太早,未知为人父母之道而有子,是以教化不明,而民多夭。"此等污风,大约至东汉时代又加甚。如《魏志·陈群传》云:"鲁国孔融,才高倨傲,年在群纪之间。先与纪友,后与群交。更为纪群之父也。拜,由是显名。"孔融年在群纪之间,大约其年与纪犹同行辈,而长于群者亦无几。由此可见纪生群甚早。父子间的年龄，相差不甚远，其早婚可知。夫纪，陈太丘子也。父子并名高天下，而早婚不知戒也，则其时社会风习可知。自汉以后，早婚习为故常，人皆体气衰薄。人民智、德、力等方面，日就衰退。凡人体气盛，则精神易以向上，而智、德、力俱进矣。体气衰，则精神不堪振刷，常易下坠，而智、德、力无可言矣。或难曰：公之哲学，非唯心耶，胡为反成唯物？答曰：吾言唯心，非谓唯独有心也。心以对物得名。如其无物，心又何存焉？心物本非异体，而势用有别。但心力胜敌，说之以唯。然心非离物别有，即待物而显发。故体气盛，则显发其心力益强。反之则否。此自然之验也。若云以心力主宰乎体气，如心愈用，则精神愈出；病人体废，能以心力自振。此就人生修养上说，别为一义，非此中所欲论。总之，早婚不戒，则民族衰危，无可挽救。吾深有感乎此，故郑重言之。东汉以后文人，大抵颓废的意思多。年三十许，便伤老大。学业亦难深造。闻人言，今日军政界人，盛年失职后，自身都没改进，反更躐败。学人三十后，也是一日不如一日。官吏都纳宠好贿，一切向堕落处行。吾见清季许多志士，后来都做得不堪。世运何故如此衰？余以为救衰之道，强其体为最要。强体之道不一，而戒早婚为最要。汉以来恶俗，必须痛绝。

两汉时，社会上贫富不均。富豪兼并土地。贫民遇饥饿，常自卖为人奴婢，官府亦有收买者。《贡禹传》称，官奴婢十余万，游戏无事。税良民以给之，宜免为庶人，云云。不知官府何故有奴婢如此之众，或其初为救济贫民而收买之欤？民间富豪畜奴婢者，则不可胜数。如卓王孙僮客八百人，王商家奴乃至千人。家富畜奴婢之多，即此可见一斑。西汉时，董仲舒说武帝，宜去奴婢，除专杀之威。是当时富者可专杀奴婢也。新室亦诏废奴婢。及东汉光武帝降诏曰："敢炙灼奴婢，论如律。"以后诸帝，亦时申禁令。可见当时社会上贫富悬绝之情形。至如富家兼并土地，新室诏令，言之痛切。而朝士论著，亦多注重及此。如仲公理《昌言》云："井田之变，豪人货殖，馆舍布于州郡，田亩连于方国。身无半通青纶之命，而窃三辰龙章之服；不为编户一伍之长，而有千室名邑之役；荣乐过于封君，势力侔于守令。财赂自营，犯法不坐，刺客死士为之投命。至使弱力少智之子，被穿帷败，寄死不敛，冤枉穷困，不敢自理。虽亦由纲禁疏阔，盖分田无限使之然也。今欲张太平之纪纲，立至化之基趾，齐民财之丰寡，正风俗之奢俭，非井田实莫由也。"[1]公理之论，具见根柢。惜当时朝野，于此一大问题，不求根本解决。然汉氏主政四百余年，民心思戴者，则亦有故。两汉贤主，始终能留心多数贫民之利益，未尝偏与豪富阶级妥协，则为明显的事实。抑商政策之用意，本在直接防止豪商垄断财货之行为，间接杜绝兼并土地之弊害。虽未必有极大效果，或亦不无相当影响。至于解放奴婢，累朝诏令督促，未尝松懈。若果空文敷衍，如后世所为者，焉得开四百余年盛治之局？古今有以欺骗成功者乎？又其吏治修明，常以锄治豪强为事。豪强，犹今云土劣。如义纵为河内都尉，族灭其豪穰氏之属，河内道不拾遗。赵广汉迁颍川太守。郡大姓原禧，宗族横恣，宾客犯为盗贼。广汉除其首恶，郡中震栗。及至

---

[1] 引文见《后汉书·仲长统传》所录《损益篇》。

东汉,阳平大姓有赵纲,北海大姓有公孙丹,河东大姓有马适匡。凡此,皆在地方胁众揽权,鱼肉贫贱,而均为董宣、樊晔、李章等所诛。此特略征数事,实则两汉守令,无不惩戒豪强者。民心思汉,岂幸致乎?唯西汉武帝用桑弘羊兴榷筦之利,为豫绝兼并绝好办法。至始元中征贤良文学,问以治乱。皆对愿罢郡国盐铁酒榷均输,毋与天下争利。此等贤良文学,皆代表豪富阶级的利益者也。当时相诘难甚烈,而桓次公称,桑大夫据当世,合时变,上权利之略。虽非正法,巨儒宿学不能自解云。要之两汉对于解决贫富问题,非不留心,但其抑商政策,则迂拙而无甚效。吏治又不可常恃。如东汉中衰,戚宦窃柄,则吏治坏而寇盗始起矣。弘羊政策,后亦莫能继行。公理提出土地问题,确是根本。若当时能本井田之意,而行限田之法,则民生悠遂,或不至寇盗蜂起,浸淫以酿五胡之祸。历观世变,岂天数耶,亦人谋不臧耳。

吾平生不满东汉党人,以其纯盗虚声故也。东京一代,真能留意民生问题,而慨乎其言,发于忠诚者,当以仲公理为最。王节信指计时短,讨谪物情,亦一代之良也。王仲任博通,肯用思,知识远过节信,视公理亦较广。三子者,所学不必同,其能不梏于时俗,则一也。范书以三君同传,可谓知类。然论赞极加贬谪,谓皆管视好偏,亦稍过矣。党锢诸巨公,于当时社会政治诸大问题,似毫无所究,只欲与朝廷戚宦抵触,投身饲虎,而无捕虎之胆与略,立君大事。李固在庙堂会议时,若面折梁冀,力数其罪,则朝臣或不至皆曰唯大将军令是听也。临之以严气正色,责之以大义,示之以王莽殷鉴,冀凶凶之气,当亦自屈矣。纵或不胜,固死于此时,较之委曲求全不得而死者,不犹愈乎?固不此之图,乃退在私室,一再为书劝冀。明知与虎谋皮为不可得,而犹如是委曲者,此何为乎?固之贤,其才略、气概不过若是。自余诸公,皆可不论。夫吾国之党人,本非今西洋所谓政党,乃名士集团也,官僚集团也。凡人一为名士,便无足观。东汉党人,本无政见可言,无政策可言,无经纶大计条目可言。即随时济变,又无胆略。其空虚脆弱如是,犹幸不得已时,能尽一死字。范书于党人称扬太过,后人遂为所误,而不知以名士浮虚为戒。吾尝谓,范书,党史也。

名士之称,始见《后汉书》。西京以前,士大夫敦实行,求实学,作实事。矜小慧、饰伪行以盗名者,绝少见焉。有之,则为社会所鄙夷者也。自东京而始有所谓名士。吾尝谓东京以后,吾国只是两个东西始终合流,曰名士,曰奸雄。名士者,无心肝无知识。其全副精神,整个向外追逐,纯是浮虚夸巧,盗窃不惭,既无立本之学,又无实用之学。以其小漂亮,弄些应付朝廷与下面社会的伎俩。此在魏晋时,即是诗哪、四六文哪、清谈玄妙哪。其实无关于玄学。在唐宋明,则诗哪、古文哪,甚至理学哪。宋世理学家末流,只是空疏迂固,尚少近名者。至明季理学末流,则皆浮薄伪妄之名士矣。在清世,于古文外,或剽窃一点考据。章实斋诋为势家豪奴者是也。在今日,则哲学、科学、西洋文学,根本不曾费工夫,只剽窃一些概论与大纲的知识,及时代流行的新名词、新论调,犹古之诗与四六文、古文辞、汉学、理学等等也。此等人内无以立己,外无可应用,专以叫响于社会、惊动于朝廷公卿为其能事,天下后世之名归焉。然无心肝,无学识,无操持,坏世道人心,使人类都成为鸟兽不如的东西。其影响甚大,真可痛也。奸雄者,合妾妇、流氓、强盗、凶獝而为一身。其无量本领，总可包括于阴、险、卑、贱四字之中。其劫持天下，牢笼万物，不外以威劫利诱等毒辣方术。常利用人类之劣根性，而或逼之以威，诱之以利，使天下之人，皆夺其志，销其骨，丧其气，遏其知。其手段恒不惜出之以奇险奇恶，至卑至贱。卒致社会混浊，国家昏乱，黑白不分，是非不辨。极至利害亦不复计。孟子所谓安其危，利其灾，乐其所以亡者。古今乱亡之世，未有不如是也。王船山先生曰："国家将亡，必有妖孽。"非草木鸟兽之妖也。亡国之人，皆妖孽也。观于魏晋操、懿诸奸雄，与其时文学及玄言诸名士，而知五胡之祸，非无故也。操、懿皆东京季世之人物，名士亦始于东京，此可以觇世变也。魏晋名士卑劣之状，此不及详，俟将来汇集之。奸雄之局，至袁世凯而告终。名士之风，恐犹未已。

经儒足以致用，若卢植者，可谓贤矣。性刚毅，有大节，规窦武之书，义正辞严。虽不见听，浩气存焉。黄巾贼起，植以文儒率师征讨，连战破贼，斩获万余。贼帅张角，退保广宗。植修守具，垂当拔之，而功败于昏愚之主。其后皇甫嵩讨平黄巾，盛称植行师方略，实资其规谋，用济成功。何进谋召董卓。植知卓凶悍，必生后患，固止之，进不从。及卓讥废立，公卿无敢言，植独抗议不同。履虎尾而不虞其咥，强哉矫也。夫卓，凶獝也。置之边隅，但为一方之害。天下有道，折箠取之可也。召赴京师，崇其名号，长其羽翼，则狂兽逞虐，何所不至？卓之纵毒，无复人理，乃五胡之先导也。寇祸古今所常有，但其绝无人理，则未有如董卓辈及五胡所为者。五胡中亦有好人，如姚弋仲，心存晋朝，以乱华为戒。符坚不嗜杀，能修政安民。此中，且从多数言之耳。君子于此忧世

91

变焉。卢公能识董卓于机先,非素以经义濯其心者,能前识如是哉?

张平子,精思天文、历算。尝造候风地动仪,可验地震。即震在远处,亦可测知其所在。范氏称其范围两仪,天地无所蕴其灵;运情机物,有生不能参其知。平子发明的天才,诚足惊人,然亦可见当时天算学之进步。平子著有《灵宪算罔论》,盖网络天地而算之,因名焉。惜后人无继续精究者。范书称平子虽才高于世,而无骄尚之情,常从容淡静,不好交接俗人。古代大科学家的风度,后生宜取法也。平子亦好玄学,服膺扬子云《太玄》。谓其妙极道数,与五经相拟,使人难论阴阳之事云。

东京末叶,已尚玄虚。如周勰,隐居窜身,慕老聃清净。杜绝人事,巷生荆棘,十有余岁。法真,好学而无常家,博通内外图典。性恬静寡欲,不交人间事。同郡田羽称其蹈老氏之高踪。戴良,母卒,兄伯鸾居庐啜粥,非礼不行。良独食肉饮酒,哀至乃哭,而二人俱有毁容。或问良曰:"子之居丧,礼乎?"良曰:"然。礼所以制情佚也。情苟不佚,何礼之论? 夫食旨不甘,故致毁容之实。若味不存口,食之可也。"良才既高达,而论议尚奇,多骇流俗。同郡谢季孝问曰:"子自视天下,孰可为比?"良曰:"我若仲尼长东鲁,大禹出西羌,独步天下,谁与为偶?"矫慎,少学黄老,隐遁山谷,因穴为室。仰慕松、乔导引之术,与马融、苏章乡里并时。融以才博显名,章以廉直为称,然皆推先于慎。台佟,隐武安山,凿穴而居,采药自给。曰:"幸得保终性命,存神养和。"汉阴老父者,不知何许人也。桓帝延熹中,幸竟陵,过云梦,临沔水,百姓莫不观者,有老父独耕不辍。尚书郎张温异之,下道百步,自与言。老父曰:"请问天下乱而立天子耶? 理而立天子耶? 立天子以父天下耶? 役天下以奉天子耶? 昔圣王宰世,茅茨采椽,而万人以宁。今子之君,劳人自纵,逸游无忌。吾为子羞之。子何忍欲人观之乎?"温大惭,问其姓名,不告而去。凡上所述,皆虚玄之士。盖自光武、明帝,外奖儒学而扬名教,内喜善柔而宠桓荣之徒。党人又务竞名,以空言忤权要,实无济世之具。天下聪明博识之士,不乐检束,又深嫉时俗虚伪,故趋尚玄虚,遗世无所惜。周勰、法真、矫慎、台佟诸君,皆内养醇至,克全素尚。汉阴老父,迹弥晦而道弥高。推其所持,盖亦无政府主义者,战国许行之徒也。惟戴良放纵礼法之外,自况以大禹、仲尼,矜妄不惭。魏晋间人,实祖其风。履霜而坚冰至,君子于是忧世变也。又《臧洪传》称,洪领青州刺史。前刺史焦和,好立虚誉,能清谈。是魏晋清谈之风,亦自东汉始。

中古第二期,起三国,讫隋,所谓六朝时代也。此是古今运会变迁最大关键所在。吾民族悲惨之境,亦自此开端。盖自司马氏群豗肇乱,群豗,谓八王也。昏贱如豗,故云。遂令五胡乘虚狂动,扰害中原。吾尝披览载籍,考见其时百姓遭受屠戮、劫掠、逼辱,种种不可名状之惨,心悸目眩,不忍措思,以谓宇宙何故为一大修罗场,修罗,魔也。言宇宙何故为众魔之场所也。众生何故甘作罪恶? 哀哉人类,生生者未有已也,其将终古大惑不解耶? 吾于是究心天人之故,而渐怡神于释迦氏之书焉。此可以知吾当日读史,心情感动为何如矣。五胡之局,归结于拓跋魏。因与江南皇朝对峙,而称南北朝焉。其时北方久沦胡俗,范祖禹等叙录《魏书》云:"戎狄乱华,先王之泽,扫地以尽。"又云:"刑法峻急,故人

93

相残杀；不贵礼义，故士无风节；货赂大行，故俗尚倾夺。"社会上残杀倾夺之风既盛，父子兄弟之爱且不可保，况其他乎？孝文虽力矫胡俗，崇尚夏礼，谓中夏礼俗。然徒袭皮毛。又欲挽久敝之俗于一旦，势不可能。故孝文汉化，只饰虚文于俄顷，乌足以成化道，振颓风哉？北方戎俗既甚，南国亦浸染其风。如刘宋诸子之凶逆，萧梁诸子坐视君父之噬于困兽，侯景之乱，萧绎与骨肉之拥州者相争战，反缓置景，遂酿成惨变。陈氏君臣之荒淫，皆绝无人道可言，其沾被胡俗已深故也。天伦之变，古亦有之，未有如此时之相习为常，而人皆无所动心也。昏淫败度，古亦有之，未有如此时之相习为常，而人皆无一念之警也。故知其染于胡俗也。及南北之局统一于隋文，而唐高祖、太宗父子承其业。贞观之文治武功，为皇汉文、景、武诸帝以后所仅一见者，但盛业止于太宗一代。而风俗习惯，自六代以来，浸于胡俗者，始终未尽涤也。宫闱不正，太宗尚尔，后更不堪矣。民间俗习袭乱，用夏变夷者，又不知凡几也。夫民德浇漓，则野志易动，变诈滋多，嗜利无耻，攻剽无常，难以道义固结其心。如是之群，枭桀之徒，最易利用之以作乱。唐代藩镇之祸，连绵不绝，辗转推演，以成五季惨局，又如前世五胡故事。至吐蕃、突厥、回纥、契丹等等，累扰中原，又不待论。及皇宋肇兴，太祖以宽柔宁乱，提倡文教。诸大儒崛起，追复晚周儒学，明夏礼以革胡俗，复人性于兽习之余。可谓吾民族复兴之机矣。然宋祖鉴五代之祸，切于防弊，而武事不修；谨于守成，而开扩不足。诸老先生又吸收佛家禅学，正心诚意之功有余，格物致知之功，终嫌其短。虽辨章王、伯，而颇近迂谈。孔门由求治兵理财之略，尚非其所敢企，况孔为东周，孟挞齐楚之伟抱,岂彼可得而几乎? 宋始厄于辽,继辱于金,终则全覆于元。其所以自立之道未备,虽欲保固神州,而莫由也。明祖继起,驱元室于塞外,恢复旧壤,庶几振宋人之遗绪。然太祖晚年猜刻已过。永乐惨酷,视太祖又更甚焉,继世复无令主。上视两宋诸帝,皆昏庸相继,又若一辙也。程朱、陆王两派学者,其大多数皆空谈心性,不究实用。知识方面,视宋儒又更狭焉。于谦、王阳明、戚继光、熊襄愍、张江陵、袁崇焕,或以勇断而肩大任,或以韬略而扶危局,皆旷世雄材,不待文王而兴者也。然少数天才,处极衰之社会,终难大展所志。虽扶倾于一时,而无以立不拔之基矣。比两都沦陷,船山、习斋、亭林诸大哲人,始力变学风,期于道器兼综,体用赅备,一洗空疏迂陋之风,而归于实事求是。上继宋儒复兴晚周文化之遗轨,而皆绳正其偏,救治其弊,又可谓吾民族之几矣。然清人起塞外,帝中原,胡俗未革也。猜心、暴性,未能遽易也。中原人士新附者,多隐为怨刺之诗焉,其必有以使之然也。于是士大夫不敢尽其材力于思想之途,而相率以考据之业,自了生涯。明季诸儒之流风尽泯矣。自五胡变后,几二千年,元气未复。此一大段气运,经久而无甚变更,岂不异哉? 要之,此长远期间之扰乱,为本国边塞人与中原人之内乱。_{吾国本部,概称中原。}由六代迄今,中原固屡伤元气,而边塞诸部,亦以争夺中原而卒归凋谢。朔北之元室,东北之鲜卑、辽、金、满清,其结果都无善状。甲既受害,_{谓中原。}乙亦无利。_{谓塞外。}历史事实,昭昭可按。甚矣,兄弟阋墙之祸,宜深戒也。尝谓吾国历史,自上世迄今,有两大变迁。一、自三皇五帝,下逮战国,如此悠远时期,为本国中原内争时代。盖中原分为无数侯

95

国,竞智竞力,互争雄长。但同为有高深文化之国,故于争竞之中,自有切磨之益,此古代所以强大而文明也。此等局面,至周代春秋、战国,变化日亟。小弱国家,渐为强盛者所兼并。至秦皇,而遂开大一统之基,以遗之汉氏,是为中原团结而不复分离之始。二、自晋世五胡之祸,迄于清室运终,为本国边塞与中原内争时代。其情形,已略见前文,可不复赘。自秦以前,中原列国并峙,各国人民多有参政力量。故边塞骄悍者,虽有时内侵,终不能为巨害。如犬戎弑幽王,乃是偶然之事。若幽王不宠褒姬,以坏烽火之令,犬戎何能为乎？邢卫困于狄,亦是暂时。齐桓一度北伐山戎,而诸夏安宁累世。可见中原民力之强固也。由秦而下,宇内大一统,中原人民益散漫无组织,参政力量无所表现。边塞人民,政府又常漠然遇之,而无声教以加乎其间。故边塞每以其暴力,而摧中原之文弱。虽云暴力如狂风骤雨,不可常胜,然当其突至时,则中原受害矣。自魏晋迄于清运造终,如此悠远时期,纯是本国边塞与中原内争时代。在此长期内争之中,边塞人民既缺乏文化,中原又常受暴力伤残,故吾国社会各方面在此长期中极少进化。此可谓睡狮久疲不起之会也。然亦有相当成功焉,即边塞人民渐染中原文化,而中原之对于边塞,亦渐去其隔阂,相亲如一体。明太祖既驱除元室,命学士为文,祭告天地。文中目元人为胡虏,极其丑诋。太祖大怒,命改作焉。帝王大度,中外一家,无有畛域,诚盛德也。清人入关,自道、咸以降,汉满界限荡然无存。此虽清人努力同化,然边塞与中原融洽,却是累朝演进之结果,非自有清一代而始然也。或曰：清入中原后,曾胡等犹扶植之,而彼族姓衰耗焉,何也？答曰：此其先辈贻谋不臧也。悉其族姓，以据中原，其心之私而猜也。天道恶盈，有不期而然者。若一向保其支庶于故土，虽逊帝位，而族姓能育，同建共和之规，不亦美乎？虽然，自今以后，五族一体也，则彼又何衰耗之云。或曰：过去之事，既闻命矣，敢问兹后民族前途，将何如耶？答曰：世变复杂，日益奇诡。虽在大圣，有所不可知也，而况于余乎？然数往知来，有可预言者三。一曰，吾国大一统之局势，不宜于过去闭关绝无与竞之环境。今后全球交接，东西文化，互相流通。虽疲惫睡狮，未能骤尔适应此新环境。然此新环境之有利于我，则万不容疑也。二曰，吾国上古中原列国长期内争之局，至秦而始息。中古以来，边塞与中原长期内争之局，至民国而始息。清末排满，本为政治革命之一种手段，非真有族姓恶感也。民国肇建，五族共和，载在约法。将二十四史中，误视边塞先民为异族、为敌国之谬误观念，已经一扫而空。此为民族心理上之重大改革，最不容忽视者也。此种心理上之改革，一方面由国内渐见融洽，一方面由世界大通，中原与边塞都把目光向外看去，才知自家团结为要。开国二十余年，虽因内忧外患，不遑建设，然政府用才，中外无所偏倚。中谓中原。外谓边塞。纵未能十分满意，然较以清世，则塞外人才，登庸为易。若政治上轨，边方兴学，后此改良之事，必与日俱多。至就边塞同胞之国家观念而言，其进步亦远逾畴昔。此次对日抗战，凡我全族，五族同源，已如前说。故不分言五族，而云全族。一德一心，无有携贰，虽德王被劫持于仇敌，料亦非其本心。吾中华伟大的民族，发挥其伟大的团结力，方且自兹开始。向后科学昌明，西北、东北各大陆开交通，尽地利，讲生产，则如严又陵所云，大陆之势盛，将夺海权。其必

97

有验焉，无疑也。三曰，中国文化，至高尚，至幽深。欲析言之
欤，而若无所可言者。若复唾弃之，以为无物欤，则又若有物焉。
广乎漠乎，上际于天，而不可测其高也；下彻乎地，而不可测其深
也。体穷神知化之妙，于人伦日用之中。所以酬酢万物，网维万
事者，其道无在，而无所不在。事物灿殊，无非天则著见。人生
日用，一皆天理自然。此段，字字吃紧。得乎此，而后知人道之至尊
至乐也。世固有纵心外驰，逐物求理，逞欲无餍者，其事，吾亦不
谓无有是处。但有辨物析理之长，而无归根复命之道，是溯流而
忘其源也。如欲格物而不口于道，道者，万物之原也。一切事物所共由
之以成也。各科学之研究，皆止于事物互相关系间的法则而已。若不能穷极
乎道，而实体之于己，则人生徒恃零碎的知识，而自述其本根。中土玄学，持较
西洋，别是一种面目。科学兴，而斯学终不可废。用知而克全其神，神者心
也。老庄反知，谓足以扰攘其心故也。儒者不然，但从事涵养，常令此心虚静
宁壹，而无迷妄杂染，则格物致知，乃此心自然之妙用。何有以知而扰攘其心
乎？然必有内心涵养一种学问。故其神全，而不滞于物。否则逐物而丧其心
之所持，竟不识有自心。则老庄反知，非无故矣。厚生而不迷其性，性即道
也。以其为万物所共由之而成，则曰道。以其为吾人所以生之理，则曰性。物
质上的需要，所以厚生，不可废也。故绝物与断欲，必非人而后可。道不远人。
吾先哲未尝以此为道也。然必有尽性之学焉，然后能用物而不役于物，从欲而
不逾其矩。否则人生只陷溺于物欲之中，老子所以有聋、盲、爽、发狂之叹也。
则吾中国文化，确有绝大贡献。何可弃哉，何可弃哉？现代所谓
文明人者，皆失其本心，而习于向外骋逞。纵欲殉物，因不得不
出于抢夺，而陷于人类自毁之途。将图所以救之？非导之于中
国文化，终不可得救也。吾确信中国文化不可亡。但吾国人努

力于文化之发扬，亦必吸收西洋现代文化，以增加新的元素，而有所改造，不可令成一种惰性。是则余之所望也。综上三事，皆吾民族独具之优点。前途发展情状，吾不能知。其有可以发展之基，则上述三事是已。广大的国家，广大的民族，高深的文化，在今后的世界，而有此三，真是优点。老仆所知，亦止此而已。

中古史第二期，甚关重要。吾本欲详谈，兹当作罢。第二期以下，暨近古、近代各期，更付阙如。一因天气热闷，二因吾精力疲困，不得不截止。唯当此抗战时期，吾有一坚确信念：日本人决不能亡我国家，决不能亡我民族。日本者，古之所谓倭国也。其种族，则不知所自出。当吾国东汉光武时，其国主遣使来朝，自称大夫。后其国主，并受中国爵命。其国文化，过去完全模仿中国。此世所共知，不待多谈。然日人实不能了解吾国文化的广大精微处，不堪接受吾先哲高尚的理想与伟大的精神。自元代以后，他常寇害吾国。吾国人向来宽大，全无怀恨复仇的心理，而日本人竟处心积虑想灭吾国、亡吾种。此等野心，吾人今后不能忽视。但愿日人能自反省。日人今虽力效西洋，以强国自命，然素无文化，纯从外袭。其俗淫乱，绝无天伦，有禽兽所不为者。其人习于残忍，无复人性。其对外，概以狡诈与凶暴。虽云施之他国，然此等根性养成，其民族将来欲勿衰亡，何可得也？自古皆有死，民无信不立。圣言毕竟不容摇夺。又日人器量过小，虽横行一时，决定不堪成立大业。此吾敢断言以俟之者。夫日本在昔，本吾华之臣属，又受吾华文化熏陶。值欧力东渐，神州衰微，日人为自身利害计，亦不应阻碍吾华族之兴复运动，以自陷于孤危。眼光稍远者，自能见及此。乃日人出兹下策，乘吾华方新之机而蹂躏之，实乃竭其民力，戕其民命，以赴于膏火自焚之途。利害至明，而彼不悟，由其器小易盈，颠狂以逞，绝无远识故耳。

吾尤有言者，凡历史书，其纪述之体可略说为二：一则考论人物得失。如各方面领袖人物，谓若古之君、相及士大夫，今所谓领袖是也。其推动社会、政治及文化等方面，所发生之影响果何如，此最不可忽者。《春秋》褒贬善恶与别嫌疑、明是非等义，即在乎此。后来史家皆宗之。二则本科学方法，推详社会变迁，如由游牧社会而进为农业社会之类。各时代之一切组织、一切法制及生活情况等等方面，皆互相悬殊。而其或为渐进，或为突跃，又皆有其所以，必非无故而然者。史家述作，必于此推详焉，所以数往知来也。今之治史志者，大抵有意向此做去，而尚未能做到。余以为二种作法，须融合为佳。大概以考论人物得失为主，而社会各阶段中方方面面之变迁，亦必推详而无所遗，方为良史。人物本由社会产出，而却有推动社会的力量。如五官四肢，自整个的生机体中发展出来，而却有运动生机体之功能。旧史注重人物得失，甚有意义。且模范人物对后人具有伟大的感发力。历史家不可不以热烈真诚的意愿，表达伟大人物的精神。须知一个人必有敬仰伟大人物的真切信念，其人便不至堕落，而可日益向上，以进于伟大。否则无好善之几，必为小人禽兽之归。一个人如此，一民族更是如此。若民族普遍的心理，对于伟大人物皆有真切信念，此等民族决不堕落，决不衰亡。反之，则有沦丧之忧，以其无所向往故也。但此所谓伟大人物，系指为善而可法的人物。若凶暴而作大恶者，与浮华哗世者，则根本不成为人，宜为有识所贱弃。一个人或一民族，如果崇信恶人暴行，或且贵重浮华之士、浅薄之论，其人其民族必衰亡而不可救。又所谓敬仰伟大人物者，原不限于本国本族之先人，但对于先辈有盛大功德者，万不可无敬仰之诚。今吾国人对先辈一概抹煞，或谓黄帝、大禹等为无其人，或唱打倒孔家店，或以卫、霍安边之功只是帝王走狗，种种怪妄，不可胜举。寇患相乘，岂曰无因？吾愿青年有以自觉也。昔战国末叶，六国之士非尧舜、薄汤武成为风尚，六国遂以崩亡。而吾民族衰象，便伏于此时矣。可不鉴哉！又复有言者，吾国社会就文化方面言，各时代的社会情形，自有许多不同之点。如两汉社会较之战国盛时，便有停滞之象；五胡变乱时之社会，便有激动之象。五胡之后，而有盛唐之治，有以也。诸如此类，皆可推详。至就生产方面言，吾国本天然农业的国家。在近世海通以前，中国国家确自另为一种最高的文化团体。其文化又别为一种路向，与西洋文化元不同途。因此，中国社会数千年来，在生产方面始终不离农业本位。若以西洋社会变迁的各种阶段强相比拟，终无是处。如果以为不离农业本位之故，或拟为奴隶社会，或拟为宗法社会、封建社会，就片段看去，固然好似说得过去。但如通其全而论之，中国的文化方面，如哲学思想的无神论与心物不分的观念，与世界观念及实践观念等等，均是极高尚宏博、纯粹而无可菲薄的。艺术思想的优越，更是中外公认的。道德方面的宽博态度，更不可求之今日西洋社会。西洋人遇异国之民，便有猜防。中国人遇外人，则坦怀相与。其他风俗方面，今日虽敝，然过去优尚之点甚多，兹不暇论。若以中国社会强判为属于未进化的卑陋阶段中，吾诚未知其可。吾愿将来修通史者，于

101

时俗谬误，宜加屏绝。至上古农业初兴，或是由部落进为侯国的时代，其时农民不免为君、卿大夫的奴隶，自是势所必然。然自夏朝定田赋制度以后，人民已渐为国家之公民。如盘庚迁都，必得人民同意。可见殷时人民，已享有公民参政权。必谓其完全为奴隶，似嫌武断。又《诗·小雅》"甫田之什"，《毛传》云，刺幽王也，刺其仓廪空，虐政烦。赋重，农人失职。按此诗有云："攸介攸止，烝我髦士。"《毛传》："烝，进。髦，俊也。治田得谷，俊士以进。"《郑笺》云："介，舍也。礼，使民锄作耕耘。闲暇，则于庐舍及所止息之处，以道艺相讲肄，以进其为俊士之行。"考《笺》与《传》，词有详略，而义相和会。《传》云俊士以进，似谓进而用之在位也。《笺》云进其俊士之行，虽不必即用之理政事，然贤能之兴，实所以备登庸也。《传》于"攸介攸止"句无训释，《笺》说为详。据此，则西周农人已多为国家之俊士。而今后生犹谓其屈于奴隶，岂不异乎？又《小雅》诸诗，刺当时社会政治之黑暗，发于义愤，诋呵无讳，尽其形状，可征民意发抒，民权已盛。今百姓愁惨，而无所谓呻吟，视西周之民，犹弗如也，谓其为奴隶可乎？夫古代奴隶社会时之情事，容有见于后者，如资本主义的社会，岂能全绝封建社会之迹乎？吾所为断断于此者，恐其失中国真相，而历史纯为诬乱之业也。虽诋余以迂陋，吾何敢辞？

中国历史纲要

题　记

　　此据作者未刊手稿整理，题目系邓子琴先生所加。写作时间约在《中国历史讲话》的前后。

唐：帝尧，一代而止。

虞：帝舜，一代而止。

夏：称王，大禹始传子。

商：王，成汤。

周：又分西周、都今陕西长安，故称西周。东周。都今河南洛阳。平
王始迁于此，而周遂衰。诸侯互相攻伐，强者吞弱，大者并小，是为列国之世。
周之天子徒建空名而已。

东周又分春秋之世、鲁国之史记名《春秋》，孔子因而修之。自鲁隐
公元年即周平王四十九年至鲁哀公十四年。凡十二公，二百四十二年。此二
百四十二年间，称为春秋之世。名为鲁史，实记有列国之事，王朝之争亦多记
载。战国之世。自春秋之后，列国互相吞并，仅余七大国，曰秦、曰楚、曰齐、
曰韩、曰赵、曰魏、曰燕。是称七雄，亦曰列强。

秦：七国时之秦至王政，始灭六国，废东周君，混一大宇而
成一统。王政既一天下，遂称始皇帝，欲传之万世。卒至二世
而亡。

汉：又分西汉、西汉自高皇帝都长安，即西周与秦之故都。周自平王
东迁于洛，长安以之封秦伯，而秦渐强，为大国。至政遂统一天下，仍都长安。
汉高帝姓刘名季，今江苏沛县人。以平民起而为天子。复都长安，称西汉。东
汉。汉臣王莽篡汉，及身而灭。汉之后裔刘秀起而恢复帝业，称光武皇帝。迁
都洛阳，是为东汉。

三国：东汉之末，天子失道，群臣并起称雄，互相攻伐，而后
成魏、蜀、吴三国鼎立之势。曹操传子丕，逼汉献帝禅位，是为魏文帝。
刘备以汉之后裔，称帝于今四川成都，是为昭烈皇帝。国号汉。孙坚与其子孙
策、孙权起于江东，至权而称帝。国号吴，都今之南京，江苏省江宁府地。

晋：魏之臣司马炎始逼魏帝禅位，而自称帝。时蜀汉已灭，又复灭吴，天下又一统。建都洛阳，是为西晋。对东晋之都南京而名西故。又分西晋、司马炎统一天下，至其子惠帝愚蠢，旋有八王之乱，五胡入中国，中国亡于胡。东晋。中国北部虽亡于五胡，而晋元帝以诸王起而抗敌，卒在南京建都而绍正统。然河南、陕西、山东诸省之地，尚有属晋者。

前五代：东晋在江左成偏安之局，国势不振。

晋后为其臣刘裕所篡，国号宋。是为刘宋。亦都南京。

宋又为臣萧道成所篡，国号齐。

齐又为臣萧衍所篡，国号梁。梁武帝与齐同族。

梁又为其臣陈霸先所篡，国号陈。

晋、宋、齐、梁、陈，是称五代。若并隋而言之，则称六朝。

隋：杨坚以北朝周之臣，篡周而并有北方。又灭南朝之陈而统一天下，是为隋文帝。传子庆，禽兽也。遂亡。

唐：唐李渊及其子世民，以隋臣起而有天下，国号唐。亦都长安。世民即太宗皇帝。是为汉以后中国极盛时代。

唐以前，北有诸胡各建国，所谓五胡十六国。此中不详。诸胡在北者，统称北朝。南方则自东晋以至于陈，乃中国正统仅存，统称南朝。故史于齐称南齐者，以齐为南朝之齐，别于北朝之齐也。

后五代：唐之衰也，朱温以群盗，起而称天子，国号梁，史亦称后梁。

李存勖本胡人。即沙陀族。自其先世官于唐，唐赐之国姓李氏。即收为养子之意。至存勖始大，乘梁之亡而称帝。自谓绍唐之业，国号曰唐，是为后唐。

石敬塘亦胡人。_{沙陀族。}借契丹援兵灭后唐,继后唐为帝。史称石晋,亦云后晋。都汴,今河南开封。

刘知远亦胡人,代石晋而自立。托名汉之后,国号汉,史称后汉。

郭威,汉族也。灭后汉,国号周,史称后周。都今之开封。

五代,共五十二年。其时天下昏乱,民生涂炭。所谓君若臣,皆犬马不如者也。朝夕变节,不成为人。比于六朝,犹远不如之。唯周世宗可谓贤主,惜其年不永,身丧而幼主继之,君位遂禅于宋祖。

宋:分北宋、_{北宋都今之开封。宋太祖赵匡胤本周臣也。值世宗崩,幼主立,承五代之衰,君臣无固定之分谊。诸将不服事幼主,皆拥匡胤为帝。帝即位后,奖励名节,兴儒学。唐以后,至此乃称一统致治之休焉。宋代新儒学之盛,亦宋祖提倡之效也。}南宋。_{宋虽一统,而国力之强,远不如汉、唐。中国疆域被胡人割据者,亦多未能收回。及徽宗、钦宗二帝为金人(胡也)所虏,宋之宗室康王构,南渡至今之杭州。遂驻此而立为帝,绍中国之正统,是为南宋。所谓高宗是也。构昏庸,犹不及东晋元帝,其疆域比东晋更狭矣。}

元:南宋之末,为蒙古_{胡族。}所灭。蒙古亦号鞑靼,盖古匈奴之族类。本无文化,如鸟兽然。其人强悍善战,起自北方。先灭金,次南下而灭我宋室,遂入关而称帝,改号曰元。都今之北平。北平自周时,燕国都于其间。其后至五代时,胡族有耶律氏,初名契丹,后改为辽,居今之热河。后梁时阿保机称帝。其境域东至日本海,西至天山,包有今内外蒙古及直隶、山西之北境。凡九主,二百十年,为金所灭。辽都于今之北平。金既灭辽,亦都于此。元灭金又都于此。明灭胡元,而成祖复由南京迁

107

都于此。胡清入关又都之。民国初年又都之。故北平之为都也
虽久，然真为我之都者，只燕与大明及民初耳。元据中国仅九十年。

明：我大明太祖高皇帝姓朱名元璋，今江苏凤阳人。以平
民起而驱逐胡元于塞北，恢复我汉族之独立。遂绍帝位，宅都于
今之南京。至其子成祖皇帝，仍迁都北平，号北京。自太祖至永
明帝之亡，约三百余年。而满清又以胡人侵入吾国矣。

清：满清，本金人之裔。金，胡也。于宋代曾据我国北部称
帝。金原名女真，姓完颜氏，世居我国东北松花江之东，服属于
辽。及宋徽宗时，阿骨打称帝，都会宁，即今吉林，号曰金。灭辽
攻宋，有今东三省、黄河流域各省及江苏、安徽、淮北之地。凡九
主，一百二十年，为蒙古所灭。然至明朝，其后裔又盛。始则臣
事我大明皇朝，终乃叛而称兵入关。自福临始据北京。建年号
曰顺治。凡十主，二百六十八年。溥仪逊位，而中华民国始
成立。

胡族之入据中国也，自晋世五胡始。然五胡十六国皆据我
国北部耳，犹未全控我上国也。至五代迄宋，辽人又据我北部，
但据我内地之土宇犹不甚多。至于金，则内地半为其所据矣，然
亦未全控我国也。及胡元，始完全征服吾族。幸未百年而明祖
起，足以驱除之矣。明之衰也，满清又以金之余孽复兴东北，卒
入关而统一我中夏。故胡族之能全据神州者，唯元及清也。

鄂省者，故楚地也，中国内部十余省之中心也。中原之民富
于民族思想，独立自由之风，鄂人为甚。元之盗据中夏也，其势
甚盛。而徐寿辉、陈友谅、方国珍诸氏，皆起于鄂、闽而称皇帝，
以抗胡元。明祖因之以成其功。实则徐、陈、方三帝之力，不可

忘也。清之盗据中土也,二百余年。卒因武昌义师勃起,而清运以终。然则鄂人抗拒异族侵陵之力,有足多者。今后扫除倭寇,尤殷望于吾三楚之子弟也。

朱子名熹,字元晦,南宋时人。籍隶安徽婺源。其父官于闽,生朱子于闽,遂家新安,故朱子亦为闽人。

北宋之初,首倡儒学以抵抗印度佛家思想者,厥为孙明复。泰山人也。其弟子石徂徕继之。明复作《春秋尊王发微》,明尊主之大义,以救五代之昏乱。稍后,而胡安定讲学湖州,设经义、治事二斋,以教学者。及濂溪先生周敦颐产于今湖南道县,作《太极图说》《通书》,阐明《易》学,始发抒中国固有之哲学思想以拒佛家。二程夫子出于河南,程颢字伯淳,没后,人称为明道先生。其弟程颐字正叔,居洛之伊川,学者称伊川先生。首以《论语》《孟子》及《礼记》中之《大学》《中庸》二篇表而出之,合称四子书,简称四书,定为儒家纲领之要典,为学者所必读。

明道年五十二而没,当世未盛行其说。伊川年七十余,生平讲学甚盛。曾仕于朝,为群小所厄,贬于今四川之涪陵。即涪州。其古今有名之大著——《易传》,即作于涪。今涪陵县有伊川故迹曰点易洞,《易传》即作于此云。

伊川之弟子甚多,最著者曰杨龟山。龟山传之其弟子罗仲素,仲素传之李延平,延平为朱子之师。

朱子之学甚精深博大。其平生于书无所不读,于学无所不究。而所取法者虽不一家,要以伊川为主。其终身服膺之典籍,则《四书》是也。朱子著书极多,而《四书集注》乃其根本重要之作。其生平于孔孟之学,精思力践,皆见之于《四书集注》。自汉唐以来说《四书》者，未有如朱子之博深真切也。

朱子之友，有张南轩，字敬夫，亦字钦夫，名栻，本籍四川之庆汉而家于湖南衡山。次则吕东莱，名祖谦，字伯恭，浙之永康人。次则陆象山，名九渊，字子静，今江西金溪县人。其学直指"本心"，与朱子之学相异，然其学之流传不及朱子之盛。直至明朝王阳明先生出，首宗陆子之说，而倡致良知之学。自此乃有所谓陆王学派，而以朱子与伊川并称程朱学派云。

汉代诸经师，守六籍《诗》《书》《易》《礼》《乐》《春秋》，所谓六经是也。而专言训诂，于经书中之名、物、度、数，详为考核，而于所谓义理或思想则不之及也。虽解圣人之书，而于圣人之道昏如也。此所谓守文之学也，经生之业也。及两宋诸儒出，专精义理，始发挥孔孟之哲学思想，以反对印度佛家思想。其为学也，注重于人伦日用践履之间，身体力行，起居言动与酬酢万变之际，务使无一不合于道而中于礼。其胸怀清洁纯明，超出于万物之表。故于宇宙真理、人生本原，脱然神悟，而真参实悟默契孔门之旨，有以深造自得。与汉儒考据之学，区以别矣。程朱诸老导其先，后之哲士多承其流。世乃有宋学之称，以与汉学相别云。

清世诸儒反对宋明学，而盛治考据之业，又自标为汉学，故世称清代经师为汉学家。实则经生但考名、物、度、数之末，为治古籍者整理工具而已。虽此业不可少，而必谓学术在是，则愚妄之见也。欲了解吾国哲学思想与孔氏义理精微所在，则宋学或合明儒言之，曰宋明学。其要也夫。

补记：晋朝五胡十六国

五胡者,匈奴、鲜卑、羯、氐、羌也。东汉以来,五胡先后移于塞内,势力渐增。西晋末,先后占据北方及西蜀。始于晋永兴元年,讫宋元嘉十六年,历百三十年而始灭亡。列国十六:五凉、二赵、三秦、四燕、夏、成汉是也。又有冉魏及西燕,则不在十六国之列。

五胡十六国表:

国　名	始　祖	种　族	所据地	灭其国者
前凉	张茂	汉人	姑臧	前秦
后凉	吕光	氐	姑臧	后秦
南凉	秃发乌孤	鲜卑	乐都	西秦
北凉	沮渠蒙逊	匈奴	张掖	北魏
西凉	李暠	汉人	酒泉	北凉
前赵	刘渊	匈奴	平阳	后赵
后赵	石勒	羯	临漳	前燕
夏	赫连勃勃	匈奴	统万	北魏
成汉	李雄	氐	成都	东晋
前燕	慕容皝	鲜卑	邺都	前秦
后燕	慕容垂	鲜卑	中山	北燕
南燕	慕容德	鲜卑	庆固	东晋
北燕	冯跋	汉人	昌黎	北魏
前秦	苻坚	氐	长安	西秦
后秦	姚苌	羌	长安	东晋
西秦	乞伏国仁	鲜卑	金城	夏

西燕者，晋时鲜卑族慕容冲破苻坚兵，据今陕西咸阳称帝，史称西燕。凡三主，十年。为后燕所灭。

冉魏，晋时冉闵杀后赵主石鉴自立，国号魏。三年。为前燕所灭。

五胡十六国，天下纷裂已极。及北魏兴，渐统一北方，胡运犹未已也。

北魏：亦称后魏，姓拓跋氏。晋时拓跋自立为代王，国号魏。都平城，今山西大同。称帝，史称后魏。以其为北朝也，又称北魏。有今河北、山东、山西、甘肃，及江苏、河南、陕西之北部，奉天之西部。奉天今改辽宁。传至孝文帝，迁洛阳，改姓元氏，故称元魏。凡十二主，一百四十九年。分为东、西魏，为高氏、宇文氏所篡。

东魏：后魏之末，孝武帝西奔，高欢别立孝静帝，是为东魏。

西魏：孝武帝西奔，依宇文泰都长安，是为西魏。凡三主，二十三年。禅位于北周。

北周：宇文觉受西魏禅，号曰周，史称北周，又称后周。都长安。灭齐，统一北方。凡五主，二十四年。禅位于隋。

北齐：先是怀朔人高欢仕后魏，镇朔方，起兵平尔朱氏之乱，拥立孝武帝。欢为丞相，专权。帝西走，依宇文泰。欢别立孝静帝。由是魏分东、西。及子高洋篡魏，国号齐，史称北齐，亦称高齐。都邺，今河南安阳县是也。有今直隶、河北。山东、山西、河南，及奉天西部之地。凡五主，二十八年。为北周所灭。

北汉：晋时匈奴刘渊称帝，号曰汉，史称北汉。后改为赵，史称前赵。见五胡十六国表。

前秦：见五胡十六国表。氐族苻氏，据关中，国号秦，史称前秦。其盛时南至邛僰，东抵淮泗，西极西域，北尽大碛。凡七主，四十五年。为后秦所灭。

后秦：见十六国表。羌族。姚苌弑秦王苻坚，自称秦王，史称后秦。据长安。有今陕西中部、河南南部、甘肃东部之地。凡三主，三十四年。为东晋所灭。

五胡十六国中间有汉人，而势力不盛。如张轨据凉州，有今甘肃兰山道以西之地。其子茂称凉王，史称前凉，凡九主，七十六年。而灭于前秦，惜夫！北燕，则冯跋据热河境称王。凡二主，廿八年，为后魏所灭。西凉，李暠据今甘肃敦煌县，称凉公。凡三主，二十一年。暠乃唐之祖也，亦是汉人。

以上略谈晋世，即史所谓南北朝时代，北方诸胡之纷纷者也。吾族经此蹂躏，亦惨极矣。

后五代之世，有所谓十国。列表如下：

国 名	始 祖	据 地	灭其国者
吴	杨行密	淮南	南唐
南唐	李昇	江南	宋
闽	王审知	福建	南唐
前蜀	王建	四川	后唐
后蜀	孟知祥	四川	宋
南汉	刘隐	庆州	宋
北汉	刘崇	山西	宋

国　名	始　祖	据　地	灭其国者
楚	马殷	湖南	南唐
南平	高季兴	荆南	宋
吴越	钱镠	两浙	宋

吴越：钱镠据杭州，有今浙江全省之地。凡七主，八十四年。纳土归宋。杭州之建都自此始。

吴：杨行密据淮南，兼有江西，国号吴。凡四主，四十六年。为徐知诰所篡。

南唐：徐知诰受吴禅，称帝于金陵，即今南京。国号唐，史称南唐。有今江苏、安徽之淮南、福建、江西，及庆西北部。凡三主，三十九年，为宋所灭。知诰，徐州人，为徐温之养子。先姓徐，后复本姓——李，名昇。李后主，词最妙，古今无有及之者。偏方割据之帝，卒为亡虏。盍若身为匹夫而仅以词人名之为愈耶？

南汉：刘隐之弟刘龑称帝于庆州，国号越，改称汉，史称南汉。有今庆东，及庆西南部。四主，六十八年。灭于宋。

南平：亦称荆南。唐末高季昌为荆南留守，后唐封南平王，有湖北荆州府之地。凡五主，五十七年。后纳土归宋。

楚：马殷居长沙，奄有湖南，及庆西东部，称楚国王。为南唐所灭。

又补：

114

五帝：伏羲、神农、黄帝、尧、舜。

三王：夏禹、商汤、周文王及其子武王。合称三王，实有四人。

周之贤王，文武而后有成王、_{武王子}。康王。_{成王子}。后有宣王，中兴周室。东周以后，灵王稍好，要皆微弱无可称。

五霸：_{亦作伯}。齐桓公、晋文公、宋襄公、秦穆公、楚庄王。

春秋时，楚以子爵而渐强大，常用兵以侵略北方诸国。南方诸小国皆为其所吞并。楚遂僭称王，欲代周天子而自立为王也。北方诸侯国，除齐、晋等大国外，亦多臣服于楚人之下。盖俨然代周而兴矣。

王道以德服人，伯者以力服人。_{秦始皇亦雄主也}。

汉之贤帝：高帝、惠帝、_{高帝子}。文帝、_{高帝之子}。景帝、_{文帝之子}。武帝、_{景子}。宣帝。

东汉：光武、明帝、章帝。

蜀汉：昭烈。

唐之贤帝：太宗贞观_{太宗年号}。之治称盛。玄宗开元之治不终。宪宗稍好。

五代：周世宗好。

宋：太祖、太宗稍为强者，仁宗好，余皆平平。

南宋：孝宗稍好，亦不足有为。

明：太祖、成祖较为强者。仁宗亦好，惜不永。

汉初贤相：萧何、曹参与民休息，不妄兴作。史称萧规曹随，言曹能守萧何之遗规而不更张也。

蜀汉：有诸葛亮。

名将：则武帝之卫青、霍去病能逐匈奴于塞外。赵充国亦却匈奴。此其著也，自余不可胜数。

唐初：辅成贞观之治者，称房玄龄、杜如晦、魏徵诸公。姚崇之相玄宗，亦救时良相。后有裴度。

宋之贤相：有李沆、王旦、范仲淹、富弼、韩琦、文彦博、赵抃、司马光等。王安石变法而无成功，其学有足称者。

南宋：则李纲甚好，惜高宗昏庸，不能用之也。

宋代少良将才，故武功不竞。

明之贤相殊不多，三杨皆平平耳。晚叶，乃有张居正，湖北江陵人，乃杰出之才。将有熊廷弼，更为汉以来特出之伟大人物。惜为小人所害，昏主不能辨而杀之。中国遂于胡清矣。

三杨者，明仁宗时杨士奇、杨荣、杨溥并为名臣，世号三杨。

中国历史应注意之点

一、自夏、商迄于周为封建诸侯之世，虽戴有天子为共主，而实则诸侯有国，大夫有家，各有其土地，各以其所抚之人民为农奴而已，所谓封建社会是也。

春秋迄于战国，渐去封建之习，工商业渐兴，人民亦渐知争独立自由。其时学术勃兴，所谓诸子百家扬光辉于大地。吾国所以为东亚文明之祖邦者，自此始也。其文化之美，犹将遗泽于未来世界之人类也。是时思想之派别，略言之，有儒家、道家、墨家、名家、法家等等。而农家如许行，其说略存于《孟子》，则极端之社会主义者也。

秦废封建，改郡县，是为一大变。汉高以平民起而革暴秦之命，又为一大变。

秦汉始开大一统之局，后虽常有分裂，而究常归于一统。此亦一大变。

汉魏以后，五胡乱华，吾民族始衰。此为一大变。

汉魏以后，印度佛家思想渐入中国。此为一大变。

魏晋之篡弑最卑鄙险诈，后来奸邪皆效之。此实我民族衰亡之主因。盖卑鄙险诈之风，使人失其性而不成乎人，欲不衰而不得也。曹操父子与司马懿父子祖孙之罪，不可逭也。其为人，粪蛆不如也。此为一大变。

汉末群雄与董卓之难，唐末藩镇与黄巢、朱温之盗贼，流毒天下。其流至于今，而军阀与土匪犹承继不绝也。此皆须注意。

宋初，儒学兴，反对印度佛家思想。此为吾固有文化复兴之兆。

元人始以异族全制中国。此一大变。后则满清又如之矣。

明祖驱除异族，我民族始解放而独立。此可庆幸。

明之末世，政治贪污败坏不可形容，民生凋敝已极，故胡清得入。今之世，又如明季。

中国哲学与西洋科学

——黄海化学工业研究社附设哲学研究部特辑

题　记

　　黄海化学工业研究社附设哲学研究部《特辑》，系一九四六年作者在四川乐山五通桥编定印行，其中讲词又题《中国哲学与西洋科学》。此次即以该《特辑》为底本，参照其他版本点校。

一、缘　起

　　本社以研究化学工业之学理及其应用为宗旨,原为久大塘沽精盐工厂附设之化学室,创办人为范旭东先生。其后研究工作日益进展,有改为独立机关之必要。民国十一年春,始修订章则,定名黄海化学工业研究社,使能充分寻求科学真理,探索研究工作应走之途径,促进研究与致用之联系。是时学悟谬被推举,入社主持。受任以来,二十五年,经历国难,辛苦万端。赖同人坚忍不拔,潜心学术,多所发明,于国内化学工业深有协赞。复蒙各方同情援助,益使本社基础渐趋稳固。学悟窃念,本社幸得成立,而哲学之研究实不容缓。昔者旭东先生一生致力化工建设,其目的在培植科学研究,以期灌输科学精神于吾人日常生活,而进国家民族于富强之道。汲汲于此,四十年矣。及其晚年,愈感西洋之有今日科学并非偶然。而吾国数千年来未能产生此物,亦必有其故在。故欲移植自然科学于中土,须先究中国

121

哲学思想界是否储有发生科学之潜力。诚有此潜力，虽久伏藏，终有盛显之一日。旭东先生至是已进而为哲学之探讨。民三十一年，学悟为本社二十周年纪念曾写一文，申明此意，哲学为科学之源，犹水之于鱼、空气之于飞鸟云云，深得旭东先生赞同。自此之后，于互相讯问时，鲜有不涉及此问题。去岁旭公逝世前数日与余一信，犹不舍斯志。今旭东先生长去矣，余念此事不可复缓。爰函商诸友与旭公同志事、共肝胆者，拟于社内附设哲学研究部。纪念亡友旭东先生临殁而牢不可破之信念，庶几置科学于生生不已大道，更以净化吾国思想于科学熔炉。敦请熊十力先生主持讲座。旋于本社提议，一致通过。熊先生亦惠然莅社。余当随同人之后，竭尽绵力，完成大计。学术机关非厚积基金，不能维持千百年之久。余诚知其难。然古之传者有言，众志成城。佛云，愿不唐捐。闻先难后获矣，未可畏难废事也。

孙学悟　三十五年八月于四川五通桥

二、讲词(又题：中国哲学
与西洋科学)

　　余以固陋,承孙颖川社长之约,忝主哲学研究部讲席。不惟引为荣幸,而实深寄无穷之希望。黄海社本以研究化学工业之学理及其应用为宗旨,自范旭东先生创办,迄今将三十年。颖川社长始终主持社务,与诸同志艰难共济。先后在社担任研究工作之诸学者,潜心探索,多所发明。其于吾国化学工业之启导,厥功甚伟。国内私立科学研究机关最艰辛而最有成绩者,无如黄海,此世所共知也。颖川社长更于社内附设哲学研究部,征得本社群公同意,始以讲席下询于余。余曰:"公等胡为有事于不急之务哉?"颖川曰:"当今之务孰有急于此者,先生其正言若反乎? 不佞于哲学虽无得,而深知且深信,开发人类思想,振扬人类精神,实以哲学为至要。哲学有国民性,中国哲学更不可忽视。今吾国人唯以向外移植科学为急务,而不思科学若无根于中国,如何移植得来?且中西融会之议唱之有素,而于中西底蕴及其得失,顾莫肯深究。悠忽度日,奚其可哉?"余闻颖川之言,深惬素怀,遂允来社,承乏讲席。今兹开讲,余惟本颖川社长之意,略为敷演,以明宗趣。其一曰:移植科学,须阐明中国哲学,培固根荄。夫科学思想,源出哲学。西洋科学之有今日,实由希腊时代哲学家,惊奇于宇宙之伟大与自然律之微妙,而富于求知欲。其后,哲人更由自我权能之自觉与自信,而得超越宇宙之表,以征服自然与利用自然,有如吾孙卿"制天"之论。科学发达,哲学为其根荄,此稍留心西洋文化者所共知,无需赘言。颖川尝谓余曰:"昔留学远西,常自思维,中国古代已有罗盘针与木鸢之发明,天算音律等学及药物学、炼丹炼金术、工程技术及机械之巧,皆创发甚早。地震仪器,作于汉世,先西洋甚远。地圆之论,发于曾子。小一即元子之说,倡自惠施。略征古代佚文,已多可惊之创见。中华民族科学思想,非后于西洋也。然自秦之一统以迄于今二千余年,而中国竟不能成功科学者,此其故安在。"

余曰:此一大问题,盖思之累年而不敢遽作解答,其后怵然有悟,古代学术思想所由废绝,非偶然也。秦以后大一统之环境,固有以致是。参考吾著《读经示要》。而此环境中之大不幸,即儒家哲学思想实失其传。《大易》刚健、创进、日新之宇宙观、人生观,横渠云:"易道进进也。"《系传》云:"日新之谓盛德。"经儒考据之业,已莫之省。易道亡而吾欲延之。详见《新唯识论》。《新论》通天人而一以贯之曰辟而已矣。辟者,刚健也,进进也,新新也。故《新论》演《易》也,援佛以入儒也。而老庄及佛氏虚寂之旨,使人流于颓废、虚伪,乃深中其毒

124

二、讲词（又题：中国哲学与西洋科学）

于社会。故"智周万物"与"裁成天地""辅相万物""备物致用""立成器以为天下利"之大义，后儒但识文句而已，不求其义。孙卿《天论》出于《易》，其书仅存，卒无讲明其学者。以上参考《读经示要》。道家反知，崇神而不求备物，其流之弊，贫于物者，亦弗能伸其神。释氏精解析，清末以来好佛法者，群谓其有科学，而不悟其多逞悬空之辨析，或不根理要。因明之学原为说教护符，其不能产生科学，良非偶然。《示要》中评佛，皆精粹之言，学者宜留意。然则中国二三千年间，科学无从发达，其与秦以后儒学亡失相关，显然可见。惩前毖后，今欲移植西洋科学于中国，必于中国固有哲学，若儒家正统思想及晚周诸子、宋明诸子乃至西洋哲学、印度哲学，参稽互究，舍短融长。将使儒家正统思想有吸纳众流与温故知新之盛美，乃可为中国科学思想植其根荄。天下之物，未有根荄不具而枝叶能茂者也。有中国古代之儒家哲学，而后科学思想与之并兴。秦以后，儒家之易学失其真，汉易皆术数之流耳。而科学之萌芽遂绝。此中消息，历史具有明征，今人奈何不复注意。自清末废科举、设学校之倡议，迄至今日，四五十年间，国人只知歆慕科学万能，欲移而植之中国。乃唯恐固有哲学思想为之障碍，必取而尽绝之。学校首禁读经，大学理工二科生徒纵不暇读经，而文法二科实不可废经。而儒学在中国社会心理中，几全丧其信仰。至今各大学文科虽有中国哲学一课目，而教者所编讲义，大抵袭取外学若干新观念或新名词，今人于外学殊少精研其底蕴与体系者。而先以之为主。乃随意涉猎古书，以耳剽目窃之功，妄为拉杂附会，混乱一团。此岂其智之不及哉？古之学者于学术及理道，起殷重心，起尊严心。其求之切，故其用思不敢苟。先哲所云慎思、明辨、笃行是也。今掌教上庠者,于中国哲学以悠忽玩弄之心临之。学生亦复漠然,不感若何兴趣,不承认有何价值。大学之有中国哲学课目,仅为敷衍门面而设。凡有识之留意学风者,殆莫不有此感。由今之道,无变今之俗,将欲中国哲学界能为国人开独立用思兴自由自得之风,而免于稗贩兴拉杂之大耻。行见千年长夜,永无复旦之期,岂不哀哉!佛法有言"依自不依他",今人适得其反。生心害政,弥堪忧惧。夫哲学亡绝,既不足导发人类精神,以长养其智周万物、裁成天地、利用安身之强力大欲,智周万物、裁成天地、利用安身三语,皆《大易·系辞传》文。前已屡引,此复及之。利用安身一语,涵养深远。《读经示要》第一讲有云:"崇神而备物。"盖本之《易》旨。若只逐物而无灵性生活,即丧其神,非利用之谓也。身字非就个人小己而言,众生皆吾一体。《中庸》所云"成己成物",己与万物莫不安。正释《大易》安身之义。今列强之务侵略者,将使天下人不得安其身,而其小己之身顾可安乎?易道不明,而生人之祸益亟矣。句尾大欲之欲,非常途所云私欲,须深玩。而徒欲向外移来科学。不悟科学既无根荄于中国,如何移植得来?虽神州之大,族类之众,在此科学功能盛著之空气中,不无少数人能于某种科学有所见长,而此无源之水,终无潴蓄以成江河之可能,则不待著龟而已预卜。自清末兴学以至于今,四十余年来,朝野教育计划,始终以派送留洋为政策。而国内各大学一切空虚,不求改善,不务充实。即此可见,国人之于科学只是浮慕,无根故浮。只是虚伪宣传,而科学根本精神,中国毕竟无从盗得。夫知识技能可从他学者也,精神自是吾人从无始来内在固有,岂可袭取于外?中国固有儒家《大易》为哲学界穷高极深之旨。中国科学精神实见于此。中国人若敬慎服膺而善发挥之,自有以维系身心,充实生活。而前之所谓强力大欲，自油然生，畅然遂，乌有沦为虚伪无实、空洞无物、卑劣无耻、奄奄无生气，如今之中国人乎？夫无强力大欲，科学不来舍，理智或量智，《新论》所谓性智之发用也。如有杂染，即失其本明。若复含染，炯然大明，则能破一切迷暗。由其本身即是强力故。此强力一词，义至广远。《易》之乾也，健也，《新论》之辟也。大欲者，求真之欲，孟子云善欲也。中国人今日之大忧，无过于此。吾是以欲振扬儒家哲学，即《大易》之道，以为吾人生命资粮。资粮充实，而生命力强，科学乃得栽根于中国。世或以《大易》为古代术数家言，此实不究孔子修定之义。孔子为儒家大祖，其道之大，具存于《易》。《易》道含宏万有，诚不可执一端以求。即以其关于科学者言之，全书名数为经，质力为纬，科学上最高之原理，固已无所不包通。如其以乾阳表能力，以坤阴表物质，而坤承乾之变化以凝，即坤元犹是乾元。易言之，即质原于力，非离力外别有实质、与力对待成二也。然则充盈大宇者，唯能力而已矣。《新论》谓辟亦摄此义。今物理学所发明与此不必相悖。《易》之爻变，以阴阳之布列不同，显物性由变合不同而成异，并非物各由特殊原质构成。此于化学足资参较。符号推理及辩证法首见于《易》，尤足珍惜。《系传》载羲皇运思之妙曰："仰观于天，俯察于地"；"近取诸身，远取诸物"。古今大哲人、大科学家运用理智以探造化之秘奥者，其注意力无所不在，活泼泼地，皆同此一副本领。汉以后经师死守章句，宋明理家偏重反求，反求吃紧，但偏重便有弊。皆失却羲皇为学精神。科学不发达，职此之由。民国八九年间，胡君适之提倡科学方法，用意固善。然学者尚不知涵养敏锐之观察力，不知理道无穷，随在触悟，惟恃吾人活泼无碍之灵感。则虽与之谈科学方法，又恶能运用此方法乎？吾国人早失灵感，急宜有哲学修养以苏复之。哲学之深于灵感者，无过《大易》。易者，象也。其所观万化、通万理者，一由乎取象。取象者，灵感之妙也。随感所触，至理跃如呈现。六通四辟，大小精粗，其运无乎不在。易道"范围天地之化而不过，曲成万物而不遗"者，唯其本之灵感故也。学者玩《易》而自涵养其灵感，斯不至顽钝如木石，而可与言格物穷理之事矣。中国古代哲人，其为学也，非徒以习书册、治理论、玩文辞为务，要在自养其神明，以与天地万物相流通。灵思妙感，随处触发，无有闭碍而已。此非深于《易》者不能知。余潜玩旧学，归本于《易》，乃知中国科学思想自有根荄在。奈何欲向外求科学，而竟自伐其根荄耶？科学不可无根生长，当于中国哲学觅其根荄。此固颖川平生信念所在，而亦余之素怀。故凡扬科学而遂弃哲学者，不独昧于哲学，实亦未了科学也。

上来言中国科学当以固有儒家哲学即《大易》之道为其根荄而不可斩伐。其次，西洋学术与文化，应有中国哲学救其偏弊。姑言其略。科学无论若何进步，而其研究所及，终限于宇宙之表层，_{即现象界}。易言之，即研究一切事物互相关系间之法则。至于事物之根源或宇宙实相，_{实相犹云本体}。终非科学所能过问。中国哲学以《大易》为宗，其书纲领在双阐不易、变易二义。不易而变易是即体成用，_{大用流行是名宇宙万象。用由体成，譬如由大海水成众沤。于变易见不易是即用识体。如于一一沤而知其各以大海水为体，不可于沤外别觅大海水。哲学家谈实体与现象者，往往说成二界，是大迷乱。《新论》特救此失。}科学只从变易方面设定为外在世界而研究之，而不易实体，不易实体四字作复词用，实体无变易故。则科学不可涉及。因科学方法以实测为基，必将研究之对象当作客观独存之物事。而所谓宇宙实相与吾人生命，实非可离为二，故不可作客观的物事去研究。科学岂惟不了不易，即其于变易而假定为外在物事，则其所可研究者只是大用流行中之粗迹而已，如《易》所谓"穷神知化"者，科学尚不堪语此。《论语》记子在川上喟然叹曰："逝者如斯夫！不舍昼夜。"此中神趣无穷无尽，盖深达无生而生与生而不有之妙。科学何曾识得？近世数理化三大科学成绩伟大，最可惊叹，然究是表象的知识。语神化则障隔已甚矣。今日所需哲学之努力者尚无限。《大易》宝典幸存，何不钻研？

由科学之宇宙观而说人生，即宇宙为客观独存。吾人在宇宙中之地位，渺如沧海一粟。由中国哲学证会之境地而说宇宙，则天地万物本吾一体。孟子发《大易》之蕴曰："万物皆备于我。"曰："上下与天地同流。"程子曰："仁者浑然与物同体。"则基于日常实践中修养工夫深纯，达到人欲尽净，天理流行，直融天地万物为一己。无内外、无古今、无物我、无彼此，动静一原，体用不二，庄生所谓"游于无待，振于无竟"者，即此境地。在《易》则谓之大人。大人者，非与小人为对待之辞，以其体神居灵、冥应真极、独立无匹，则谓之大人而已矣。人生不有此旨，直无人生之意义与价值。西洋哲学家、文学家纵有说到吾人生命与大自然为浑一而不可分，要是思议所及，解说道理而已，与中哲证会境界，奚止判若天渊？证会之义极难言，非于此方儒、佛、老诸家修养工夫有深研者，未可与言证会也。

西洋人无证会之旨，故其智能无论若何精深，而智慧蔽塞，胸量毕竟不能广大，物我对峙是其生活中之极大缺憾。西洋人不能会万物为一己，颇欲伸张其自我于宇宙之上，常有宰制万物之思。不知者以此为西洋人之大处，而知者则谓无宁以此为西洋人之小处。以己胜物，终限于有对，何大之有？西洋人常富于种界划界之狭隘观念，以侵略为雄。其学术思想素误也。

西哲精于思辨，而中哲于此颇忽之，今宜取益西学。中哲归诸体认，即证会。而西哲于此亦所未喻，必须趣向中哲，方离戏论，而证实际理地。夫中哲不尚思辨，非无故也。上智超悟，无事于思辨也。且真理不可方物，此中真理一词最严格，盖指宇宙本体而目之。此理不可以实物比方之也。非思想所及，非辨辞可表。一涉乎思，一形诸辨，即有方所，便与真理不相应。惟冥会而无思，默契而忘辨者，其至矣乎！然真极之地，神用斯彰。无思而思海波腾，忘辨而辞锋峻利，固未可滞寂而废用也。通中西之邮，思辨而必归证会，证会而不废思辨。其庶几乎？思辨工夫却是向外追求。明儒黄宗羲讥世儒向外求理。西哲确如此。证会则反己自识，当下即真体呈露，何须向外寻求？夫计执外在世界而自失真宰，此世学之误也。然自识真宰又不妨施设外在世界，冲寞无朕，万象森然已具，何得废思辨？

中哲谈本体，其根本大义曰体用不二。此义《新论》益阐明之。唯然，故《易》之《乾》卦曰"群龙无首"，义趣渊广无边，至堪玩索。万物皆天命之显，儒家天命一词即本体之名。无声臭可得而实涵万理，备众善，故谓之天。其流行不息，故谓之命。一切物莫非天命呈显，譬如众沤莫非大海水呈显也。于万物而知其体即天命，犹之于众沤而知其体即大海水。故一一物，各各本性具足，庄生言："泰山非大，秋毫非小。"夫剋就物言，泰山秋毫大小之殊甚明。若即物而识其体，则秋毫得天命之全，是本性具足；

泰山得天命之全，亦是本性具足。两皆具足，何小大可分乎？亦复相望，互为主属。如甲物全具天命，即甲目为主，而视乙物及一切物皆属同体。乙物亦全具天命，即乙目为主，而视甲物及一切物亦皆属同体。万物互相望，皆如是。参考《新论·功能、成物》二章。故物莫不互相属，而无孤立之一物。然实各自为主，别无有首出乎一切物之上，得以总主万物而独尊者。如一微尘，自主自在。一切物皆然，是为"群龙无首"。龙，神灵之物也，故以象万物各各本性具足而无一不神也。

　　本体亦云宇宙之心。但所谓宇宙之心，实即众人或万物各具之心，譬如众沤各具之水即是大海水。非离万物各具之心外别有独在之神可名为心也。此心含万理，备众善。其在人伦日用中随感而显发者，莫非心也。如《论语》"居处恭，执事敬，与人忠"云云。解者或以为此吾人自律之德目，若从外制之者。其实，恭之德即吾心在居处时不放逸，不昏乱；敬之德即吾心在执事时不杂私欲，不肯轻肆失误；忠之德即吾心在与人交时不敢有一毫虚伪。据此而言，恭、敬、忠皆心之显也，非吾无主于中而徒从外铄也。吃紧。居处有不恭，执事有不敬，与人有不忠，其时，吾之主人公未尝不在也，心为身之主宰，故禅宗谓心为主人公。今借用之。但私欲起而障之，则主人公失其权能，乃若不在耳。私欲如何而有？参考《新论》。然私欲炽盛之际，陷于不恭、不敬、不忠之大恶，吾人未尝不内自愧耻。足征吾之主人公犹监督于隐微之地，不稍疏懈，否则愧耻无从生也。推此而言，人类一切道德行为皆发于吾人内在固有之真源。此真源即所谓本体。但以其主乎吾身而言，则名之曰心；以之别于私欲，则曰本心。《易》之《乾》卦则谓之仁，亦谓之知；孟子、阳明谓之良知；宋儒谓之天理；《新论》谓之性智。道德律之异乎法律，即法律纯依人与人之关系而制定，是从外而立之约束。道德律即纯由自我最高无上之抉择力，随其所感通而应之自然有则。道德律恒不受个体生存的条件之限制，如杀身成仁之类。由其发自真源，见前。自超脱小己之私也。于此可识生命本来清净，此中生命一词与世俗习用者异义，此即目本体。孟子性善之论亦清净义。不受染污，不肯坠退。是故明体而后识道德之广崇。广大崇高。西人谈道德不澈心源，此心即是宇宙真源，故曰心源。向与朱智平君谈此，彼亦云尔。知能虽多，而人欲日益猖獗，天性日益沦丧。不亦悲乎！心理学研究心作用，首从神经系统征测，即本生理的观点出发，而不究心体。易言之，只是丢下源头不讲。今人只知行为派将心理作物理来说，其实任何心理学派都不能完全避免此失。心理学是科学，其言心不能不以生理为基础。只从缘形而发、感物而动的现象上来说心，何得不成为物理的看法？故以心理学的见地，而略闻中哲之本体论，直是无法了解，甚至顽钝无趣，抵死不承认。总之，如何是本心？又如何道在吾之本心，即是宇宙实体？此须返己作修养工夫，切实体究才得。

　　上来略谈中哲本体论。吾固知今人决不愿闻，然吾终不以今人之不愿闻也而遂无言。形而上学深穷万化根源，毕竟是众理之所汇通，群学之所归宿。严又陵先生颇识此意。太史公曰："《易》本隐之显，《春秋》推显至隐。"此二语含义极广大无边。严又陵以之附会内籀外籀二术，非无似处，然非其本旨也。容别谈。形上学本隐之显之学也。学不通隐，万化无源，群学无根，此岂人间小失？西洋虽有形上学，而从思辨上着力，只是意想之境，实无当于本隐之显，则谓之无形上学可也。形上学非证会不足言，舍《大易》

将何求？西洋学术推显则有之，犹未能推显以至隐也。彼无本隐之显之学，则其不能推显至隐，无足怪者。然今后科学日进，推显至极终不明其所以然者，或不求隐而不得。隐可喻如大海水，显可喻如众沤。不可将隐显判作二重世界。中国自昔有本隐之显之学，得西学而观其会通，将来可发明者何限？是在吾人努力而已。

西洋知识论之兴，本以古今谈本体者纷无定论，于是转为知识之探讨。乃复自画于此，又置本体论而弗究。此非学术界之安于肤浅而自绝于真理之门乎？

理智或知识终不堪得到本体。然则求证本体，必别有工夫在。谈知识论者何曾注意及斯？儒家修养工夫，从人伦日用中涵养察识，上达于穷神知化，可谓至矣。涵养与察识二词义至深广，须于六经四子及宋明儒书中详究。二氏，佛、老。功修均密，佛法视老氏更精微，然必折衷于儒术，庶不致趣寂而流于反人生。此则阳明所常从事，惜其门下未克承之。孤怀耿耿，不能无望于后之人矣。西洋人距此事太远。天运推移，或有会心之日。

哲学要在体现真理，非可以著书持说为能事。《论语》记孔子之辞曰："予欲无言。"又曰："天何言哉？四时行焉，百物生焉。天何言哉？"此数语含蓄无尽，广大无边，非实备天德、同天化者，难与语此。圣人即天也，学必以圣人为师而后为实学。宋明诸儒犹承矩范。象山自谓稍一提撕，便与天地相似。此等实践精神，倘亦驰骋思辨者宜资观感欤！

西洋人承希腊哲人之精神，努力向外追求，如猎者强力奔逐，不有所猎获不止。其精神常猛厉辟发，如炸弹爆裂，其威势甚大。于其所及之处，固有洞穿堡垒之效。西洋科学精神实在此。吾人今日固宜戒委靡而急起直追,然西洋人虽有洞穿大自然堡垒之伟绩,而其全副精神外驰,不务反己收敛以体认天道不言而时行物生之妙,不言者,虚寂之至。《中庸》以无声无臭形容之。声臭且无,岂复有意为猛厉哉?然至虚至寂而四时行、百物生,则天下之猛厉未有可以方此者也。《新论》中卷融会空寂与生化之妙,知此意者可与论天道。又此中空字、虚字,非空无之谓,乃言其至有而无形象,至实而无作意,至净而无染污也。寂者澄寂,无昏扰,无滞碍,非枯寂也。**不能超越形限而直与造物者游**,不能二字一气贯下。形限者,形谓躯体,此为有限之物。吾人若只沦溺现实世界,即精神坠堕,不得超越形限之表。造物者非谓神帝,乃用为天道或本体之形容词。游字亦况喻词,言其备天道于己也。**其生命毕竟有物化之伤。**物化者,言其生命坠退,而直成为一物,不得复其所禀于天道之本然。**西洋人固自演悲剧而犹不悟也。**孔子《大易》之道,强于智周万物,备物致用,而必归于继善成性,人禀天道以生,即天道在人而说为人之性。天道本至善。然人之生也,形气限之,每有物化之惧,故须继续天道之善而完成吾性之本然。如此则即人而天矣。**反本立极**,《易》道反诸大本而立太极。太极者,宇宙本体之名,即天道之殊称也。继善成性,即与极为一。周子申其义,而曰立人极。人之极即太极也。**辨小而究于物则**,《易·系传》曰:"复小而辨于物。"此语不容忽。科学研究事物之公则,其实测之方法,全要在微小处辨析极精,否则不能无误。孔子于《复卦》明此,颇符近世科学方法。**默说而全其天性**,《易·系传》曰:"默而成之,不言而信,存乎德行。"默者,无作意,不起虚妄分别也。成者,成就,谓证解成就也。夫默然冥证,不起想象与推求等,此时确非如木石然,却是自明自了,故云证解成就。佛家真现量,亦云证解,义与此通。中文简要,学者如更究佛典便易了。不言而信者,不言犹佛氏内证难言。内证即自明自了之谓。凡起心思议即是言说相。今至人证解之境,直冥然与太极为一,炯然自知而实离言说相。此时正是真体现前,

134

故云而信。信者真实义。此境必经修养而后得，故云存乎德行。科学知能与哲学智慧之修养二者并进，本末兼赅，源流共贯。此《易》道之所以大中至正而无弊也。

智慧为本为源，知能为流为末。溯流而不可亡其源，穷末而不可遗其本。此中智慧一词极严格。非洞澈真体，证见自性，不足言智慧也。前云默成之境为自明自了者，正是其真体呈露时之自明自了，不可虚泛作解。《易》云"大人与天合德"，孟子言"上下与天地同流"，此非知识推度，确是证解境地。学未至证解，不可言智慧。但求智慧不可反理智，不可废知识。须知智慧即是本体，本体是无知而无不知。无知者，非预储有辨析一切事物之知能故。无不知者，是为一切知能之源。征验于一切事物而自然会知。求知是本体自然之大用，如何遏绝得？老庄反知，此是其病。佛氏虽用其理智，毕竟是宗教，其归趣在度脱生死海。虽观想所至特有精妙，然究与《大易》智周万物意义不同。要在于物观空，以归诸度脱而已。研佛法者，于其宗教思想不妨存而不论，而于观想精微处留意研寻，其可与儒术融通者究不少。

哲学不当反知，而当超知。反知则有返于浑噩无知之病，是逆本体流行之妙用也。超知者谓超越知识的境界而达于智慧之域，直得本体，游于无待，体神居灵，其用不匮也。

西洋哲学毕竟不离知识窠臼，超知境界恐非西人所逮闻也。或谓神秘派即是超知之旨，神秘，无锡华生德明译为密思。然以此牵合超知境界，要是相似法。相似言其似之而实非也。借用佛典语。西学从无中哲涵养本原、荡尽情识工夫，情识一词，《新论》曾有解释。神秘派亦然，何可言证会？

西洋哲学大概与科学同一向外求理，其精神常向外发展，不曾反己收敛以涵养本原，在中国哲学上说，收敛一词之意义极深远，此工夫甚有次第。平常所云收敛精神，只是稍定得一时昏浮之气，未堪立大本。即不足言收敛也。孔子云："仁者乐山。"非收敛工夫极深，何得如山之厚凝镇定？佛之定，老之静，皆收敛工夫。其修为之层次严密，不及详。此等名词未可浅近作解。本原即谓吾人与万物同具之本体，以其主乎吾身而言，则云本心；以其为吾所以生之理而言，是吾自性，亦得说为吾之生命也。学者如收敛工夫太少，而心思唯是向外追逐，则有孟子所云"物交物"之患，而失掉自家生命。则吾自性中大生、广生，官天地、府万物之富有日新大生、广生云云，皆吾自性德用。官天地云云者，天地之主宰不在吾性外，万物亦皆吾性分中物也。与夫尸居而龙见、渊默而雷声之神用，尸居云云，借用庄子语。尸居形容其静之至也。龙者神物，飞而见于天上，则变动不可测也。此言本体至静而变也神。渊者，深寂之极也。雷声，动之猛也。此言本体至寂而动也盛。二语义近，特复言之。善言天道者，无如此二语。庄了此处，深得于《易》。非收敛工夫深者，不能证会及此。皆其所不能自喻。而唯恃强力思考，以向外探寻理道，往往探寻愈深，意见滋惑。虽复探寻所资，必以某种科学之正确知识为依据，然每一科学中之原理，皆不能视为形而上学中最普遍之原理。即综合各科学之原理，仍不相干，此可断言。故凡依据一种科学或一部分之知识以推论万化之真源者，即谓宇宙本体。纵其持之有故，言之成理，只可许为一家言。若谓其有得于真理，则稍有识者亦未敢遽云然也。吾非谓谈哲学者可不依据科学知识，亦非谓思考可废，但须知穷理到极处，非反己收敛以达到证会之境，则盲人摸象之讥决无可免。西哲之学终须更进，而会吾《大易》忘象忘言之旨。即二氏于此之所

二、讲词(又题:中国哲学与西洋科学)

获,其足为西学对治锢蔽者,正不浅耳。道家之一意收敛,佛氏空教之扫荡一切,高矣美矣。逞思辨者不可不悟此。

　　西学精神唯在向外追求,其人生态度即如此。论其功效,如在物质宇宙之开辟与社会政治之各种改造,所获实多。然其受病之深,似达过其所获之利。由向外追求,而其生命完全殉没于财富与权力之中。国内则剥削贫民,国外则侵略弱小,狼贪虎噬犹不足喻其残酷,使人兴天地不仁之感。受压迫者一旦反抗,则其报之亦有加无已。昔人有言:"煮豆燃豆萁,豆在釜中泣。本是同根生,相煎何太急?"使西洋人能留意中哲之学,反本穷原,而复其天地万物一体之量,将有去贪残、兴仁让之几,而世界大同可期矣。夫财富不私于小己,小己者,如资本家对劳动阶级言,固名小己;侵略主义之国家对所侵略之弱小言,亦名小己。则财富为大生之资,大生者,吾人与万物同一生命,实非可分割为各个之生也。而非可恶也。权力不私于独夫,近世独裁者,古之所谓独夫也。则权力本公团之具,人类不能无共同生活的组织,如此则公团自有权力。但此权力属于公团之各分子,原非任何私人所得独操。亦非所患也。要在去私而已。去私必由于学。非反本穷源,灼然见天地万物同根之实,则恻怵不容已之几,无自而生,乌可言去私哉!

　　晚世科学猛进,技术益精。杀人利器供侵略者之用,大有人类自毁之忧。论者或不满科学,其实科学不任过也。科学自身元是知能的,而运用此知能者,必须有更高之一种学术。此更高之学术似非求之儒家《大易》不可。略言其故,《大易》双阐变易、不易二义。自变易言,宇宙万有皆变动不居,科学所究者固在此方面。自不易言,则太极为变易之实体。变易之万有,譬如起灭不住

137

之众沤；不易的太极，譬如大海水。变易以不易为体，譬如众沤以大海水为体。体用不二之义极难言，唯大海水与众沤喻，令人易晓。然须知，取譬是不得已。若刻求相肖，便成大过。而吾夫子于《乾卦》，即用显体，直令人反求自得者，曰仁而已矣。参考《新论》及《读经示要》。仁，本心也。其视天地万物，皆吾一体，故《系传》曰："吉凶与民同患。"《论语》曰："泛爱众。"此仁体自然不容已之几也。横渠《西铭》、言民胞物与。程子《识仁篇》、阳明子《大学问》，皆有见于仁体。而阳明子直就人心恻隐之端上指示，使人当下识得万物同体真几，尤为亲切。仁便是不易之常道。尽管物理人事变化万端，日出不穷，而人与人或物之间，总有自然不容已之爱存在。犬不以穷主人之不足豢养而改适他家，世多能言其事。畜生之笃于爱若此，而况于人乎？爱者，仁体之流行，非有所为而为之也。生天生地生人生物，同此爱种。爱种谓仁体。如何遏绝得？人之不仁者，非其本性然也，本性即仁体，焉得有恶？恶染深而障其性，故成乎不仁也。恶染本无源，而能障性，譬如浮云能障日，浮云岂有源乎？或问：恶染虽无源，毕竟如何起？答曰：是义宜详《新论》。《新论》下卷《明心章》谈根义处最切要。中卷《功能章》谈染习，亦可与此处参看。若简言之，则阳明子随顺躯壳起念一语，实已道破，何须更问恶染如何起？本心发现时，却是万物同体，如见他人痛痒，自身便感不快是也。此时确没有从一己的躯壳上起念。试自反省之，便识得此是仁体。然而人之生也，形气限之。即此形气有时牵制心灵，古所云"心为形役"者是也。当心为形役时，便纯在一己之利害得失上打算，即阳明所云"随顺躯壳起念"，是名恶染。小之见于饮食男女或日用取予之间习为不义；大之纵其欲壑，诱惑群众以从事侵略，夺国土，劫资源，谋殖民地。种种滔天大恶，皆从随顺躯壳起念而来。实则此等恶染，虽云顺躯壳

138

起，但不可谓其自有源头。深切反省之自见。如谓恶染有源头，便与仁体相对，而成善恶二元之论。此大错误。吾人必须识得仁体，好自保任此真源，不使见役于形气。或问：形气岂非恶之源？答曰：汝大误。形气非离仁体而别有本，亦是从仁体显现。但仁体之流行必以形气为资具，便有时反为资具所役。大凡用资具者，往往有被用于资具的危险。试思之，极有味。易言之，吾人日常生活能自超脱于小己躯壳之拘碍，而使吾之性分得以通畅，性分即谓仁体。自然与天下群生同其忧乐，生心动念，举手下足，总不离天地万物一体之爱。人类必到此境地，而后能运用科学知能以增进群生福利，不至向自毁之途妄造业也。夫求仁之学，源出《大易》。《论语》全部，苟得其意，不外言仁。世儒但知《论语》有明言仁之若干条，不知无一字非言仁也。宋明诸师犹承此心传。老持慈宝，老子曰："我有三宝，一曰慈……"佛蓄大悲。真理所在，千圣同归，非独儒家以此为学也。今后生谈哲学者，崇西洋而贱其所固有，苟以稗贩知识资玩弄，至将学问与生活分离，仁学绝而人道灭矣。吾方欲进西人于仁学，而族间犹自难为。悲夫悲夫！吾谁与归？

西洋自科学发达以来，社会与政治上之各种组织日益严密。此其福之所在，亦见祸之相乘。夫人类自当扩大集体生活，云何可无组织？然组织不可过分严密，至流于机械化，使个人在社会中思想与言论等一切无自由分。然组织三字至此为句。个人失其思想等自由，即个人全被毁坏。此于社会亦至不利。个人之在社会，如四肢之在全身。四肢有一部失其活动力，而全身不利。个人不得自由发展，而社会又何利之有？尤复当知，集团之组织如过分严密，则将有枭桀之富于野心者出于其间，且利用此等组织，视群众如机械而唯其所驱动。将以侵略之雄图扰乱天下，毁灭人类，而不虑自身与族类亦必与之俱殉。若希特勒之所为是其征也。故人类必须扩大集体生活，但必以个人之尊严为基础。而集团中之一切公共规律与各种机构，必不可妨害各个人之自由。将使各个人皆得以自由发舒之精神，而遵互相协和之正轨，使社会成为有机体之发展，不至机械化。则野心家不得刍狗万物，而人类之幸福可期矣。

《大易》之社会政治理想，依据其玄学上"群龙无首"之宇宙观，必以辅赞各个人之自主自治为主旨，而成立共同生活之结构。如《礼运》之大同规划，即依据此义。参考《读经示要》。其中最要者，如"不独亲其亲，不独子其子"与"货不必藏于己，力不必为己"诸条，皆所以导扬其协和精神，去个人自营之私，以适宜于集体生活。然于思想及言论等，均无有纳于一轨、冶于一炉之规定。此所以辅赞个人自主自治之权能，而成天下为公之盛治也。《中庸》申《大易》之旨曰："万物并育而不相害，并育不相害，此义甚妙。若有逞侵略野心而妨害并育者，此则万物之公敌也。道并行而不相悖。"并行而不悖者，如诸子百家各持一端之见，似相乖悖，然大道本无定形，复无穷尽。吾人求道，不能体会其全，每各得于一端。若会而通之，则知大道不滞于一方也，故可并行不悖。但并行必皆是道，如有以宰割万物为务者，此极无道，必不可与有道并行。从古迄今，未有无道而不覆亡者。此为太平自由之极则。西洋之治，去此远甚。有谓民主之治颇合于"群龙无首"义者，此说未允。今之民主国家，劳资尚未跻于平等，对外亦难言放弃宰割也。

以上略谈儒家《大易》思想，对于西洋颇有补偏救弊之处。故时俗宣传科学而遂轻弃哲学，吾所不敢苟同。夫哲学之研究

二、讲词（又题：中国哲学与西洋科学）

自当不限于中国，然研究必不可如乞丐沿门持钵，必不可无宗主。西洋、印度，博采旁收，自不待论。惟儒家哲学之在中国，元为正统派。儒道广大悉备，其根本在《易》。汉人谓《易》为五经之原，甚有根据。自秦失传，秦人以《易》为卜筮之书。汉师承之，徒以术数释经。后世遂不究孔子之旨。今更废绝，故须特为标揭以立宗主。此非墨守也。木有其根，绝其根而枝叶茂者，未之有也。水有其源，塞其源而流盛者，未之有也。室有其基，倾其基而室不败者，未之有也。夫《易》道广矣大矣，诚非寡陋如余者所及涉其津涯。然略综纲要，如双阐变易、不易二义，则万理包通于是，群学会归于是。科学穷其变易；哲学探永恒之理，是不易也。思辨证会双修，而不容偏废。辩证法与符号推理，皆《易》首先发明。《复卦》明复小而辨于物，颇有实验逻辑意义。《系传》言辨物、正言、断辞。《易》之尚思辨，可谓至矣，然毕竟归于证会。《系传》言体天地之撰，言何思何虑，言默而成之，皆是也。然则今之言哲学者专尚理智，未为得，而反理智亦非也。学至证会则即人而天，人乃得离形限，而复其生命之本然。学不至乎是，如蚕作茧自缚，何可云学？是以君子贵玩《易》也。佛、老非不证实相，实相犹云本体。然偏得其虚寂。老见到虚无，佛见到寂静。虽或有浅深，而所得大致相近也。唯《易》明刚健创新，生生不息，似异二氏，而实相通。非虚寂不健，非虚寂不生，故相通也。参考《新论》。虚寂者，宇宙真体，无形无象，无有作意，无有滞碍。故其生生化化之力，至健而新新不住也。庄生云"渊默而雷声"亦此旨。斯理深微，须深心体之。然不着于虚寂，而深体健动生化之妙，此则《易》道所以为大中至正而立人极也。佛法有反人生之倾向。老氏之流至于颓废。中国二千余年来，吾人极缺乏健动之力。《易·无妄卦》有健以动云云。佛、老之流

141

弊中于社会者甚深也。有谓清末以来可谓健动,而未见其利,何耶? 曰:
子未了健义也。《易·乾卦》明健义曰:"刚健中正,纯粹精也。"孟子言性善,深
得此旨。夫健则无恶也,无迷乱也。健以动则亨通而利贞矣,焉有不利者乎?
吾国人清末以来之动,迫于外来之变而动。其动不由自力,非健动也。健动
者,自性之动也。动而无不善,无不利也。被迫而动,动必颠倒,云何可利? 岂
惟中国,西洋人强力宰物,虽胜于夏族今日之昏庸,然未闻大道,非健动也,终
亦自毁而已。非以《易》道拯群生,乾坤其息欤? 近见辛树帜君足与论
此。或曰:先生尊《易》,以为科学之根,而取其"裁成天地"云云,
此与西人征服自然意思将勿同?《易》道与欧化竟无别耶? 答曰:
否! 否! 不然。西人未识本原,即不曾证得本体。物我对峙,徒以
强力宰物而已。《易》不如是。《系传》不云乎,天道"鼓万物而不与
圣人同忧"。此云天道者,谓本体显为大用也。大用之行,其势
猛疾。鼓之为言动也。猛动之势,凝而成物。《易》之坤,《新论》
之翕是也。此其刚健之神用,不能不有所藉以自表现,故须成物
也。然既成物,即形气日益为碍。万物繁然,莫不承天道之鼓
动,以成殊形异质。既成而昧其所得于天道之本然,吃紧。乃以
互相峙而互感其不足。物各执其蕞尔之形以为己,而不知其本体即天道
也。执形自不足。形则有对,有对便不足。夫天道无作意,作意犹言起意,
犹人有意为何种造作也。天无作意。虽鼓万物而实任物之自尔。物之
有情无情,非天定之,物自然也。有情谓众生有情识也。无情谓无机
物。无机物实非无情也,然从其情识不显而言,则可云无情。无情物对于
有情,作生、依、立、持、养五因。生因者,无情物成就,有情物始
得生故。试设想无机物未有时,彼有机物即有情者如何得生? 依因者,谓
诸有情依据无情物界即无机世界,亦云自然界。方乃得生,故舍无情

142

界无别处住。依者依住。立因者，即随转因。谓若无情界变异，有情亦随变异故。生物必适应环境，故无情界其变异时，有情界随之变异。如关中古称肥沃，唐以后变为瘠土。人生其间亦必改造土壤，以便种植而维生活。持因者，谓由无情界成就，而有情之根身相似相续生，众生根身从受胎始至未死前，只是相似相续而生，非有固定之体。赖无情界持之不绝故。设未有无情界持此根身，则根身不能相续生。养因者，谓由无情界养彼有情身命，令增长故。如上所说，无情于彼有情而为五因，是事诚然。五因说，本之佛家法相宗。然若谓此为天道之所安排布置，则又大谬。天道有心而无作意，心者，神明之称。作意则如人之立意造作。天道非迷暗，故有心。但不可以拟人之观念言天，故不可说有作意。参考《新论》。其德盛化神，而动于不容已。《诗》曰："惟天之命，于穆不已。"命者，流行之谓。此不已义，深微至极。天道流行，只是个不容已，更无可致诘。万物承鼓动而各有其生，则天道在物，而物莫非天道之显也。天道非父，万物非子。天道成万物，如大海水成众沤，非可二之。但当其鼓物时，既本无作意，未尝曰"吾当成此物，吾者，设为天道之自谓。不当成为彼物也"。于彼于此，天道无择焉耳。此与彼，元无所谓美恶，惟自有情言之，则有美恶耳。夫惟天道鼓万物而无所择也，及物既成，各为个体，形气所限，不能如其所受于天道之本然。吃紧。彼有情物者，厥号含识，众生皆含有情识。怀知而善感，一堕世间，缺憾万端。而有情物之忧患，遂与生俱来，将无可自拔矣。前云无情物对有情物为五因，似于有情甚厚。然天无意也，作意，省云意。本不为有情生无情。则虽云无情对有情作五因，而事实上无情之厚于有情者极有限。确尔，无情之威势，其逼害有情者，乃不可称举。非称说可尽，非举数所及。寒燠异气，旱灾水涝，壤判肥硗，谷杂荑稗，河山阻绝，雾瘴毒深，长空高旷，大地辽远，雷电怒发，风雨不时，其足致有情于困顿、病痛、死亡者，几无时无地而不蹈其几。至于有情与有情，互相交涉，各怀三毒。贪嗔痴，佛家谓之三毒。以相同遇，恩怨翻于俄顷，笑谈挟以干戈；贪欲无厌，得陇更思望蜀，侵略所至，必令死灰复燃；变诈出以万端，阴谋藏若深壑，大宇为众恶稠林，人世只忧悲苦恼。清晨永夜，翘首遐思，吾不知天道鼓万物而成其如是者，果何谓耶？熊子曰：天道本无所为而为也，法尔如是，法尔，用中译佛典语，犹云自然。但译音而不径译自然者，其义深故。如是二字宜深玩。恶可以有情好恶相测度耶？夫物之限于形而易违其所受于天道之本然者，势也。物之可以复其本然而宰乎形者，理也。势不顺理，圣人则忧之。理本可以持势而使之不能过。然有情或不知从理而卒随乎颓势，圣人更忧之。圣人之忧，固出于体大道之诚而不得不然。但天道不息其鼓物之功，则物乃常有顺其颓势而不肯从理之过。圣人之忧终不释。天道亦不以圣人之不释其忧也而息鼓物之功，故曰天道"鼓万物而不与圣人同忧"。天之神功，圣人之忧，相与无穷无尽。天人之故只此而已。夫圣人以天化之不齐而不容已于忧也，于是有裁成天地，辅相万物之思。裁成、辅相云云，皆《易·系传》文。裁成者，如大地之化或过，则裁制之，使得其宜，如雷电可殛人，今使供人用；风雨寒燠，可为衣服宫室以御之，皆是也。天地之产犹朴，朴者，谓未经制造。今以之创成新物，则为益极丰。此等新事物，固日出不穷也。老氏守朴，便无裁辅之功。辅相亦兼有情物言。于无情物而加制造是辅相义；于有情物顺其天性而扶勉之，使有以自达、自立、自底于善，亦辅相义。

二、讲词（又题：中国哲学与西洋科学）

舜明于庶物，自然科学由此兴。察于人伦，社会科学由此兴。皆为裁成、辅相，而不得不有明物察伦之学。孔子作《易》，盖祖述大舜。孟子学孔，犹能言其事。舜之明物察伦，孟子记之。夫裁成天地，辅相万物，本于圣人之忧也。圣人明知天行之不与己同忧，而终不舍其忧，天行谓鼓物之功。圣人之健也。忧与厌截然不同。佛氏对世间起厌离想，《阿含经》可见。后来大乘终不脱此。吾儒了然于世间之不能无险阻而有忧思，此忧发于万物同体之仁，而实于物无厌。故不忘忧者，恒奋发健进，而乐亦在其中。孟子言："君子有终身之忧，亦有终身之乐。"忧乐交存于中，圣人怀抱正如此。忧由于健，此意甚深。今人中国人贪淫苟偷，或忘己依人而不知忧，全失健德故也。健而有忧，故有裁辅之思。《大易》科学思想之根荄，实在乎是。此与西人征服自然，绝不同一动机。裁辅本乎天道一体之仁而出，非有意宰物也。征服由于物我对峙，伸己以宰物，不知有仁也。裁辅之强力自性生也，征服之强力从欲发也。然则今日科学家发明杀人利器，为侵略者役，非无故也，其源不清也。西洋人不识仁，未有本隐之显之学，此可悲也。去岁原子弹发现，说者皆惊其惨酷。颇闻人言，科学似不当向人类自毁之方向努力，此意甚善。然如何转移方向，则非识仁不可，孔言求仁，程子言识仁，其旨一也。非通隐不可。本隐之显之学，要在通隐。通隐即知仁。今后世界学术当本《易》学之隐，以融西学推显之长，而益发挥本隐之显之妙。依西学之显，以求《易》学本隐之蕴，而益尽其推显至隐之功，庶几形下之学科学。不滞于粗迹，科学研究所及者，皆化迹也。形上之学不遗于器理。《易》曰："形而下者谓之器。"器有理则，故云器理。若穷形上者，唯言真如、无为，则与器世间截然为二矣，佛氏之敝也。溺虚静而反知者，亦将遗器理，老氏之敝也。上下交符，

145

大道不伤于破碎，宇宙乃复浑全，人生始得所依归。甚盛哉！吾人当竟此奇功，而未可以无所堪任自馁也。无所堪任者，言无所堪能、无所任受。此亦本佛典。众生可悲在此。中西学术，离之两伤，通之两美。通字与合字异。不辨异而言合，是混乱也。知其异而求通，自有会合处也。余与颖川先生平生之志，惟此一大事。抗战八年间，余尝筹设中国哲学研究所，而世方忽视此事，经费无可募集。今颖川与同社诸公纪念范旭东先生，有哲学部之创举，不鄙固陋，猥约主讲。余颇冀偿夙愿。虽学款亦甚枯窘，然陆续增益，将使十人或二十人之团体可以支持永久，百世无替。余虽衰暮，犹愿与颖川及诸君子戮力此间，庶几培得二三善种子贻之来世，旭东先生之精神其有所托矣。千里聚粮，始于跬步，可不勖哉！

中华民国三十五年八月望日　熊十力

三、哲学研究部简章

第一章　学则

一、教学宗旨，规定如下：

（甲）上追孔子内圣外王之规。

（乙）遵守王阳明知行合一之教。

（丙）遵守顾亭林行己有耻之训。

　　附记一： 孔子为儒学大祖，其道内圣外王，内谓己，外谓天地万物。修己之功，极于成圣。圣者，与天合德之称。故学至内圣而止矣。然成己即赅成物，非可斥物于己之外也。成物极乎天地位，万物育，而圣学之全体大用始彰。故言内圣必兼显外王。王者往也。物莫不归往乎圣道而远于恶，是谓之王。数千年来，在吾国学术思想界恒居正统之地位。中外百家言宜一衷于孔子之道。此甲条所由立。哲学不当反知而当超知。参考《讲词》。超知境地非有知行合一工夫，无缘得到。知行合一虽自阳明子明白提出，而实尧、舜乃至孔子以后贤哲相传，精髓所在。知而不行，必非真知。行而无知，即是冥行。学者从知行合一处致力，即未遽臻超知之诣，而终不失为笃实有用之学。今之治哲学者，大抵各取偏端细碎之知以资玩弄，而无与于实行，圣学精神消亡殆尽。此乙条所由立。行己有耻，本为圣训，而顾亭林先生特揭此言以为宗要。先生遭逢否运，悯人尽为禽，故以知耻为学。耻之于人大矣哉！不耻不若人，何若人有？知耻近乎勇。此为丙条所由立。夫学兼内外，欧、梵可一炉而冶。印度之学，于吾儒内圣方面足资参证。欧西之学，于吾儒外王方面亦堪摄取。知行不二，方入实际理地。仅言爱智，犹未足名哲学。会归有耻，下学上达，乃固其基。以兹三义恭敬奉持，无敢失坠。愿多士共勉之。

二、课程，约分主课、兼治二类如下：

（甲）主课。复为三项：一、西洋哲学；二、印度哲学；三、中国哲学。

附记二：中国哲学列后者，示所归宗故，非缓之也。夫思辨精密，莫善于西洋。极论空有，印度佛家谈空说有，厥为二教。对世智于一切物事迷执为实有，故破彼执而谈空。对彼闻空而误坠空见，妄计一切皆空，又说空者空其妄执，不可云一切皆空，于是说有。荡除知见，莫妙于印度佛法。西洋哲学以析物之知见而测万化真源，何异作茧自缚？不闻佛氏空教，无由荡执。尽人合天，尽人道而合天德，此《易》义也。合之一字须善会。非以此合彼，实乃即人而天。体

148

神化不测之妙于人伦日用之中，体字至此为句。莫美于中国。游乎西洋，慎思明辨。游乎印度佛法，荡一切执。归乎吾儒，默与道契。默者，不假思虑也。言与道契者，辞穷也。夫人能体道，则人外无道也。岂以此契彼之谓乎？学者须善会。三方者备，而学乃大成。夏虫井蛙，学者宜戒。

附记三：各课细目及修习次第，随时酌定。

附记四：科学方法论，诸生在大学时如未深究，犹须补习。科学概论亦须涉学，并宜参研。

学者须精研中外哲学大典。若哲学概论一类之书，本无甚价值，然初学决不可不择其较精之作以供阅览。因哲学上诸大问题及各家派之思想流变，概论亦略可探寻。

（乙）兼治。复为三项：一、社会科学；二、史学；三、文学。

附记五：社会科学，以广义言亦摄史学。今以史学别出为一项目，自当以中国史为主。文学亦不限于中国。

第二章　组织

三、主任、副主任各一人，由本社社长、副社长兼任，主持本部一切事宜。

主讲一人，主持教学一切计划。主讲因故出缺时，继任主讲由前任推举三人至五人，交理事会公决其一，请社长聘任。

四、指导研究员，为名誉职，无定额。由社长、主讲联名礼聘国内著名学者充任。

五、研究员，无定额。须常驻部，自找问题，潜心研究，并指导研究生。

六、兼任研究员，无定额。不驻部，不支薪。唯每年须有到部时，如暑假、年假。由部供膳宿。旅费或酌助。其研究工作亦随时函陈主讲。

七、本社研究员于化学专科外，尚有余力研究哲学者，得兼本部研究员，但不兼薪。

附记六：研究员不分级者，今大学教师虽分级而事实上极滥，徒虚立多级，增长衰俗之地位欲，甚无谓。今日言学，当还淳朴之风，绝幸进之阶。

八、助理研究员，在研究员督率之下，自由选定工作，并领导研究生。

九、总务长一人，秉承主任办理部内一切事务。暂由研究员代领。事务员三人，分办会计、庶务、文书等事项。本部人员如未至十人以上时，事务员可不用。秘书，由研究员兼领。

十、研究生，无定额。其资格以大学文、理、法等科卒业者为限。研究生之征集，得并用考试与介绍二法。但介绍者必先送论文审查，经主讲面试允许后，方可来部。研究生津给，参照各大学研究所关于研究生待遇则例酌办。如有力足自给者，情愿自给，更佳。研究生修业期以三年为限。若有特殊成绩，得给证书。高中卒业生如无力升学而志愿来部就学者，经主讲考核，如实系可造之材，得收为特别生。但特别生至多三名为限。

十一、设问学部。凡好学之士，不拘年龄，不限资格。如愿来部作相当时期研究者，须先函主任，得同意后，方许入问学部居住，但膳费自理。

十二、常年经费由本社按月拨发，并得另行募集。

十三、设理事会。其章则另定之。

十四、本部随时举行部务会议及学务会议，由主任召集之。

十五、本章则未尽事宜，得由部务等会议修正之。

四、哲学研究部理事会简章

一、定名　本会定名从省，曰黄海社附设哲学研究部理事会。

二、组织　本社社长、副社长、哲学研究部主任、副主任与哲学部主讲，并为本会当然委员。本社创办诸耆德，皆为本会当然委员。本社研究员及哲研部研究员，亦得兼本会委员。社外名德，热心赞助哲研部者，得敦聘为本会委员。本会会议约分常会、特会二种。常会由当然委员随时集会，不必会委全体列席。以就近能集会者为限。特会须会委全体列席；如有远隔不便到者，在会期前可由主任与主讲先行函商，候复，再约期集会，以其复函交会议公同参酌其意见。本会得设理事长，总持会务。

三、权责　本会有核定哲研部每年预算决算之权。哲研部为发展研究工作及购书或印书等事需要重款，不能仅恃社款拨给时，本会得向外募集。哲研部经费除由本社按月拨发常款外，应更筹募基金。本会须负筹募及保管专责。本会对主讲提出继任人选时，得就其所提交之名单内选定其一，请社长敦聘。

四、哲研部永远为本社之一部分，虽有基金亦不得脱离本社而独立，以符纪念范旭东先生之本意。此条永为定则。

五、本简章未尽事宜，得提议修订。

中华民国三十五年八月望日

通信处：四川五通桥，黄海化学社附设哲学研究部。

论 六 经

题　记

本书作于一九五一年春，并于是年夏由大众书店印行。此次整理以一九五一年印本为底本，并参考湖北教育出版社《熊十力全集》本点校。

赘　语

　　春初晤友人，欲谭六经。彼适烦冗，吾弗获言，退而修函，知其鲜暇，亦不欲以繁辞相渎。及写至《周官》，念向来疑此经者最多，故今抉择之较详。全文约七万余言，遂名之曰《与友人论六经》。余惟六经遭秦火后，七十子传授真本毁灭殆尽矣。汉兴，偶有出山岩屋壁者，诸儒畏得罪，又窜乱之以媚帝者。如纬书言孔子成《春秋》时，天下血，书鲁端门曰：疾作法。言速作王者之法也。秦政起，秦始皇名政。书记散，孔不绝。此言书籍尽皆散亡，唯有孔氏《春秋》，公羊氏世世口相传者，独存而不绝。子夏明日往视之，血书飞为赤鸟，化为白书，曰《演孔图》，中有作图制法之状。孔子仰推天命，俯察时变，却观未来，知汉当继大乱之后，故作拨乱之法以授之云云。按汉儒言孔子作《春秋》为汉制法，即本纬书此文。盖汉初《公羊》家以吕政之祸为戒，因造纬书，诡称孔子为汉制法，冀以免害。据此可见公羊寿与弟子胡母生当汉景帝时所写出之《春秋》，必非其先世口传《春秋》真相，而寿与弟子改写之伪本，凡所为变易以求合于为汉制法之意者，不外拥护统治阶层而已。然有万不可忽者，寿等伪本并未将孔子本义完全毁绝，只是于伪本中略寓微言。微言后详。譬如以少许金屑杂入沙砾中，非极精检，不易于其中发见金屑也。识此意者始可读《公羊春秋》。《大易》一经，古说以卜筮故，独未焚。然孔子《十翼》，似不无术数家增窜之文，兹不及检出。汉《易》皆术数之余裔，不演孔义。顾亭林、戴东原皆不称汉《易》，可谓有识。《诗》三百篇，古说以民间讽诵故得全，然《诗》为孔子所雅言，游、夏之徒擅长文学，必于《诗经》之人生观及社会问题多所发挥，别为《诗传》，今俱无存。《乐经》唯《小戴记》有《乐记》一篇，亦稍有增窜，宜简别。《礼经》有《大小戴记》，其间多鸿篇奥义，明天人之际，通古今之变，可谓广大悉备，为尼山遗教无疑，然杂入封建思想亦不少，必两戴所增也。《周官》之社会主义与民主思想本与《春秋》同一体系，而汉以来今古文家并是考据之技，不能究此经义蕴，或信为周公手订，或抵为刘歆伪造，而不悟此经与《春秋》同是孔子为万世开太平之书，则两家迷谬相等，无长幼可分也。清季治经者，廖平、康有为为一派，孙诒让、章炳麟为一派，虽两相对峙，要皆不通六经，不识《周官》。孙氏欲以《周官》提倡维新变法，而其所为《正义》，不过杂引古书以供释诂而已，繁抄而炫博闻，徒耗读者目力，是宜简节。张《广雅》旌诒让，以抗有为，卒无所发明。炳麟尊孙学，而于《周官》实毫无省发。章学诚方志之业，妄言六经皆史，炳麟袭其唾余，至夷孔子为史家，可哂也。廖、康之流，更无讥焉。向曾与友人张栗荪言及此，彼亦以余言为然。《尚书》一经，毁灭几尽，其受祸视《春秋》尤烈矣。《春秋》遥瞩万世，理想高远，今人或不信有理想独高之圣人,其实圣人只是不为一身作计,其眼光不拘于近,故能通万世之变。《尚书》立义必与《春秋》有相关联处,秦火后不可考,惜哉!总之,汉人所传六经,确非孔门真本。然求孔子之道,要不能舍汉儒窜易之伪本而别有所考,此余无妄之言。近人严复以孔子为封建之圣人,六经为封建思想。余弟子牟宗三尝言:严复中英人功利之说,于经旨固弗会。斯言良不诬。然复之言,非全无见。汉儒窜易之伪本,如从表面看去,自是封建思想;然慧眼人于伪本中深心抉择,则孔子本义尚不难寻究阐发。佛说有五眼,而慧眼居一焉,治经学者,其可无慧眼乎?汉人言孔子六经有大义、有微言。按微言有二:一者,理究其极,所谓无上甚深微妙之蕴。无上者,如穷究道体或性命处,是理之极至,更无有上。甚深微妙者,非测度所及故,毕竟离思议相故。六经时引而不发,是微言也。不发,谓不肯广演理论,欲人求自得也。二者,于群化、政制不主故常,示人以立本造时通变之宜。立本者,如《大易》《春秋》皆首明元。元者仁也,是万物之原,亦治化之本。《礼运》言"天下为公",公者治本也。《易·革卦》言信,信亦治本也。失其本,不可为治。造时者,《易·乾卦》言"先天而天弗违"是也,秦以后之儒因循不振,久失此义。通变者,民群之思想与制度过时而弊生,必革故取新,是谓通变。如《春秋》为万世致太平之道,必为据乱世专制之主所不能容,故孔子曰"罪我者唯《春秋》",其与弟子口相传者,亦微言也。大义者,随顺时主,明尊卑贵贱之等,张名分以定民志,如今云封建思想是也。余以为孔子所修之六经,无非微言,及吕政焚坑惨祸,汉儒怀戒心,始改窜孔经,而以伪本行世,护持帝制,然仍隐寓孔子微言于其中,以待后之能读者,此汉儒苦心也。然伪经表面上几皆大义,微言隐而难知,故严复以封建思想诋六经,亦非无故，独惜其未能抉择耳。余尝欲为《六经索隐》《大易广传》二书，以发明孔子本义，而迄今未下笔者，因二十年来，每思为《量论》，因明云，量者，知之异名。量论犹云知识论。将取西洋知识论与佛氏《大船若》、儒家《大易》参研并究，而会归通衢。此业极艰巨，未可粗疏着手。从前大病十余年，继以国难十年，民劳国瘁之感，《诗云》"民亦劳止"，又云"邦国殄瘁"。碍吾昭旷深密之思，《量论》竟不获作，何能别有所事？今兹年力已衰，意兴萧索，传经之愿难忘，著书之趣久短。斯文未坠，后当有悟此者，吾何忧乎？然春初与友人论经一函，于圣人之微言本义确有所发，故商诸大众书局郭大中、万鸿年两君，为余印二百余部姑存之。赵君介眉谓此书可为将来评判经学者作一参考，遂由大众付印。刘生公纯安贫好学，酷暑助余校对，用志其劳。王船山诗曰"六经责我开生面"，余得无同感欤？

辛卯五月熊十力识于北京西城大觉胡同空不空斋。

附记：民国以来治哲学者，言知识论只求之西洋，其实中国儒家与印度佛家大乘，于知识论虽不必有专著，而二家在东方哲学界知识论方面确是神解超脱，能于西洋谈知识论者所自封自缚而不见为有问题处，乃皆见为极大问题所在。而二家三字，至此为长句。此是儒佛二家第一奇迹，惜乎今时中、印、西洋三方治哲学者都不可与语此事。或问：中国哲学何故独举儒家？儒家经籍何故独举《大易》？印度哲学何故独举佛家大乘？大乘经籍何故独举《般若》？答曰：《大易》含藏万有，亦是量论之宗。晚周迄宋明诸子之论，各有偏至，要当折中于《易》。佛家至于大乘，其《大般若经》，空观之极诣也。空观一词之意义深广无边,难以简单之词为注释。古今治哲学者,以意想构画之境当作宇宙实相,易言之,即妄持种种戏论而自计为理实如是,如蚕作茧自缚,如蛛造网自封,迷妄之苦无由解脱,唯《大般若》直将凡夫所有推度虚见与戏论习气扫荡尽净。虚见二字须注意,推度终不与真理相应故。般若境地,高极! 大极! 深远微妙至极! 印度诸外道何能有此诣乎?《易·系辞传》曰"知周万物",此言知性本自周通万物,非纯由经验而始有知也。而《说卦篇》又云"小辨于物",则不忽视经验亦可知。然《大易》不以虚见为贵,而贵以其周物辨物之知实现之于人生日用,上下与天地同流,及万物皆备于我之践履中。而贵二字,一气贯至此。所谓"裁成天地,辅相万物",方是知行合一究竟境界。总之,《般若》《大易》在量论即知识论。方面,皆能真切探悉问题所在,而不至陷于迷谬。若其穷大极深,诚有非徒逞思辨之哲学家所能喻者。儒佛并于思辨工夫外,更有修证工夫,西洋哲学家便徒逞思辨。但修证一词,此不及释。西洋知识论,吾未能直阅外籍,然佛氏有言"于一毫端见三千大千世界",吾就译本而穷其所据,察其所持,推其论之所必至,亦可以控其要而知其所抵之域矣。吾欲出入华、梵、西洋而为《量论》,胸中已有一规模,然非精神饱满、兴会时发,断不能提笔。人或劝余急写一纲要,其实纲要二字谈何容易。真正著述确是不堪苟且,老而愈不敢苟也。纲要如能作,亦决不同于西洋知识论之内容与体式,自别是一种作意,然暮年意兴消沮,恐终不能作也。

161

与友人论六经

昨未说完之话，天气微寒，不妨写出。

筑室先基，植树培本，古之恒言也。立国之道，何独不然？共和初建，抗美援朝，政府励精图治，天下向风，区区愿献刍议。窃以文化教育方面，对固有学术，整理似不容缓。抗美不过一时之事，政府既以决心领导国人，事虽艰巨，大功易集。周子曰："天下势而已矣。势，轻重也。"此二语，含义无量无边，史迁所谓"通古今之变者"，乃可了此，非竖儒所悟也。方今世界大势，群趋重于反帝，而帝者已成强弩之末，其轻亦甚矣，观于美军无斗志，已可证明周子之语不独遥瞩今世，亦可俟诸来世而不惑，吾故曰抗美非难事也。愚谓今之所急，莫如立国立人精神。中华立国五千年，自有高深悠久之文化，中国人之作人与立国精神，自有其特殊处不待言。唯所谓特殊精神一语，骤出诸口，若无不了解者，但欲实究中国人之特殊精神果为何似，则无论昏昧者向

162

于此无所知,即明智者于此素有所得而亦将如哑子吃苦瓜,有苦说不得,诚以其事至广远幽深,难以言说表达故也。余以为求中国之特殊精神,莫若求之于哲学思想。中国哲学思想之正统派即儒家。《中庸》云:"仲尼祖述尧、舜,宪章文、武。"夫言祖述而举尧、舜,则羲、农、黄诸圣皆尧、舜之所承,是尧、舜以上皆备举之矣。言宪章而举文、武,则禹、汤乃至周公皆与文、武无异道,即皆孔子所宪章可知已。孟子称孔子集大成,其说与《中庸》相印证。儒学自唐、虞、三代至孔子幽赞六经,始集其大成而盛行于民间,故吕政坑儒生而扶苏争之曰"诸生皆诵法孔子"云云,可见春秋迄战国,早以孔子为儒家之大祖也。当春秋战国之交,诸子百家并作,而儒家居正统派之地位恒自若。唐、虞、三代之政教伦理,深入于中国社会,使人人沦肌浃髓,转相传续,而成为中国人之特殊精神者,盖已久矣。至孔子本此精神而演为学术,其广大渊深微妙之蕴首在于《易》,次则《春秋》,又次则《诗》《书》《礼》《乐》诸经。《乐经》未全亡,《乐记》即《乐经》也。庄生深于经者也,《天下篇》曰:"《诗》以道志,《书》以道事,《礼》以道行,《乐》以道和,《易》以道阴阳,《春秋》以道名分。"详此所云,其于六经各以一二字总括其旨,皆足包通全经,含藏万理,兹为略释。

《易》之为书,大无不包,细无不入,高不可穷,深不可测,而蔽以道阴阳三字,何耶?《系辞传》曰:"太极生两仪。"两仪,阴阳也。太极是一,阴阳为两,一之显为阴阳而成两,非两在一外。譬如大海水是一,而显为众沤。太极是一,而显为两仪,理亦犹是。因明言譬喻,只取少分相似,不可刻求全肖,学者宜知。一,冲寞无朕,而固涵两几。谓若阴阳虽未显,而其可能之几则一中已备涵之也。此中若字吃紧。

理实决无只有一而或无两之时，今欲推明一中固已涵两之义，而假说有阴阳未显时，故置若言。

两，以相反而成变，万象著矣。变不孤起，有两故相反，由反故变，变成而顺于一之正，故和。

《易·乾》之《彖》曰："保合太和，乃利贞。"贞，正而固也。利在正固，曰利贞。盖每卦三爻，明一生二、二生三也。一者太极，二者阴阳。《殷易》首《坤》，坤，阴也。坤阴成物，则与一之太极纯为无形无象者适相反矣。然有二则有三，三者阳也，是乃虚而神、动而健，《易》谓之《乾》。而《周易》以《乾》居首者，明三之阳，复与阴反，即不物于物而还顺于一之太极，保其刚健、中正、纯粹诸德，是谓顺一之正。老云"守一"，即申《易》义。守一则和，无有乖违。老云"冲和"，亦承用《乾·彖》之义也。

是故两之反，非果反也，反而成变，则顺其本，究于太和。本谓一，即太极也。故知宇宙为冲和之蕴，非斗争之府。以上阐明《易》之宇宙论。推此而言群变，则斗争为革命时不得已之方。方者犹俗云手段。革命既成，必息斗争而为太和，顺人性之正，确然无疑也。

张横渠曰："一故神，两故化。"此六字广大无边，深得《易》旨，惜《正蒙》之书未能善发此义。《系传》曰："不测之谓神。"不测二字，深远之至，微妙之至，穷理到究极处，毕竟不测。夫会万理而归一理，是谓太极。有能言太极所由然乎？不测而已。不测之谓神。

一者，两之原，故两非离一而别有；两者，一之显，故一不外两而独在。一，无形无象，其显而为两也，则以相反而成化，有化迹之可寻。化迹谓万有。盖所谓万有者，实即变化无息之过程中诈现之迹象耳,故曰化迹。譬如电光一闪一闪,诈现色相,而此色相并非离闪电别有物。此中以电闪喻阴阳之化,色相喻万有。万有皆化迹,而化必成于两,无反不成化故。公前云《易》每以两卦相反,此是中国古哲之辨证法,可谓得《易》旨矣。夫一不可测,而其显为两,遂有化迹可寻。是故《易》之为书,以明两为枢要,两之用诚明,则其体之一自可不言而喻。一谓太极,此是体;两谓阴阳,此是用。用非凭空得起,必有体故,此乃即用显体之妙也。又复当知两之化无穷,即万有之发展无穷,似无定理可守。然新理之日出而不守其故者,又未始离于一。一谓体。《系辞传》曰"天下之动,贞夫一者也",老曰"守一",此谓变易即不易也。庄生曰"《易》以道阴阳",可谓得《易》之枢要,学《易》者其无忽于斯言。

《春秋》以道名分,何耶?秦以后奴儒,皆以正名定分为上下尊卑之等,一定而不可易,此缘维护帝制之私,不惜厚诬经义,至可恨也!太史公在汉初,治《公羊》学,古义未坠,其言闻诸董生:《春秋》"贬天子,退诸侯,讨大夫,以达王事而已"云云。古训:王者,往义。王事,言天下所共同向往之事,如《易》之《比卦》明万物互相比辅而生,《同人》之卦明人类当去私而归大同。《礼运》言天下为公。事变无穷矣,毕竟向此大道而趋,是谓王事。董生言《春秋》,显然与奴儒异义,今犹可不辨乎?欲明《春秋》所以道名分,不可不通三世义。夫名以命物,物者,不独自然物,即凡人事亦皆物也。物日变异而名亦随之。老子云:"始制有名,名亦既有,夫亦将知止,知止可以不殆。"辅嗣注曰:"始制,谓朴散始为官长之时也。始制官长,不可不立名分以定尊卑,故始制有名也。过此以往,将争锥刀之末,故曰名亦既有,夫亦将知止也。遂任名以号物,则失治之母也,故知止所以不殆也。"按老子之言甚高浑,辅嗣注极精,须澄心玩索。盖谓古时人智未凿,社会淳朴,无层级之判。后世朴散而智伪出,乃有能者角力而统治之,始制官长、立名分,而统治者与小民判层级矣。后兹以往,则居上者将以剥下为务,至于争锥刀之末而不平之祸深,物穷则变,此其时也,托于既有之名分以自固者,能悟而退处,斯免于危殆,故曰夫亦将知止也。倘不悟而欲任尊荣之名以号令万物,_{万物犹言天下人。}冀其屈而从吾所欲,则失治母而殆至矣,近世帝者之崩溃是已。治母者,己无私欲而同于人,辅万物而不宰,是治之母也。故唯知止可不殆。辅嗣齐圣哉,庶几远瞩万世!虽然,辅嗣不教下以革命,而冀居上怙势者将知止,是不可几也。《春秋》拨乱世而反之正,贬天子、退诸侯、讨大夫,曰贬、曰退、曰讨,则革命之事,所以离据乱而进升平,以几于太平者,非革命,其可坐而致乎?道家之学,以守静为极、放任为要,而无裁成天地、辅相万物之功,故其学虽源出《大易》,而偏于崇无;虽诵法《春秋》,而无力反帝。_{道家无裁辅功,无缮群之新度制,故止空言反帝而已,不足言革命。}所以为儒氏之枝流,未足为继述之肖子也。然其达群变之端,期于夷阶级、去侵剥,可不谓贤哉?夫名分者,当群品未进,而统治阶层以是整肃众志,使其安于处卑而无出位之思也。故名分为封建社会思想之中坚,一切文为、制度,_{文者文章;为者为作,如典法之类。}无一不与名分攸关,乃至心有所思、口有所议,罕有超于其时众所共守之名分而脱然独往者。吾侪读汉、宋群儒之经注或文集及其立朝章奏,随在可见名分二字,为其思想界之根底。汉以来二千数百年,社会之停滞不进,帝制之强固不摇,虽原因不一,而名分之束缚吾人,未始非主因也。岂惟吾国,英、美帝者统治弱小之久,遂岸然自贵而贱视有色种人,此亦名分种子深藏赖耶,种子、赖耶,参考佛家唯识论。封建之余毒也。反帝之帜张,帝者自贵而贱人之名分劣根将不得不拔矣。昔者孟子生当战国,愤秦人以暴力图霸,古之霸者,犹今云帝国主义者。乃盛倡贱霸之论,所以改革名分,振弱小之余气,扶人道于将倾,功亦巨哉!孟子,《公羊春秋》学也,故能知孔子笔削之意。庄生独与天地精神往来,脱名分之桎梏,将使万物各畅其性,盖得力于《春秋》者深矣。汉以后奴儒,媚事皇帝,其释《春秋》及群经,乃盛张名分以摧抑群黎,遗毒既深,而《春秋》本旨遂长晦。庄生言《春秋》道名分者,即史公所云贬天子、退诸侯、讨大夫等义也。其道名分,所以破除之也,名分破而后小民解缚,去奴行则养之以同德,同德者,与众同休戚,不自私故。扫陋习则诱之以求知,励勇任勇于任事也。则安之以乐利。《春秋》张三世,其由升平而进太平也,则有群龙无首、平等一味、各得其所之盛,平等一味,借用佛经语。各得其所者,人人各尽所能、各取所需。有一夫不尽所能,是失其所也;有一夫不获所需,亦失其所也。是故孔子为万世人类开拓生产计,即提倡科学技术。《说卦》曰“《复》,小而辨于物”,科学方法重实测术,小辨于物即实测术之长。《系辞传》曰“知周万物”,又曰“开物成务”,曰“备物致用”,曰“立成器以为天下利”。由孔子之道,科学发明唯用于生产工具之改进,不得为帝者奴役,造作杀人利器。儒者以正德为利用厚生之本,与近世帝国主义之文明相较,其骨髓自迥别。位天地、育万物,不由儒氏之道而何由哉?至于《礼运》有大同社会组织纲要,《公羊》何注与《韩诗外传》并著土地共有法。即井田制。《周官》一

167

经，包络天地，经纬万端，堪与《大易》《春秋》并称员舆上三大宝物。实行社会主义，犹须参证此经。董子、史公并称《春秋》文成数万、其旨数千，今只见汉以来奴儒妄附以尊名分、护帝制之谬说耳，而公羊氏五世所传孔子本义几尽亡失。汉初著竹帛之《公羊传》，流行至今者，必非真传，盖因吕政之祸，多所忌讳，不敢触犯时主也。公羊氏真传，在两汉犹不敢见之文字，仅以口义相授受。史公、何休尚得闻之，东京以后，口义遂亡。参考拙著《读经示要》第三卷。上文所述《系辞传》《礼运》诸文，当是《春秋》义之并著于《易》《礼》诸经者。《周官》之书，大抵发明《春秋》由升平进太平之治理为多。《周官》甚难读，职官为经，事义为纬，不慧者读之，只见若干条文。然其广远深微之理窟，无量无边，却须由了解条文后，更向无字处寻觅，神而明之，存乎其人。《公羊》学虽多失传，今以《大易》与《周官》及群经参互考索，其数千之旨尚不难见。予确信全世界反帝成功后，孔子六经之道当为尔时人类所急切需要，吾愿政府注意培育种子。

《乐》以道和，何耶？昔孔子修六经，而《乐经》居一焉。汉以来不见《乐经》有单行本，疑《乐经》独亡。愚谓《礼记》中有《乐记》一篇，即是《乐经》。其文虽不多，然经之为经，固不在文广也。佛经大部多至千百万言，小经或数百字，所谓以少文而摄无量义也。《乐记》大概二千字以上，不得云少，其文当是七十子后学所记述，亦犹释迦殁后弟子传其说结集《阿含》等经耳。愚按《乐记》宏阔深远，究天人之际，著万物之理，非圣人不能作也。其文有曰："乐也者，乐也。下乐字为和乐之乐，后准知。君子乐得其道，小人乐得其欲。以道制欲，则乐而不乱；以欲忘道，则惑而不乐。是故君子反情以和其志,广乐以成其教。乐行,而民乡方, 乡者向也。可以观德矣。"

附注一:有问:君子乐得其道及以道制欲云云,此道字 是什么?答曰:儒道二家在其形而上学中所说道字,含义 广大,非深于其学者难与言。后儒习用道字,亦多模糊使 用。吾今不欲空谈理论,且问你,如初起一坏念,同时即有 照察者,似指示不当做去,这个照察,佛谓之觉,阳明谓之良 知。此觉或良知是你生来便有的,不是向后学会的,故可说 是你的本性。孔、老诸哲所谓道,在你分上说来,即是你的 本性,亦即是天地万物同有的,试深深参究去。又复须知, 人若随顺坏念做了一次,以后便不难做多次。向后起坏念 时,往往不觉不知,此即以欲忘道而失去人性矣,乃甚可痛。 设问云何有违反本性之坏念?汝自向儒佛道诸家遗文参 去,作为自省之助,此不及谈。

附注二:反情以和其志,此语极切要。反情者,反己而 察其情。如以欲忘道,必惑而不乐;如以道制欲,必乐而不 乱。察之明,则从道以制欲,亦非禁欲也,只节制其欲,勿流 于私耳。如此,则志定于中而不失其和。

德者,性之端也;乐者,德之华也;金石丝竹,乐之器也。诗 言其志也,歌咏其声也,舞动其容也,三者本于心,然后乐器随 之。是故情深而文明,气盛而化神,和顺积中而英华发外,惟乐 不可以为伪。

按,以上所述至为深切。乐者乐也之乐,犹佛氏涅槃四德之乐。人性本无不乐也，本《经》有云：本《经》谓《乐记》。"乐著太始。"太始谓万化之原，以其在人而言之，即人之本性也。人性生生而和畅，故云乐著乎太始。又曰："乐者，敦和率神而从天。"神者，本心之异名，本心无私无邪，故和。常率顺乎此，即不失其本性，是云从天。天者，本性之名，非别有神帝。此与乐著太始同义。此其言乐，直彻本原，故曰犹涅槃四德之乐也。小人乐得其欲之乐，便非真乐，而小人以为乐者，正是其惑也，佛氏所云颠倒也。《经》曰"以欲忘道，则惑而不乐"，固明斥小人之以惑为乐矣。此中以小人与君子对称，是小人为失德者，非谓其穷而在下也；君子指成德之人，亦不以位言也。惟乐不可以为伪，此语甚严。情深而文明，气盛而化神，和顺积中而英华发外，此岂小人可得而貌袭者乎？《经》复有曰："惰慢邪僻之气不设于身体，使耳目鼻口心知百体，皆由顺正以行其气。"又曰："本之情性，稽之度数，辨物析理。制之礼义，非礼勿视，非礼勿听，非礼勿言，非礼勿动，犹佛之有戒律也。合生气之和，道五常之行，使之阳而不散，阴而不密，密者，杂染重而蒙昧之象。刚气不怒，柔气不慑，四畅交于中而发作于外。"本之情性至此，与佛家戒定慧三学通。愚按，言乐至此，可谓至矣。

有问：乐为真乐者，下乐字，为和乐之乐，后准知。惟圣人能之而已。圣人常养其性之和，诚中发外，故其乐为真乐也。至于众庶，其能有圣人之乐乎？不能有圣人之乐，其能为圣人之乐乎？此乐字为音乐之乐。答曰：众庶与圣人，其性一也，云何无乐？然而或失其乐者何耶？人生而有自体贪，贪者，贪欲。自体贪者，谓众生有维护其自身生存之欲，此欲最深切。资具贪，此词与上自体贪，并见《瑜伽师地论》。资具者，谓维护生存之物。凡自然界一切物资，皆维护自体生存之资具也，故于此起贪欲。此二贪者，为一切贪欲之根本。贪欲，亦省云欲。人生得遂其欲，遂字吃紧，不遂即无能生。而导之于正，可以遂生而犹狂贪无餍，是痴也，万恶之源也，故须导之于正。则可全其本性之乐。方信孟子言"人皆可以为尧、舜"，释尊云"一切众生皆有佛性"，诚非妄语，而何众庶与圣人之异乎？唯人生不得遂其欲，则其欲冲决横溢，其害不可胜穷，而人乃失其性，无和乐可言矣。是故《经》曰："土敝则草木不长，水烦则鱼鳖不大，气衰则生物不遂，世乱则礼慝而乐淫。是故其声哀而不庄，乐而不安，慢易以犯节，慢易者，不庄严也；荡而无节奏云犯节。流湎以忘本。忘本，即从欲忘道者也。广则容奸，狭则思欲，从欲忘道之人，如务广含，其中必奸；如狭隘者，必困于私欲。蠲条畅之气，灭平和之德。是以君子贱之也。"又曰："凡音者，生于人心者也。情动于中，故形于声。声成文，谓之音。是故治世之音安以乐，其政和；乱世之音怨以怒，其政乖；亡国之音哀以思，其民困。声音之道与政通矣。"愚按，凡政之乱而至于亡者，由社会种种不平，小民无以资生，欲不遂而伤其神、亏其性，神伤，即亏损其性也。故哀怨之音作。

《经》曰："乐者，天地之和也；礼者，天地之序也。"二语尽礼乐之蕴。序故，万物皆有则而不乱；和故，万物皆合爱而不乖。合爱，见本《经》。世离据乱，大道行而天下为公，群龙无首，含生并遂，其时必无众庶与圣人之异，将皆有以全其性之和，通天地万物为一体，交畅无患，如一身之中，百骸五脏和畅而无患害。如此则乐达矣。乐者，导养灵性生活之具，故圣人重之，而作《乐经》焉。其言万古常新也，孰谓可废乎？《乐经》申述礼为序，不免杂名分观念，大抵秦、汉间儒生参以己意，非孔子本旨也，余故以万物皆有则而不乱释序义。

《礼》以道行，何耶？旧称三《礼》，曰《仪礼》，曰《周官》，曰《礼记》。愚谓《仪礼》非孔子所定也，盖始制自周公，而两周后王或有增入，但所增者必于周公之本义有所因。故求周公制礼之意者，当以《仪礼》为信据，《仪礼》文字质直简古，故信而可据。此经不必于孔子有关。

《周官》一经，盖孔子授之七十子，口义流传，六经多孔子口义流传，汉初人已言之，其义有甚不便于当时者，不敢著竹帛。其成书至迟亦在战国时，容当别论。

《礼记》有大、小《戴记》，复有荀卿之书。汉以来，《小戴记》久尊为经，而降荀卿于诸子。余谓大、小《戴记》与荀书皆七十子后学述孔子之大义微言，而不无附益，当并称《礼记》，并尊为经。庶几《仪礼》还周公，而三《礼》仍备其数。《乐记》宜从《小戴记》别出，尊为《乐经》，而六经之体制仍存。

庄生言"《礼》以道行"，一行字下得极精。佛氏集经造论，集者结集。每判以境、行、果三分。境谓所知，一切理道是所知故；此以一切理道解所知，系泛说。若用佛书名相，非专其业者将不喻。行谓修行；果谓证得。佛氏以一切修为名之为因，以断染证真方得成佛而说为果。先观所知，以明理故，次起胜行，胜者，赞其行之殊胜。因行既备，方证果故，因行者，行是果之因，故以因行二字联属成词。此境、行、果三分所由判也。儒者穷理与格物相当于境，穷理见《易·系辞传》，如天道性命，皆本体之名，是为至极之理。格物见《礼记·大学篇》，但格物宜宗朱注，谓辨析物理。行不趣寂，此与佛异，趣寂究是出世法，参考《十力丛书》中《摧惑显宗记》。然儒者自有儒行。成圣合天，则儒之果也。天者，本体之名，非谓神帝。成圣则复其刚健纯粹之本体，去小己之迷执，乃通天地万物而为一。是故儒家经籍,亦有境、行、果三者可判,但文字浑简,殊无组织,未尝显判三分。盖儒家撰述,似无意匠经营,重实修而不逞辨慧,其末流固不能无弊,析理入微,究须辨慧故。而其特长亦在是也。

庄生赞《礼经》,特举行而言。其实《礼经》谈境与果处甚不少,而庄生独举行者,其义何居?夫境者,谓所知理,若但了所知理而实行不至,则知与所知毕竟远隔,未堪证实所知理。如闻人说甜,便谓知其所知,所知谓甜味。而不曾亲尝甜味,只是虚揣悬度,终于所知无分毫干涉。此事虽小,可以喻大。由此可见行之重要。虚有所知而不累修积行,与无知等故。至于果以行为因,行若未备,果何从得?如谚云"行百里者半九十",抵乎百里为果,力行不懈为因,才达九十里而怠于行,则百里可达而竟不达,日暮无所投止,虽嗟何及!此又可见行不容懈。夫礼之为学,其要在行,知而不行,未证所知;行而弗力,无所得果。三《礼》精神,只一行字,因行制礼,从礼起行。《春秋》张三世,古今异宜,礼时为大。言礼以随时制宜为大也。详《小戴记·礼器篇》。善行无辙迹,循已往之辙迹而行,非善行也。太上先时而制宜,其次因时而制宜,是以礼不袭故而行放于日新。《礼经》与《春秋》通,学者宜知。

近世攻礼教者,以礼为封建社会之遗。而《乐经》阐礼之本义,明明曰"礼者,天地之序也",又曰"大礼与天地同节",节亦序义,物皆有序而不乱,故云节。据此则圣人以礼之义为序,是庄生所谓"通万岁而一成纯",无可妄訾者也。成纯一词,其义深微。成者,不易义;纯者,至简义。礼既是序,则序必是至简而不易者。唯至简可以御至繁,不易可以含万变。如封建之世,未能无君,故其制礼也,以辨上下、别贵贱而成其序，此固因时制宜，有不得不如是者。及夫君权历久而弊极，又值民智已开，不容一夫专制，于是时移势易，则旧礼制之所以成序者既失时宜，即非正理，不可不革，《礼经》曰"礼者理也"，可见非理之礼，必须急革。于是创新礼制，始以上下易位而成序，为顺时之宜、符理之正。荀卿曰"上下易位然后贞"，与孟子"民为贵"同义。孟、荀皆善言礼，皆深于《春秋》也。是故新礼所以成序，比较旧礼所以成序者，虽复大异，而新旧礼皆以成序，方谓之礼，则无有不同者。申言之，新旧礼所以成序者诚有异，注意所以成三字。而礼者序也则新旧无异。夫序者，万物同有也，《诗》曰"有物有则"是也。序字以广义言，即凡规范、则律等词皆含序义。物之大者，莫于民群，其无序乎？民群者，善变之物也。变则旧序革、新序成，所异者新旧，所不异者新旧同于有序也。达于万物之序而后知《礼经》之旨深远极矣，何忍轻訾为封建之遗乎？

大、小《戴记》为集录之体，其篇章似多残缺。《论语》，子所雅言，诗书执礼，皆雅言也。执礼之执，注家皆训执持，谓持礼而不失也。晚明方密之《通雅》谓执与艺通，当作游于艺之艺解，甚是。《通雅》极有价值，惜读者少。礼为夫子所雅言，其口义流传者必极富，七十子后学展转推演之义更不胜穷矣，何止两戴所集者乎？然今就两《戴记》残帙考之，其于天道、人事、物理之阐发，可谓致广大、尽精微矣。原夫《大易》言天道者，即哲学上之本体论；言人事者，即赅人生论与政治社会诸学；而于物理尤解析入微，其以六爻布列，妙演万物之变动不居，近日数理哲学家谈关系论者，尚无此精诣，此意难与浅夫言。至于坤元即是乾元，则今科学上解析物质宇宙，毕竟归源能力，殊无实质，而《大易》乃发明于数千年前，岂不奇哉!《大易》乾坤之象,包通万有,不可滞于一途为说,此古训也。如科学上所云物质与能力,若用乾坤表之,则能力属乾,物质属坤。今据坤元即是乾元义言之,则宇宙无实质,不得不归源能力,未可以质、能为二元也。至于哲学上所云心物,以乾坤表之,则心属乾,物属坤。《系辞传》言:"乾知大始,坤作成物。"据此,于乾言知,复言大始,是以乾表心无疑;于坤言作成物,是以坤表物无疑。又如人性论上所云善恶,以乾坤表之,则善属乾,恶属坤。乾坤之象,各依其持论之领域不同而取义迥异,此治《易》者所不可不知也。《两戴记》中时有微言奥义,堪与《大易》《春秋》互证,惜乎汉以来奴儒不省耳。如《大学》首篇八条目中致知之知,即《易·乾卦》"乾知大始"之知。其言致知在格物,即与《系辞传》"知周万物"同一主张。其以理财归之平天下,则《春秋》太平世义也。《中庸》为演《易》之书,清儒焦循、胡煦辈均能见及,兹不暇详。

程、朱诸老先生始提出《学》《庸》二篇,并服膺《乐记》中"人生而静,天之性也;感物而动,性之欲也"一段语,不可谓无精识。《乐记》深远,惜乎程朱未善发挥,此当别论。宋太宗当五季群凶宰割之余,士习奴化,欲表章《儒行篇》,其识度亦远矣,而理学诸儒弗是也,岂不哀哉! 余作《读经示要》,弘扬《儒行》,曾为之注。清末康有为独弘《礼运》,与《春秋》三世义相印证,其源出于宋儒胡文定。吕东莱与朱子书曰"胡文定《春秋传》多拈出《礼运》'天下为公'意思,蜡宾之叹,自昔前辈共疑之,以为非孔子语。盖不独亲其亲、子其子,而以尧、舜、禹、汤为小康,真是老聃、墨子之论。胡氏乃屡言《春秋》有意于天下为公之世,此乃纲领本原,不容有差"云云。按东莱言不容有差者,正责文定之失也。愚谓东莱此书,实中汉以下奴儒之毒。孔子明其所志曰"老者安之,少者怀之",见《论语》。明是社会主义,以养老、育幼由公共团体负责,与《礼运》

175

不独亲亲子子适合。尧、舜、禹、汤本为小康世之圣王,《礼运》称美之词恰如其分。然孔子非护持王统者,如公山氏与佛肸,皆以农民之长,古者大夫家臣即农民之长,说见余著《十力语要》。叛大夫、谋革命,而孔子皆欲往,可见孔子已有实行民主、废弃统治阶层之志,但虑佛肸、公山终不足与图大事,故终未果往耳。汉、宋群儒于《论语》此等处皆视为不可解,因其有拥护统治思想,故不悟《春秋》微旨,不达圣意耳。若识孔子志在进世太平,期全人类抵于群龙无首之盛,则尧、舜、禹、汤只是小康时代之圣王,夫复何疑?东莱弹击胡氏以《礼运》说《春秋》,只是汉以后奴儒之见,独惜朱子亦同吕氏,未能自拔也。康有为以《春秋》三世义融摄《礼运》,自矜创说,其实胡文定在宋世首创此说,而东莱一派盛斥之,早为学术史上一大公案,康氏何创之有乎?康氏学术浅薄,其《大同书》前面叙说种种苦,后乃依据《礼运》而为大同草案。余在清末阅其书,辄击桌而叹曰:凡一伟大学派之创说,其思想必有根底,否则无可成说,无可启导民群,大同何以可能?当有无量无边义据,岂是专凭叫苦得来?道理不应如是简单。康氏当汉学风气方盛,欲别出新奇,遂以考据本领撼拾《春秋》三世、《礼运》大同而自矜创获,其实于经义全没理会。观其述作,只是揣摩风会,未堪言学术也。然文定之旨久湮,得康氏极力倡导,亦不无功云。总之,《小戴礼》自两宋迄今,如《大学》《中庸》《儒行》《礼运》诸篇,在中国学术思想史上确有甚大影响,《学》《庸》为宋、明文化所从出,清季维新运动一步一步趣入社会革命,《礼运》要为吸收外化之源,继自今,其影响当益深且永,可断言也。《礼运》根本在《大易》《春秋》,仁以为元,健以为本,诚以为干,礼以为质,庶几天下为公之治乎? 康氏学无本原,何足言《礼运》?
然《小戴礼》可宝贵者,何止上述诸篇? 余尝欲就《两戴记》,采其
言之博大深微、通万世而常新者,别为一册,以便学人玩索。衰
年苦无兴趣,恐难从事。江慎修《礼书纲目》,犹未检去古时宗法
社会思想,不必可依,后有达者,补余未逮,是所祷也。两戴礼书,
杂宗法社会思想殊不少。盖秦、汉间帝制已定,宗法思想盛行,两戴多取之,以
与七十子所传夫子口义混杂成书也。今后研礼者须简别。

　　荀卿主礼治,其书宏大深遂,虽承孔门遗教,而自有发挥,成
一家言。其最要者,特以"养人之欲,给人之求"为建立礼治基
本,此演《大易·需卦》之义,远于迂阔。《易·序卦》曰:"物不可
不养也,故受之以需。需者,饮食之道也。"此义宏通,深得治母。
未有民困至不给于食饮而可为治也。孟子主张寡欲,其语梁惠
王曰:"亦有仁义而已矣,何必曰利?"持论过高,而不悟人类未可
饿毙以为仁义也。荀学确与孟氏反对,其徒韩非之书攻孟亦烈。
孟言性善,荀言性恶,此是两家根本异处。荀主养欲给求,孟持
仁义。论性既殊,谈治自别。然两家各伸一端,要非不可和会。
余尝欲为一书,详辨孟、荀同异,而后折衷于《大易》《春秋》,以见
圣人之大,大则无偏,无偏乃可裁成天地、辅相万物。

　　荀卿昌言"上下易位然后贞",非无民主理想。然当七雄战
争至烈时,颇思用世,故欲法后王以图强,其学终不免拘于现实。
惟其言民生在群与养欲给求诸义,即注重社会生活。由其说而
推之,将可创建群众共同生活制度,不与民主趣向相达,荀学不
可磨灭在此也。荀书方面颇广,奥义颇多,兹不及详。

　　孟氏民主意义固多,如曰"民为贵",曰"闻诛一夫纣矣,未闻

弑君也",大义炳如日星矣。但宗法社会思想亦甚深,如曰"学则三代共之,皆所以明人伦也",曰"尧、舜之道,孝、弟而已矣"。其明人伦,即以孝、弟为德之基,宋、明儒所宗主者在是。然专以孝、弟言教言治,终不无偏。学校之教,自当以《学》《庸》二篇之旨为不可易。《中庸》智、仁、勇并重,《大学》言修、齐必归治、平,言诚意、正心必不遗格物。孟氏似未免为宗法社会之道德训条所拘束,守其义而莫能推,则家庭私恩过重而泛爱众之普感易受阻遏。孟氏极反墨翟兼爱,实则人鲜能兼爱也,而更反之,其忍乎? 孝、弟诚不可薄,而格物之学不讲,兼爱兼利之道未宏,则新社会制度将莫由创建,民主政治何可企及? 孟氏似未免为宗法所拘也,宋、明儒传孟学者,于此鲜能了悟。然则孝、弟可毁乎? 曰:恶是何言? 要在本《公羊》与《礼运》改革家庭制度耳,兹不及详。

《周官经》难读,已说如前。此经大旨不外一均字。均之为义,深广至极。《系辞传》曰:"天道鼓万物而不与圣人同忧。"天道一词,在形而上学当目本体,在此处则犹言自然之运耳。鼓万物者,非别有造物主,直万物自鼓耳,自鼓故曰自然之运也。物生而有荣枯、芳臭、清浊、灵蠢乃至无量对待之相,至不均也,自然无心而成化,其于灵蠢、清浊、芳臭、荣枯,都无所择。圣人怀慈而体物,则于物之蠢者、浊者、臭者、枯者,皆不得无忧焉。忧其不均,则非求均不可也。生养有道,教育有方,所以求灵蠢之均也。蠢者得养与教而启其灵,则无不均。其余可类推。治水之浊,拔其污泥;治人之浊,戒其染习,所以求清浊之均也。庆誉兴而善劝,制裁严而恶惩,所以求芳臭之均也。瘠土改造,则草木之荣枯均矣;阶级破除,则民群之荣枯均矣。是故均者,圣人导众庶以从事于斯,所以弥自然之缺憾,司造化之大权。天若与人违,天者,自然之谓,下言天者仿此。自然无心于均物,不与圣人同忧,是与人违也。而待人以起功,天若忧人之忧,则人将不自起功也。人修其功能,人之求均,是人之功能。适成天之所畀。人之功能究是天之所畀与,但人能修之,方完成天赋。天人之故,微矣哉! 天无心于命物皆均,人有事于代天以均万物,治化之职权在此,人道之尊严在此,故曰均之为义,深广至极也。《论语》"患不均"三字,是一部《周官》主旨。

《周官经》,首《天官冢宰》,曰"惟王建国,辨方正位,体国经野,设官分职,以为民极,乃立天官冢宰,使帅其属而掌邦治,以佐王均邦国"云云。详此数语,是全经开宗明义处。余谓《周官》为《春秋》由升平蕲进太平之治,盖期离升平而入太平,期字吃紧。犹未抵乎太平也。王有二义。一谓王道。王道者,奉元而治也。《易》曰"大哉乾元",《春秋》立元即《易》之乾元也。虞翻传古《易》象,古《易》家关于象之传授,后儒多亡失。虞传尚有可考者。曰"乾为仁",是知乾元即仁也。而《春秋》奉元为治,即以仁为治之本。《周官》首明王道,与《春秋》立元即仁为治本,其义一也。王之义为向往。世已升平,唯仁道为人类之所共同向往,故谓之王。二谓主治之人,行政首长是也。《春秋》于升平世为虚君共和之治,说见余旧著《读经示要》卷二。《周官》之王,虚位而已。虚君制不必可实现于后世,然《周官》要旨在发扬民主之治,犹是《春秋》升平之境,其去群龙无首、天下为公之盛,《易·乾卦》曰群龙,所以比喻太平世全球大同、全人类皆有圣人之行也。故其时之人在共同生活之结构内,各各皆得自主自由,互相比辅,至赜而不乱,无有野心家敢挟私侮众者，故不须首长，故曰无首。犹迢乎远矣。故国界未泯，暂存虚君，其势然也，但在实际上确是民主，当于下文略释。

"惟王建国"者，言本王道以建立国家也。

"辨方正位"者，辨方，别四方也；正位，正王都之位也。郑司农训为正君臣之位，与上辨方全不相属。汉儒每以媚皇帝之心理曲解经文，此其证也。郑玄谓定宫庙，虽较司农差胜，然宫庙则特就帝制言之耳。其实，辨方正位即别四方之远近广狭而正王都之位，犹今云定政府所在地耳，不可以帝制为释。

"体国经野"者，旧注：体犹分也，分画郡邑曰体国。经野者，野谓邑之田野，犹今云乡村；经谓为之治理。

"设官分职，以为民极"者，王为众官之长，而垂拱无为也，故须设官分职，以任国政。旧注：极，中也，令天下之人各得其中，不失其所。

"乃立天官冢宰，使帅其属而掌邦治，以佐王均邦国"者，旧注：掌，主也。郑司农云："六官皆总属于冢宰，冢宰于百官无所不主。"《尔雅》曰："冢，大也。"冢宰，大宰也。愚按冢宰无所不主者，约有二义。一、王为虚位，则国政必由冢宰负其全责。二、《周官》本以六官互相联系，同总全国之政，而冢宰又特尊，何耶？当知互相联系，必须有一中心，此中心即在联系中有通达各方面而裁决众志之作用。王辅嗣曰："众不能制众，而制之者寡也。"联系成于众多分子，而于众中必有其一为众之主，是还以寡制众也。近世政府组织采委员制者，必有主任委员，即主席。犹《周官》立冢宰之意也。

冢宰"帅其属而掌邦治，以佐王均邦国"，上邦字，国之异名；

下邦国,复词也。冢宰佐王均邦国,此处一均字,首揭出全经主脑,是治化之母也。一切治法,一切化道,皆以均为本,譬如人从母生。详玩《周官》,以政治、经济、文化各方面皆是互相联系,互相促进,非如筑室,先画定地基,而后有上层建筑。非字一气贯下为句。乃若司机,其一副机器,各部分互相依缘之动能早已具备,只须司机者一拨其机,而各部分便齐发动作,势不容已。乃若司机,至此为句。人类社会,其于政治创造功能、经济创造功能、文化创造功能乃至一切创造功能,皆是社会中各分子即各个人所与生俱有,因以形成社会种种功能是无疑义,故此社会种种功能不妨取喻机器早具备各部分动能。凡譬喻,只取某种意义上有相似处,不可求其全肖,此为因明义例。由此可悟,主治者当如司机,直策发社会自觉,如司机者之于机器直拨其机。使其固有政治、经济、文化种种创造功能平均发达。民治之本立,则人民相与自谋生计,而开物之功自著。《系辞传》曰"开物成务",谓开辟一切物资,人人各尽所能、各取所需,百务毕成也。物用不匮而人得免于资生之累,其灵性生活脱然无系,复然无待矣。宗教、哲学、文艺乃至科学等等知能莫不发达,推其原,唯民主之治乃收斯效。据此,故应说言政治民主实为经济文化各方面改革之主力。

然复应知,《周官》有大部分皆言理财之事,即是解决经济问题。《周官》为民主政体,其经济政策本其社会主义而定之。凡百生产事业,无小无大,皆有官领之,督其功而责其效,其事至纤至悉。中国为大陆之国,农业最重要。《周官》土地归国有,《地官·小司徒》曰"乃均土地以稽其人民,而周知其数"云云。小司徒之属则有载师之官,掌任土之法,任土者,即因地而计口授田及定税法等事，观下文可见。旧注甚误，兹不及详。**以物地事**，按物者，视也，犹今云考察。后言物者准知。**授地职，而待其政令**，谓已考察各地所宜之事，即以传授之于各业之官及人民，使其因地所宜而从事。**愚按**，载师因地计口授田法，郑注尚可略考。今日土改，犹当参稽。土改为现时通行之新名词，即改革过去以土地为私有之制。"**闾师掌国中及四郊人民与其六畜财物之数，以任其力，以任其政令，以时征其赋。凡任民，任农以耕事，贡九谷；任圃以树事，贡草木；任工以饬材事，贡器物；任商以市事，贡货贿；任牧以畜事，贡鸟兽；任嫔以女事，贡布帛；任衡以山事，贡其物**；山衡为掌山区生产业之官。**任虞以泽事，贡其物。**"泽虞为掌国泽，如海洋江河湖沼等泽区生产事业之官。又有**牛人**，官名。掌养国之公牛，以待国之政令。**牧人掌牧六牲而阜蕃其物。均人掌均地政**、地政当作地征，谓征地职之税，必求均平。**均地守**、按地守如井田，即今集体农场规制。孟子所云守望相助、出入相友、疾病相扶持等项法规，其在都会市区及域内山区泽区，亦皆有地守之法，不及详引。大约民众于地方一切力役公同担任之事，必求其均。**均地职**、按地职如野有农圃、泽有鱼、山有畜牧、市有工贾之类。**均人民牛马车辇之力征**。按征民力及牛马等物力，必求均也。**至其经野之制**，即地方制度。如六遂，各有**遂大夫**、官名。**县正**、官名。**鄙师**、官名。**酂长**、官名。**里宰**、官名。**邻长**、官名。**旅师**、官名。**稍人**、官名。**委人**。官名。凡此诸官，其职事甚切要，六乡亦可准知。今日地方政制犹当参考。中国为世界上广大无匹之农村社会。自吕政、刘季以来，行独夫专制之帝政。刘季鉴吕政失败，变其一切束缚之法而为疏节阔目之计，以示宽大，实则利用人民无组织，使其成为一盘散沙，因此民力日偷，民智日塞，民德日敝，而农村之生产工具或技术及物种等等，一切蹈常守故，将历三千年而未之有改。余于《周官》经野之政夙所究心，但自四十岁左右，急于整理中国玄学，形而上学。由宋、明而上溯佛法，又上溯晚周儒道诸子，苦思过度，大病十余年，几致不起，遂无暇阐述《周官》。抗战入川，余参预友人梁漱溟主办之勉仁书院，曾提出《周官》，欲诸生精究，惜乎书院无资，诸生星散，老怀竟不遂也。时牟生宗三曾住院，唐生君毅常往来其间，二子皆于中西哲学有精思，惜不得聚也。写至此，不觉曼衍。余以为今后农村如欲创立新制，发达生产，则《周官》遗意，诚当取法。《周官》农村之官尚有可述者，如草人，官名。掌土化之法，地质不良者，化之使美。可知古时地质学已精，否则不能设想及此。以物地相宜而为之种。物地，视察地质也。相宜，视土所宜也，相亦视义。选择肥料亦草人之职。又有稻人，此官主种田用水等事。土训，此官说地图，如九州形势、山川百产所宜之类。山虞，掌山林之政令。林衡，掌巡林麓之禁令，即山虞之佐。川衡，掌巡川泽产物之禁令。泽虞，掌国泽产物之政令。国泽与川泽之分容另详。迹人，掌邦田之地政，凡田猎者受其令。卝人，即今经理与考察矿产之官。角人，此官以时征鸟兽之齿角而制用具。羽人，此官以时征鸟兽之羽毛而造物致用。掌葛，此官征缔绤之材于山农以造葛布。掌染草，此官以春秋敛染草之物，犹今有颜料业。掌炭，此官掌灰物炭物之征令，犹今有煤炭等公司。囿人，犹今公园之守吏。场人，掌国之场圃，而树果蓏珍异之物。廪人，掌九谷之数，以待国之分颁，犹今仓吏。司稼，掌巡邦野之稼，辨谷之种类，周知其名，与其所宜地以为法，并掌均万民之食。舂人。掌供米物等事。又《夏官》之徒属，有服不氏，掌养猛兽而教驯之。射鸟氏，掌射鸟。罗氏，掌罗乌鸟。囿师，掌教囿人养马。山师。掌群山林木之名，辨其物与其利害而颁之于邦国。凡兹百业之官，但略征举，犹未及详，然已可见其规模之大、计划之精、条例之密,叹观止矣!自科学昌明,文物发展,如今世诸强国,其生产业务至极繁赜,且应用科学技术规制宏大、组织邃密、工具精利、出产丰富,甚多巧夺天工,诚有非古哲所能悬想者。然尚索《周官》,自农村一切生产以至山林川泽,天产之英、地藏之富、江海湖沼之利、动植矿之博、万物之繁,则已无不一一遍物而皆备之。遍物之遍是考察义,遍者无疏漏也。《易》曰"备物致用",备者无遗利也。虽今人承科学炽昌,得有种种奇迹,而圣人作《周官》,其知周万物与囊括大宇之概,固已早为近世格物之精、开物之盛、备物之丰导先路矣。圣人为万世制法,智虑深远,岂不奇哉!

《冬官》亡失,是最不幸事。汉人以《考工记》补之,殊不类。今考《天官篇》首有曰:"以官府之六属举邦治。一曰天官,其属六十,掌邦治;二曰地官,其属六十,掌邦教;三曰春官,其属六十,掌邦礼;四曰夏官,其属六十,掌邦政;五曰秋官,其属六十,掌邦刑;六曰冬官,其属六十,掌邦事。"按事谓事业。下文叙六官之职,其于冬官则云:"六曰事职,以富邦国,以养万民,以生百物。"据此,《冬官》虽亡,而其职则在富邦国、养万民、生百物,此十二字以富至百物。至可宝贵。余在上文所引述者,以农村之规制为较详,而山国、泽国、动植矿诸产,虽各有庶官掌之,但未加制造者为多。吾意工商矿诸事业必特详于《冬官》,惜其制度与策划及技术等等今皆无可考矣。科学知识与新器物之奖励亦当在《冬官》。今虽无征,而《夏官》之属有训方氏,按方谓四方辽远诸国。下职方、合方,皆仿此。掌道四方之政事与其上下之志,正岁则布而训四方,布谓布告。而观新物,可见其鼓励人民锐志新器物之创作矣。又有职方氏，掌天下之图，以掌天下之地，辨其邦国、都鄙、四夷、八蛮、七闽、九貉、五戎、六狄之人民与其财用，九谷、六畜之数要，周知其利害。据此可知其注重发展工商业，以与世界各国通有无。又有合方氏，掌达天下之道路，通其财利，同其数器，权衡不得有轻重之殊。壹其度量，尺丈釜钟不得有大小之异。除其怨恶，国外交易，必以平等互惠为主。我若侵欺人，则人必怨恶；人若侵欺我，则我亦不能无怨恶。必我以大中至正之道遇人，而亦以毅力抑制人之相侵欺也，于是国际间怨恶悉除。同其好善。人之好善，则引为同好；其不向善者，则摈抑之。又有怀方氏，掌来远方之民，致方贡，使殊方之贡物得致于中国也。致远物。凡此皆明文之见于《夏官》者。夏官掌军政而兼外交，故与冬官之联系最密切，如训方氏、职方氏、合方氏、怀方氏之所掌，皆与冬官工商业相联也。冬官之职，既在富邦国、养万民、生百物，其一切生产经制与事业必皆为国有，而本其趣向大同太平之精神亦必与国际通力合作，平等互惠，而训方诸氏熟谙国际经济情形，则与冬官属司之联事密切，自不待言。训方氏训四方观新物；职方氏辨四方远国之人民与其财用之数要，数谓其所需之数，要谓其所必需而不可缺者。周知其利害；合方氏通天下之道路，按掌万国交通之路政。与四方远国通财利，除其怨恶，同其好善。以此等善意建立国际经济互助基础，是即发挥大均至均之精神。《书·洪范》所谓"王道平平"，《大学》以理财归之平天下，皆与《周官》互相发明，群经一贯，皆本孔氏之传也。近世帝国主义者，内则庇护资产阶级以剥削劳苦众庶，外则侵略弱小之国，其祸患既大且深，而权难挽矣。《周官》竟预防之于二千数百年前，巍巍大哉！非上圣其孰能有此神智哉？善夫，合方氏之命名也,其职在联合四方万国而为一家,则非解决经济问题不可。将欲解决经济问题,则必顾及弱者之怨恶而后可。全世界人类所以陷于自毁者,则以强者拥有天下之财权而不恤弱小之怨恶,以为其怨恶无足重轻,吾可勿虑也。吾者,设为强者之自谓。不知天下之势,屈伸恒相报,伸之已甚而其势终穷,屈之既久则其势已郁积甚深,将一发而不可御。近者美人无如弱朝何,是其征也。《论语》曰:"放于利而行,多怨。"私人与私人之交也且然,国与国之交也,其怨弥众,其势愈不可遏。《传》曰"蜂虿有毒",而况国乎? 是故《周官》言理财,必以天下一家为量,将与员舆万国通有无、共财利,唯当悬衡以持天下之平,强者勿逞诈力而不恤人之挟怨,弱者怀怨而力图自强,终必以强锄强,不底于平弗止也。平其不平而后怨恶消,而后经济问题解决,天下大同矣,此《周官》之志也。

《冬官》虽亡,以《夏官》职方氏、合方氏诸官征之,犹可见其理财与生财之道,必合天下万国为一家,周知其利害,互通其有无,尔毋我诈,我毋尔虞,强毋陵弱,众毋暴寡,真正平等互惠,所以进世于大同太平也。然国际上经济制度如何? 易言之,即国与国间其生产与运输、消费等方面如何通力合作?《冬官》当有规制。据《天官篇》明定六官之职,以冬官为事职,即在富邦国、养万民、生百物,其生之、养之、富之也,必合天下万国而为通力合作之度制。惜乎其篇章亡失,无可考矣。古称民以食为天,土地问题最为重要。《周官》主张土地国有,而为因地计口授田之法,此当普遍适用无疑,唯各种生产事业,自不无因地因材而异其举措。如材之所乏,则某种事业或须措弃弗举;材有独丰,则某种事业修举自易。

《冬官》关于工商业设计，今俱无征，唯就《地官》考之，则其属有各项生产事业之官，如吾在前所略举者。地官此等属吏，大概皆与冬官所主办国营事业即各大工场或商业机构有联系者。六官皆相联，而冬官在国内之计政，国家经济政制或政策亦云计政，从严又陵译名。与地官联事多；联事一词，本之《天官篇》。国际之计政，与夏官联事多。如前引职方氏、合方氏等。王荆公谓半部《周官》皆言理财，盖只就《地官》说，实未曾注意《天官篇》以富邦国、养万民、生百物为冬官之事职也。使《冬官》尚存，何止半部言理财乎？吾前云《周官》有大部分言理财者，因约《冬官》而论，则理财之事占全经之大部分无疑也。《周官》于国内计政，大概国营为主，而私营亦不废，但有限制。冬官职在富国、养民与生百物，其国营与私营之调节如何，《冬官》当有其法，惜今无考。惟《地官》有保息六法，以养万民，可略窥其社会政策。郑注："保息，谓安之使蕃息也。"保息六者：一曰慈幼，二曰养老，三曰振穷，郑注："拯救天民之穷者也。穷者有四，曰矜、曰寡、曰孤、曰独。"按此皆生而有缺憾者，故曰天民之穷。四曰恤贫，五曰宽疾，有疾苦者，宽其赋役。六曰安富。郑注："平其繇役，不苛取于富民。"愚按此六法甚切要，《周官》为社会主义，其振兴产业，既以国营为主，人民私营之业当受限制。如此则家庭组织必缩至极小，否则不能化家庭为社会，不能化私为公，故慈幼养老必须由公家负责。至于纯粹共产制，当难一蹴而几，私有制仍为有限度之保留，而人民之体力、脑力不必同等，则其自营之能力有小大，穷者、贫者、疾者皆社会所必不能无，故疾有宽、贫有恤、穷有振，亦公家之任也。唯民之能自致于富者，在私有制之限度内，公家当平其繇役，不可苛取于富民，使民安享其富，于社会繁荣大有裨益也。安富一条即为保护私营之原则。

有问：地官等所属有关计政之官，将皆为国营各业之有司欤？曰：然。但此等官，或有纯属于地官而与冬官联事甚少者，或有与冬官所属联事较多者，惜乎《冬官篇》亡，难臆度。如地官司稼掌均万民之食，牛人掌养国之公牛，恐与冬官所属公田有关。冬官职在养万民，当有公田也。又如山虞、林衡诸官，亦必与冬官所属工场有关。此类不胜举。宋人有谓冬官无专篇，其所属但散见于他官者，此说甚无理。冬官事职在富邦国、养能民、生百物，《天官篇》尚存此明文，汉以来学人都不省，何耶？冬官不立专篇，断无此理。若明于六官之职皆相联，则言冬官无专篇者，其妄立见。

《地官》有泉府，"掌以市之征布，地官司市。郑司农注：'布，谓泉也。'泉即钱字。敛市之不售市所不售者，则泉府出泉收买之。敛者收义。货之滞于民用者，以其贾买之，此贾字读价。物揭而书之，以待不时而贾者"。郑司农云："物揭而书之，物物为揭书，书其贾。揭，著其物也；不时买者，谓急求者也。"又曰："凡民之贷者，与其有司辨而授之，以国服为之息。有司，泉府属吏也。民有贷于泉府者，则有司别其贷民之物，定其价以与之。郑司农云：'贷者，谓从官借本贾也，故有息，使民弗利，以其所贾之国所出为息也。假令其国出丝絮，则以丝絮偿；其国出缔葛，则以缔葛偿。'郑玄云：'谓以国服为之息，以其于国服事之税为息也。于国事受园廛之田，而贷万泉者，则期出息五百。王莽时，民贷以治产业者，但计赢所得受息，无过岁什一。'凡国事之财用取具焉，岁终则会其出入而纳其余。"会，计也。马端临曰："货财盈而敛，乏而散，于是有泉府之官从而补其不足，助其不给，或赊，或贷，而俾之足用，所以养民者如此。"愚按,泉府即泉币流通之机构,民获其利,而国事之财用亦取足于是焉,公私交利也。

《考工记》虽非《周官》之篇,而其思想确属《周官》统系。其最有价值者,莫如篇首一段文字,盖发明《周官》之大旨,而以平等与分职为社会组织之两大原则。_{平等即破除阶级,分职则社会所由}发达。其言曰"国有六职,百工与居一焉。或坐而论道,或作而行之,_{作,起也。}或审曲面势以饬五材,以辨民器,_{郑司农云:'审察五材}_{曲直方面形势之宜以治之。'}或通四方之珍异以资之,或饬力以长地财,或治丝麻以成之。坐而论道,谓之王公;作而行之,谓之士大夫;审曲面势以饬五材,以辨民器,谓之百工;_{言百者,众词也。}通四方之珍异以资之,谓之商旅;饬力以长地财,谓之农夫;治丝麻以成之,谓之妇功"云云。古代王公与士大夫本为统治阶层,工农商及妇人皆劳苦小民也。今以王公、士大夫与工农等并列,全失其统治之地位,即破除阶级而社会一律平等。此义确本《周官》,但能说得如此简明,甚可贵。世治大进,则人民有各种会议,坐而论道不属王公,行政则由人民选举代表,工农等皆可作而行,又不同于古之上大夫也。但国家毕竟有会议与行政等机构,必常有任职其间者,唯就被选任职之人言,则不为常职耳。夫六职之分,虽欠精当,然社会生活唯分职而互相联,有物畅其性、事称其能、万物咸适于自然之美。此《周官》之志,而《考工记》有得乎此也。

综上所述,《周官》于经济问题特别注重。《大易》于《乾》《坤》《屯》《蒙》之后,继以《需卦》。_{详《序卦篇》}需者,饮食之道也。有天地而后万物生焉。物生必蒙,蒙而求亨,不可不养也。《周官》知此矣。世亦有计经济决定一切，岂其然乎？

今将复申前旨。余前已云：政治民主实为经济、文化各方面改革之主力，此实《周官》本义。夫经济制度失其均，专利于剥削者而劳苦大众常不获伸，其故无他，则以政权操于统治阶层，人民不能自持太阿故耳。文化方面晦塞，民众在精神上无食粮，不能有所独辟独创，不能发起正知正行，此无他故，亦由人民不能自持太阿，以致政权常在统治阶层，而统治者遂以妨民之生、塞民之智为能事，至无所不用其极。此不必征之古代帝制之世，即今帝国主义者，其私图在使科学供杀人之用，而科学家有志乎高深理论之研究者，将无法进行，是与古之帝者何异乎？如此，而欲文化无晦塞，必不可几矣。是故《周官》之治，本以政治、经济、文化诸方面互相联系、互相促进为要道。然虽各方面互相联系，其间必有一主动力。如佛家缘生论，缘生者，言万物之生皆由众缘会合，如稻禾生即由谷子为因缘、人工、水土、日光、空气、肥料、岁时等等为增上缘，始见稻禾生。若离上述诸缘，便无稻禾。万物万事皆众缘会合故有，以稻禾例之可知。《周官》论治，主张政治、经济、文化各方面互相联系始成治道，与缘生之旨亦相通。必建立士用因，最有深义。士用因一词，如解释便太繁，可参考余著《佛家名相通释》。否则如机械，众件相联，终无生命。《周官》言联系，决不如此，故政治、经济、文化诸方面本互相联系，而其间为主动者则政治也。但此云政治，乃专指民主政治言，若拥护剥削阶层与侵略弱小之帝国主义者，此即孟子所斥之霸术，不足言政治。霸术，破坏联系者也。唯民主政治乃是联系中之主动力。政制之创建、政策之运用以及经济、文化诸方面之改革与发展，非民主则不能通天下之志、类万物之情，不能有大道为公、开物成务、天下

190

文明之盛。是故《易》以群龙无首为民主之象,而《春秋》本之以通三世,《周官》本之以立民主之治也。

何言乎《周官》为民主之治?曰:其治自下而上也。据《地官》,划分地方政区为六乡六遂。郑司农云:"百里内为六乡,外为六遂。"按,内外以距国都远近分之。盖《周官》以王国为天下列邦联合之最高政府,乡遂则王国本部。古云王畿千里,即最高政府所直辖之地也。但王国乡遂制度,列邦当亦同之。乡之治,自比、五家为比。闾、郑司农云:"二十五家为闾。"族、郑云:"百家为族。"党、郑云:"五百家为党。"州、郑云:"二千五百家为州。"乡,郑云:"万二千五百家为乡。"以上达于司徒与王朝。

比有长,"各掌其比之治。五家相受,相和亲,有辠奇邪则相及"。惩恶则相反,欲其平时互相戒也。

闾有胥,"各掌其闾之征令。以岁时各数其闾之众寡,辨其施舍,辨其闾内孰当急行,孰当暂止之事。四时因事聚众庶,则读法,书其敬敏任恤者"。原文多省略。按读法最重要。既使其达于治理,又养成其守法习惯。书其敬敏者,奖趋事赴功之人,而顽惰者知奋矣。书其任恤者,奖急公救难之人,而自私自利者改过矣。近时奖励民众之道,颇有合乎此。

族有师,师,长也。"各掌其族之戒令、政事。月吉,属民读邦法,书其孝弟、睦姻、有学者。按,孝弟为万德之本,不爱父兄而能爱他人者,未之有也。睦姻,和睦亲党也,泛爱众之德,自此推之耳。以邦比之法,比,考核也。帅四闾之吏,以时属民而校,登其族之夫家众寡,辨其贵贱、老幼、废疾可任者,可任者,谓可任事或力役者。及其六畜、车辇。五家为比,十家为联;五人为伍,十人为联;四闾为族,八闾为联。使之相保相受,使各邑民众生活互相保,苦乐互相受,有公家而无私家。刑罚庆赏相及相共，以受邦职，以役国事，以相葬埋。郑注：'相共，犹相救相赒。'愚按，此则纯是团体生活，不容人只为一身一家自利之计。汉以后社会恰与此相反。若作民而师田行役，按，作民，作动民众也；师谓行军御侮；田谓大猎以习武事。则合其卒伍，简其兵器，以鼓铎旗物帅而至"。愚按，世未至大同，则武事不可弛也。

党有正，"各掌其党之政令、教治。四时孟月吉日，属民读邦法。凡其党之丧、祭、婚、冠、饮酒，教其礼事，掌其戒禁。凡作民而师田行役，则以其法治其政事。岁终，则会其党政。会，计也，计其党内之政事得失。书其民之德行道艺"。原文颇有省约。

州有长，"各掌其州之教治、政令。正月之吉，属民读法，以考其德行道艺而劝之，以纠其过恶而戒之。春秋以礼会民，教之礼让。而射于州序。按，序者州之学校。习射，教武事也，犹今之军事训练。礼让者，人道之正，但习礼而忘武备，其群必流于衰弱，故讲武不容缓。若国作民而师田行役之事，则师而致之。岁终，则会其州之政令。三年大比，则大考州里，以赞乡大夫废兴"。废谓退不肖；兴谓进贤能。原文亦多省略。

乡有大夫，"各掌其乡之政教、禁令。受教法于司徒，退而颁之于其乡吏，使各以教其所治，以考其德行、察其道艺。乡吏谓自州长以至比长也。道谓学有本原者。艺谓有专长或干练堪任者。以岁时登其夫家之众寡，辨其可任者。三年则大比，考其德行、道艺而兴贤者、能者。考者谓考之于民众，使各以其所知地方之贤能，直陈之无隐也。兴谓既选举之，将任以国事也。乡老及乡大夫帅其吏与其众寡，以礼礼宾之。众寡谓乡人之善者，不定其数，故云众寡。以礼云云者，谓以乡饮酒之礼礼宾之，此选举既定，而尊宠之也。厥明，乡老及乡大夫群吏献贤能之书于王，王再拜受之，登于天府，内史贰之。贰之谓副写其书，以备任用之。此谓使民兴贤，出使长之；郑注：'言是乃所谓使民自举贤者，因出之而使之长民，教以德行道艺于外也。'按，出之谓见用于王朝。使民兴能，入使治之。使民自举能者，因入之而使之治民之生产与政教等事于内也。入之即留在本乡任事。岁终，则令六乡之吏皆会政致事。会，计也。致事谓以会政之书达于王，使中枢得悉六乡本年之政事也。正岁，令群吏考法于司徒，以退，各宪之于其所治。治字断句。国有大询于众庶，则各帅其乡之众寡而致于朝"。国有大事，询于全国民众，则乡大夫各率其乡之民众而致于朝。曰众寡者，谓全乡之人尽帅之以赴朝议也，不定其数，故曰众寡。如此则无一人不参预国事者。

乡之长曰乡师，"各掌其所治乡之教而听其治。凡邦事，令作秩叙。邦国兴造事业，必令乡师作秩叙，条理不乱，则成功易。大军旅、会同，正治其徒役与其车辇，戮其犯命者。凡四时之征令有常者，以木铎徇于市朝。以岁时巡国及野，而赒万民之艰阨，以王命施惠。岁终，则考六乡之治，以诏废置。若国大比，则考教、察辞、稽器、展事，以诏诛赏"。原文多省略。

已述乡治，次及遂政。遂之治，自邻、五家为邻。里、五邻为里。酂、四里为酂。鄙、五酂为鄙。县、五鄙为县。遂，五县为遂。以上达于遂人与王朝。

邻有长，"掌相纠相受。郑注：'相纠，相举察也；相受，赏罚相及也。'凡邑中之政相赞"。邑中一切政事，邻长赞助其里长以成之。

里有宰，"掌比其邑之众寡，比，考察也。与其六畜、兵器，治其政令。以岁时合耦于锄，令里之耕者互相助，曰合耦。以治稼穑，趋其耕耨，行其秩叙，以待有司之政令，有司谓遂大夫。而征敛其财"。

酂有长，"各掌其酂之政令。以时校登其夫家，校，犹数也。比其众寡。若作其民而用之，作者，鼓舞之也。则以旗鼓、兵革帅而至。若岁时简器，器谓农具及兵器。与有司数之。凡岁时之戒令皆听之，趋其耕耨，稽其女功"。

鄙有师，"各掌其鄙之政令。凡作民，如选举、兵戎及大力役，必鼓舞民众以趋之，故曰作民。他处言作民者，皆仿此。则掌其戒令。以时数其众庶，而察其美恶而诛赏。岁终，则会其鄙之政而致事"。致事，以会政之书致于遂大夫也。

县有正，"各掌其县之政令征比，以颁田里，以分职事，掌其治讼，趣其稼事而赏罚之。若将用野民，师田行役，则帅而至"。原文多省略。

遂有大夫，"各掌其遂之政令。以岁时稽其夫家之众寡、六畜、田野，辨其可任者，以教稼穑，以稽功事。掌其政令、戒禁，听其治讼。令为邑者，岁终，则会政致事。正岁，阅稼器，修稼政。三岁大比，则帅其吏而兴甿，甿，民也。兴甿谓由民众选举其邑之贤者能者。明其有功者，属其地治者"。郑注："属犹聚也。"有功者既明扬之，又聚地方众吏任治者，敕以谨修职事。原文多省略。

遂有师，"各掌其遂之政令、戒禁。以时登其夫家之众寡、六畜、车辇。经牧其田野，辨其可食者，郑注：'谓今年所当耕者也。'周知其数而任之，以征财赋、作役事。有大功役，则作其民。听其治讼。巡其稼穑，而移用其民以救其时事"。移用其民，使转相助，救时之急也。原文多省略。

附识：《地官》于市政甚精审，此不及详。

《地官》乡遂之制，至极精密，不暇详述。其为法之善，可略举者：一曰乡自五家之长，比长。上至于乡大夫、乡师，而达于王朝。遂自五家之长，邻长。上至于遂大夫、遂师，而达于王朝。治起于下，非如帝制之世居上者可以私意宰制万物，非字至此为句。此所以成民主之治也。近时言治者，有以民主一词与民治、民享二词分别言之，吾以为不可。人民如散无友纪，不能会同以发抒公意、治其国政，将谁与主之乎？不能主，又谁与享之乎？余谓民主、民治二词，其义一也。

二曰自王朝冢宰与六官及其属以至地方群吏与庶人在官者，其出身皆自人民选举，而选举之法又至精密。乡之属邑，自闾以上，每岁必书其民之德行道艺，或于属民读法时考其德行道艺而劝之，纠其过恶而戒之。遂之属邑，自里以上，每岁以时数其众庶而察其美恶而诛赏。夫乡遂诸属邑，地非大也，人非众也，平日游处相接，行事相共，而又考察之勤且审如此，乡大夫三年大比，使六乡之众庶共举贤能；遂大夫三岁大比，亦如六乡之为，则其选举无妄可知已。选定之后，则使贤者出而长民，即王朝自冢宰以至群吏，将皆拔自诸贤也，使能者入而任其乡或其遂之政教，则克举其职无疑也。故自王朝至地方任职者，皆由人民自选代表，以执行国之政令教戒。而被选者出自田野，无游谈沽誉之风，此民治所由克底于成也。

三曰国有大事，乡大夫各帅其乡之众庶参预王朝会议。遂大夫之目，虽无此文，则因其见于乡大夫，不重出耳。凡法之见于乡而略于遂者，皆不重出故，非于遂独缺也。全民参政，所以养成民治力量。

四曰乡之属邑，自闾以至于州，遂之属邑，自里以至于县，其社会组织极严密。生产互助，<small>如遂师以时巡其稼穑，而移用其民使相助。</small>力役相均，刑罚庆赏相及相共，五家相受相和亲，有恶则相及。民有转徙，则授之证，明其无罪恶。<small>郑注于比长下云："或国中之民出徙郊，或郊民入徙国中，皆从而付所处之吏，明无罪恶。"按，付者，犹今云予以证明书也。</small>国有兵事或功役，则作而急赴。其为法之详，此不及述。盖其社会组织，要在化家庭生活为大群共同生活，革其自私自利之习，发其与众同休戚之念，易散漫而为整齐，戒孤立而尚联合。仁者人也。<small>详董子《繁露》。</small>离人之谓不仁，遗人之谓不仁，<small>离与遗有别。凡民皆知有己而不知有人，此是离人；儒之孤清者自利，佛之小乘自了生死，则遗人者也。</small>《大易》有《比》与《同人》，<small>比者，比辅义。</small>伊川《比卦》传曰："万物以互相比而生。"《同人》之卦亦与《比卦》互相发明。社会主义原于此也。余于《地官》之社会度制，诚无议焉，要在以仁意行之耳。程子曰："有《关雎》《麟趾》之意，然后可以行《周官》之法度。"<small>《关雎》《麟趾》二篇，皆显仁也。</small>此言绝不迂阔。

五曰读法最重要。《春秋》太平大同之治，必本于天下之人人尽有士君子之行，<small>详董子《春秋繁露》。</small>欲人类演进至此，谈何容易！佛说一切众生皆有佛性，皆可成佛，而又说阐提无佛性。前说就本性言，后说就惑障深重言，义各有当，不相反也。民主主义、社会主义，必须天下之人人皆于一己之外知有人，勇于去私而乐于奉公。是事诚难，故非董之以法不可。然待其犯法而后罪之，亦非所以为治也。《地官》定乡遂读法之制，使众庶明于法意而知其不可触，不幸而触明法，则有刑罚随之，如是则民将习于守法而治道可成矣。或疑读法太数，未免扰民。如以乡言，五家为比，五比为闾，四闾为族，五族为党，五党为州，五州为乡。州长每岁属民读法者四,党正读法者七,族师读法者十四,闾胥读法者无数;或者以为是日读法,既于州长,又于党正,又于闾胥、族师,且将奔命不暇。郑樵解之曰:"此法亦易晓。如正月之吉读法,州长、党正、族师咸预焉;至四时孟月吉日读法,则族师、党正预焉,州长不预;至每月读法,惟族师职焉。此注所谓弥亲民者,其教亦弥数。"愚按,郑氏说颇合事理,经文省约,不妨以意推之也。

今政府注重学习,于读法亦相近,但于新知与古义自宜融摄。

六曰乡大夫以下逮闾胥、比长,遂大夫以下逮里宰、邻长,每岁必书其民之孝友、睦姻、任恤者,岁终、正岁、正岁谓新正。四时孟月,皆征召其民,考其德艺,纠其过恶,所以扶勉其民者无不至。有兵事或大功役,则有作民之举。作者,作动义,鼓舞义。盖申之以正义,喻之以利害,真利必合于正义,否则害。振其志、作其气。民无肯安于偷懦者,为正义而御侮,非以侵人;为全群而兴利,毋有私意。秉理以持其志,守直以壮其气。以是作民,故大功可集也。

又复须知,乡之闾胥、族师,每月朔日必察其民之孝弟、睦姻、任恤、有学者而书之,遂之里宰、鄙师,其职与闾胥族师同,经文有不重出者,当准知。此其教化之本,不可忽也。《周官》之社会主义,不唯改善人类之实际生活,而实归本于提高人类之灵性生活,故培养人民之德行至为重要,而孝友、睦姻、任恤、好学,则德行之基也。善于父母为孝,善于兄弟为友,睦则和睦族党,此言党者,谓邑里众庶。郑注于睦专以亲九族言,太狭,决非经旨。姻则亲于戚友,郑注专以外亲言,亦狭,朋友与戚属均所亲也。任者勇于任公,郑注以信于友言之,亦误。国邑公事,勇于负责,方是任。恤者急于振穷,好学则勉为圣

197

智。不学便愚，万恶出于愚，故好学，美行也。乡之闾胥、族师，遂之里宰、鄙师，能于每月朔察其民之有上述诸善行者而书之，以风励众庶，熏染成俗，驯至天下之人人皆有士君子之行，而太平大同可致矣。儒家终不偏扬功利以导人类，却亦未尝贱功利，要在以功利为发扬灵性生活之具，复其天地万物一体之本量而已。吾人诚达到灵性生活，则无物我对峙，是立于无待也。此非以意为之，乃性分上之本量如是。民国以来，教化不修，孝友睦姻之风斫丧殆尽，任恤好学无复可求，剥极必复，今其时也。颜习斋有存人、存性之论，岂迂谈乎？

《周官》之为民主政治，不独于其朝野百官皆出自民选而可见也，即其拥有王号之虚君，必由王国全民公意共推之。盖秋官小司寇之职掌外朝之政，以致万民而询焉，一曰询国危，二曰询国迁，三曰询立君。据此则国王临殁、嗣王未定时，当由小司寇召集全国人民议立嗣王；或在位之王失道违法而去位时，亦当召集全国人民议立嗣王。秋官掌邦法，犹近世司法首长，故立君之事，由秋官小司寇召集全民会议，于此可见其法治精神强盛。儒家言治，德与礼为主，法与刑为辅。秦以后，礼崩而法败，德丧而刑乱。中夏式微，非无故也。

《秋官》有以肺石达穷民之法，肺石，赤石也。凡远近惸独老幼之欲有复于上，复，犹报也。而其长弗达者，立于肺石三日，士听其辞以告于上，上谓王与冢宰及六卿。而罪其长。据此则被举而任职者，无敢遏穷民之情，以负众庶之托。无敢至此为句。民主之基，于是坚固。近时公令，亦许小民得以其情直接函达中央最高首长，可谓遥承圣制。或疑上意犹有难于下达者，然认真作去，久之自通，何疑乎？

七曰《地官》颁职事十有二于邦国都鄙，使以登万民。登，上也，进也。民品之退坠而衰微者，由无职业也。此意深广。一曰稼穑，郑云："谓三农生九谷。"二曰树艺，愚按，谓园圃育果木等类。三曰作材，愚按，谓虞衡作高山森林或江海湖沼之材。四曰阜藩，郑云："谓薮牧养蕃鸟兽。"五曰饬材。郑云："谓百工饬化八材。"愚按，八者，言其多数。自然界之物材无限，非可以八数尽之也，郑注未广其旨。六曰通财，郑云："谓商贾阜通货贿。"七曰化财，郑云："谓嫔妇化治丝枲。"愚按，治丝枲只是女工之一项，凡手工业及工厂役作，妇女可习者甚多，郑注亦未免过为拘定之词。八曰敛材，郑注："谓臣妾聚敛疏材。"愚按，郑云臣者谓男仆，妾者谓女仆也。郑在汉世，用此等名词解经，固无足怪，但在今日便当正名曰男工女工耳。今日各项工厂，凡聚敛疏材，毋令散坏者，固皆男女工人为之。九曰生财，郑注："谓闲民无常职，转移职事。"愚按，郑所说似当属于十二项之服事，此中生财固非闲民转移职事者可云也。生财当为矿业等类。百工之业，取自然界之百产而予以制造，固皆属饬材一项，但矿产蕴藏无限，若遍考而开发之，自是生财之要。此等职业，不妨于饬材中特别提出言之，《周官》已有卝人，非吾附会。如今日应用电力或原子能以增加生产，诸如此类，亦属生财一项。十曰学艺，郑注："谓学道艺。"愚按，此处经文只一艺字，是就职事说，不曾涉及学道。郑加一道字，不知其于道字作何解？汉人固不悟道也。余谓艺只是工农商矿及凡百职业所有知识技能。十有一曰世事，愚按，人民对于社会政治等思想及其当前现实问题，皆宜令其通晓，世事一项即此类。今者政府所以教民者，正与经合，然融会新知于经学原理中，确甚紧要。毛公于旧学主张评判接受，盖即此意，深佩。十有二曰服事。愚按，此即在各机关或公共团体理杂务之人，所谓闲民无常职、转移职事者是也。据此，以十二职事登万民，就民职方面言，可谓经纬天地，无所不包络，不独今世谋民生国计者不

199

能外此纲领，即百世之下有上圣焉，又能增损此纲领乎？民皆有常职，而后欣然上进无已止，社会主义、民主政治乃可实现，以跻乎《春秋》太平大同之盛。圣人之为天下万世虑也，仁矣哉！

八曰《周官》有国营金融机构，所谓泉府，足以便国利民，马端临亦知之矣。然其救恤农村艰阨之法，尚有在泉府以外者。地官之属有旅师，"掌聚野之锄粟、屋粟、锄闲粟而用之，按，野谓各邑之田野。郑注：'锄粟，民相助作，一井之中所出九夫之税粟也。屋粟，民有田不耕，所罚三夫之税粟也。闲粟，闲民无职事者所出一夫之征粟。'以质剂致民。郑司农云：'质剂，月平价也。质，大价；剂，小价。'郑玄曰：'谓质剂者，为之券，藏之也。'平颁其兴积，按，兴积者，旧注公家征聚物曰兴。积者积谷，兴积即谓上举三者之粟也。旅师以三者之粟贷与人民，而为券藏之，他日当收之于民也，故曰以质剂致民。平颁者，谓平三粟之价而颁于民，不得偏颇有多少。施其惠，散其利，而均其政令。凡用粟，春颁而秋敛之"。春耕时民困，公家以三粟颁之；秋成时民饶，公家则收回所贷出之粟。皆以国服为之息，详前述泉府文。据此则农民无困窘之忧，可以发达生产。王荆公青苗法即仿此制。世儒或谓荆公袭泉府，未之考也。夫以公家就当地罚款及公入所储即为援助贫民生产之用，此法至善，今犹可师也。

九曰《地官》以本俗六安万民。郑注："本犹旧也。"愚按，旧俗之至质实而不可改者，曰本俗，郑语嫌泛。一曰美宫室，按孟子曰"居移气，养移体"，以其影响于身心者重要，不可污浊也。颜子陋巷，但不求恶俗侈靡耳，斗室之中，离尘绝嚣，即是金光明地，美莫大焉。佛经言布金满地，形容其无垢耳。二曰族坟墓，郑注"族犹类也"云云。愚按，同宗或异姓同里者皆谓之类，郑专以同宗言之，亦狭。族坟墓即今公墓之制，不限于同宗也。死者共葬，尊遗骸，事死如生，人道之隆也，人情之厚也。玄奘临绝曰"此身秽恶，犹如死狗"，此佛氏之教，反人生，不可为训也。**三曰联兄弟**，按，天属之爱，忧喜相共也。**四曰联师儒**，郑注："师儒谓乡里教以道艺者。"传道授业之师，致其敬爱焉，养所在也。**五曰联朋友**，按，善相劝，过相规，辅仁之谊大矣哉！**六曰同衣服**。郑注："同犹齐也。民虽有富者，衣服不得独异。"详此本俗六者，人道大常，习而安焉。社会变迁，俗之舍旧而维新者固多，此六本俗，毋或变易，以其为人心所安也。宫室养其美感，墟墓发其深情，广爱始于兄弟，不爱同气，尚能兼爱众人乎？敬学笃乎师儒，友谊毋丧所以辅仁，服制勿异明无独贵。封建社会，富贵者衣服不同贫民，贵贱有等故。六本俗者，民德于是归厚，社会于是固结，故不可变易也。夫除旧染而破恩谊者，此在改革时，矫枉不嫌其过，新度制既定，必以育德、缮群为急，缮群谓使社会安和固结。确然无疑也。《地官》以六本俗安万民与十二职事登万民，同为宏化根本，后之图治者，不可忽也。

附识：有问：六本俗只言兄弟而未言父母，何耶？答曰：兄弟之爱正从父母推得来，故言兄弟则父母更重可知，毋须别举。又公墓与师儒、朋友及服制皆为对社会发生兼爱之源泉，而师友二者，其于道德与学艺、知能之扶勉大有关系，以视孟子只说尧、舜之道孝弟而已者，广狭迥异。汉以来儒者，以宗法思想高谈孝弟，为忠君作陪衬，使人知有家庭而不知有社会与国家。且令孝弟之教义为朝廷所利用，引起种种虚伪，而孝弟之实亡。孟子之言不无弊。明儒王心斋临殁，拟上世宗书数千言，佥言孝弟。张江陵阅其遗稿，谓人曰："何迂阔也？"罗近溪曰："嘻！孝弟可谓迂阔乎?"王氏见地均从孟子得来。《论语》答弟子问孝,只从至性至情不容已处说,却未曾杂入政治意义,后儒只劝皇帝以孝治天下,使臣民移孝作忠,怪哉!《周官》本俗六便汰除封建遗习。

综前所述,《周官》之政治思想,推翻统治,纯为民主,使其融己入群,会群为己,《周官》之乡遂政制,其精神即在不许小己得孤立,必融合于大群之中。故其经济制度与政策完全化私为公。《礼运》主张天下为公。而小己在大群中,乃得各尽所能,各足所需,以成大均、至均之治,此《周官》全经宗趣也。倘政治非民主,则政权常与富人结合,形成特殊阶级,社会不可得其平,而经济上遂无可求均,此必然之势也。据此而论,与其言经济决定一切,不如曰政治民主为一切革故创新之主力。《周官》之政制,已推翻王权而为民主共和政体,此民主政体之经济制度则破除私有制而为群众共同生活之均产制。是乃以经济与政治互相联系、互相促进,但其间主动力却在政治为民主,否则政权不属人民,将欲革除旧社会不均之经济制度而创立新制,必不可几也。

有难者曰:政治民主有改造与发展经济之力,是事诚然,但政治之革故创新,必由经济问题迫之不得不然。横览中外史乘,革命所由兴,民主政体所由建立,实原于众庶不堪统治者与财富阶级之剥削,于是奋起革命,克奏肤功,得有民主成功之善果。据此,则促成政治民主之主因当属经济无疑也。答曰:此问题太大,非此中所及讨论。唯吾可略言者:经济问题逼迫于吾人,使不得不求解决,吾非不知也。然人者,有灵性生活之动物也,有无限创造功能也，如政治创造功能、经济创造功能、文化创造功能乃至种种创造功能，皆人之所与生俱有也。经济问题之逼迫于吾人，只是予吾人以一种刺激，确非吾人革命行动之主因。吾人之伟大革命行动，若略析言之，原于吾人固有政治创造功能者一，原于吾人固有经济创造功能者又一，原于吾人固有文化创造功能者复是其一。凡诸种种功能，皆潜在于吾人内部生活之深渊，不由外铄，不从他得，此乃吾人所不容不自信者。吾人固有各种创造功能，虽或因外缘障碍不易显发，然诸功能潜滋暗长、恒无损失，及遇刺激既深，终必现起，革命大业、民主善治，皆是吾人各种创造功能之显发，不容否认。今如过分主张经济决定一切，而忽视吾人固有各种创造功能，是未免偏至之论，余于此不暇深详耳。《周官》全经主旨，只从政治、经济、文化诸方面之互相联系处着眼，但以主动力归之民主政治，其取义极平实，而确不可易。唯政治民主，使芸芸之类易散为群、化私为公，故经济制度一本于均平之原则以建立。文化方面，如学术思想，无曩时帝者愚民政策之毒，任其自由发展，尽有评判接受之益。方正学平生服膺《周官》，以为太平可致，余亦同斯志也。

《周官》于文化方面，地官职兼教养，明文化与经济之联事最密，其识卓矣。知能薄，即开物成务之术短，人所知也；生养乏，则青衿失学，人顾可忽之乎？地官左右冢宰，左右者，助义。而统教养之任，明教政、养政，二者相联，欲其互相促进，必以民治为基。秦以来将三千年，竟无识此意者，可知中夏衰微之故矣。

《秋官》以五刑纠万民，皆关于国情民俗之禁戒，而于学校不见有干涉之条文。《天官》以九两系邦国之民，陆释："两犹耦也，所以协耦万民。"其三曰"师以贤得民"，其四曰"儒以道得民"，据此则师儒能保持其学术独立之精神与地位，而以德业系万民之信仰，此教化所由兴也。秦以后，帝者奴畜师儒，学绝道丧，生民之患无穷。而《周官》束高阁，无过问者，岂不奇哉？

《周官》学校之制，虽不甚可详，然考之于乡大夫所属，党正岁十二月大蜡之时以礼属民而饮酒于序，序者犹今云学校也。古者五百家为党，其学校百有五十，可谓多矣。又州长春秋以礼会民而射于州序，州之学校有三十。州为党之上级，其学制当比党序为高。乡为最高级，直隶王朝，古者万二千五百家为乡。其地位犹唐、宋州郡，今之省也。乡学旧说有六，盖高深学术造就之所，若今省区有大学也，其学制当与王朝之大学等。春官大司乐掌成均之法，郑注："董仲舒云：'成均，五帝之学。'成均之法，谓其遗礼可法也。"以治建国之学政，而合国之子弟焉。郑注："公卿大夫之子弟当学者，谓之国子。"愚按，郑氏据帝者之制以释经，故谓国子限于贵族，不知《周官》为民主之治，其云合国之子弟，决非以公卿大夫之子弟为限也。又地官师氏教国子弟，凡国之贵游子弟学焉。从来注家皆以贵游专指王公子弟，因其以《周官》为周公作，期行之于周世，故以贵游作贵族解，不知经文曰"凡国之贵游子弟"，则通国而合计之词，必不专指王公子弟也。王国所属乡遂或列邦之子弟优秀者，必皆来王朝之大学而就学。来自远方曰游，宠异之曰贵，此其本义也。杜子春云："游当为犹，言虽贵犹学。"纯是帝制思想为祟。夫王朝大学，如不许天下之优秀者入学，则与《周官》民主政制完全相背，断无是理。余谓汉以来经师皆以帝制厚诬经文，其邪谬随在可见也。

《周官》于学校教科，教科谓所教学术之分科。虽未有明文拟定，然地官所属乡大夫之职，正月之吉受教法于司徒，退而颁之于其乡吏，使各以教其所治，以考其德行、察其道艺，三年大比，亦考其德行、道艺。遂大夫之职当与乡同。司谏掌纠万民之德而劝之朋友，正其行而强之道艺。据此诸文，可见《周官》学校之教，除德行为品性之陶养外，而所教之学术则总分道艺二科：道科者，犹今云哲学也；艺科者，犹今云科学知识也。儒道二家皆深穷宇宙体原而同建立道。孔子有"朝闻道，夕死可矣"之叹，岂不奇哉！道家老庄之书及散见余子之言，余子谓《管子》《韩非》《淮南》等并有道家言。其形容道体，皆弘阐《大易》之蕴，惜未免溺于虚静而于健动处少理会。道体虚而健，静亦动也。静亦动者，其动非乱，而静不滞也；虚而健者，其健不已，虚而不屈也。不屈者，无穷竭也。《诗》曰："维天之命，于穆不已。"天者，道体之异名，非谓神帝；命者，流行义。道体流行不息，故云不已，此不已一词含义深远。不已正是健德。惟虚无碍，无碍故健，其健不已，其虚不屈，是为万化之原。虚健二德实相因。动静一如，是为道体，嚣动毋静，枯静失动，皆丧其道体也。吾人体现大道于己，不可沦虚而含健、滞静而厌动。不可二字，一气贯下。《易》以健动显道体，义趣深远至极，参考余著《新唯识论》"转变""功能"诸章。夫道备万理、肇万化，无始无终，无形无象，只无形象耳，非谓其空无。其显为万有者，皆其变动不居之迹耳。此中变动一词，涵义甚深。俗以物体移转谓之变动，此则不可作实物想。可考《新论》"转变"章。万物皆化迹也，而道体不即是迹，譬如水现为冰，而水之自性不即是冰也。老曰："道可道，非常道。可道之道，犹说也。此言道不可言说，如可说，便非真常之道也。言说所以表物，而道非物，故不可说。名可名，非常名。"此言道不可名，而名为道者，亦不得已而强为之名耳。如以道为可名，则名已非常道之名，只是意想所安立耳。诚以理绝言诠，归于证会。尼父"默识"，是《道经》开端数语所本。佛言证会，与《论语》默识，其义相通，容当别论。道之一字，汉以来经师莫求真解，今综儒道二家旨要，略释如上。

艺者，百家之学。古代百家甚盛，如天文、数学，唐、虞已有专官。张衡在东汉初著《灵宪》《算罔论》，网络天地而算之，制候地震仪，盖其所承藉者甚远而深，非可一蹴而几也。指南针作者，一云黄帝，一云周公，或黄帝首创，周公继述。此非明于电磁者不能为，则物理知识，古有之矣。李冰，战国时秦人，其水利工程尚在，今人犹惊叹莫及，则工程学盛于古代可知。木鸢则墨翟、公输并有制作，是亦飞机之始。舟舵发明，当亦甚古，西人赖之以航海。此与火药及造纸并印刷术，贡献于世界者甚伟大。化学始于炼丹，汉世已有为之者，其源当出于战国。医术与药物发明在远古，及春秋时，扁鹊、仓公精察腑脏经络，则解剖术已甚精。《周官》有壶涿氏，秋官之属。掌除水虫，可见古时对于微生物之研究亦不浅。地理则邹衍已创发五大洲之说。至于音律精妙，直宣造化之奥，尤足惊叹。余谓科学在吾国古代已有基础，即百家之业是也。而闻者或不以为然，此等妄自菲薄之见，可为太息。窃谓地官之属，自乡遂大夫以下，每岁必察其民之道艺，三年大比亦然。其所察者，必是其在学校时之所习，否则其所察非民之所学，断无是理，故敢推定地官于学校所教之学，总分道艺两科。而艺科即百家之业，此从古时百家思想之盛行而推断之，非臆测也。

余既推定地官于学校所教只是道艺两科，其各科细目自不便列举，当由后人随时斟酌。道科之学，所以究万化本源、人生真性，则涵养其民之德行者在是矣。艺科之学则教民以格物，而见于实用者在是矣。然则乡三物之说，其秦世或汉初儒生之改窜乎？乡三物者，谓乡大夫以三物教其民也。物犹事也。三物者，一曰六德，知、仁、圣、义、中、和；二曰六行，孝、友、睦、姻、任、恤；三曰六艺，礼、乐、射、御、书、数。余于乡三物，向疑其浮乱，非圣人之言。《论语》鉴别门人之长，列以四科，其一曰德行，未闻析德行为二物也。设云：蓄于中之谓德，发于事之谓行，故德行本无分而亦不妨分者。果尔，则行析以六尚无不可，德蓄于中，如何析举？即为修养工夫计，无妨析举，以便专注，则必持其本根，始无亏蔽，否则支离以为德，未见其有成德之基也。夫《易》始乾元，乾元，仁也，求仁而万德备。《中庸》言智、仁、勇，修是三者而万德亦备。阳明言良知，致良知而万德亦备。今此六德曰知、仁、圣、义、中、和，既非如《大易》直显仁体以立本，亦不若后儒直指良知为本。又不似《中庸》知、仁、勇三德领众德之要、得会成之妙，又不似三字，至此为句。直是杂缀六目，目者，德目。无有义蕴。至于教艺唯六，唯者，言其独限于六也。则百家众艺不立于学校者，将无不废绝矣。且礼、乐者，原于道体，蟠际天地，《乐记》云"及夫礼、乐之极乎天而蟠乎地"，言其功用盛大，弥满天地，无乎不在也。洋洋乎发育万物，广大精微极矣。今以礼、乐与射、御、书、数并列，则礼者，玉帛之仪耳；乐者，钟鼓之音耳。子曰："礼云礼云，玉帛云乎哉？乐云乐云，钟鼓云乎哉？"是《周官》学校之教，将使礼坏乐崩也。乡三物浮乱已甚，而二千数百年莫有疑者。明儒颜习斋盛张乡

207

三物，以为学的，的者鹄的，射者命中之的也，谓颜氏以乡三物为学术之正鹄。甚矣其隘也。虽然，颜氏期挽理学迂阔而归实践，仁人之志也。

难者曰：公之言辨矣，然说经至不当意处，便谓秦汉间儒生改窜，可乎？曰：《周官经》必本孔子之口义无疑也，广大悉备，非圣人莫能道也。《系辞传》赞《易》曰"广大悉备"，吾于《周官》亦云。吾以群经互证，而敢楷定乡三物为浮乱之说也。《周官》之经纶与《大易》通，系辞传《曰》"知周万物"，曰"裁成天地，辅相万物"，曰"开物成务"，曰"备物致用"，曰"立成器以为天下利"，其宏大深密之蕴，可玩索也，何至于艺科之教仅限以射、御、书、数及礼之仪文、乐之音节而已乎？德行之分甚无义，吾前所弹正，皆于《易》《礼》《论语》有据，《中庸》本在《礼记》。非任己意以妄訾也。秦、汉间儒生，除保存古义外，殊无深造自得处。乡三物浮乱，必为秦、汉间儒生所改窜，且其改窜非无故矣。贾公彦《疏序》谓："《周官》，孝武之时始出，秘而不传。《周官》后出者，以其始皇独恶之故也。是以《马融传》云：'秦自孝公以下，用商君之法，其政酷烈，与《周官》相反，故始皇禁挟书，特疾恶，欲绝灭之，搜求焚烧之独悉，按此言吕政求《周官》焚烧之务尽也。是以隐藏百年。按此言《周官》隐藏百年，毕竟有人保存之也。孝武帝始除挟书之律，开献书之路，既出于山岩屋壁，复入于秘府，五家之儒，莫得见焉。'"愚按，皮锡瑞谓惠帝已除秦时挟书律，疑马融称武帝除挟书律有误，此乃皮氏过疑。惠帝时虽除挟书律，而民情或不无观望者，其时距吕政之祸尚近也。武帝时急于求书，恐有不肯献者，或重申令除挟书律，亦应有之事。马融以汉人说汉事，当不致误。但马融言秦尚酷烈，与《周官》反，故吕政欲绝灭之，其言犹未深了吕政心事。《周官》本为民主思想、社会主义，此书在春秋战国时已不便通行，故托为周公所作。吕政狂狷，期以天下为私产，传之万世，其欲绝灭《周官》思想自是必然。吕政焚书坑儒时，且有令曰："是古非今者族。"《周官》既托为周代之古制，儒者奉此经以对抗独夫专制之害，吕政之令盖特为《周官》而发。马融谓特疾恶之云云，想是汉初传说至东京犹未泯也。惠帝初除挟书律，而藏此经者犹未敢轻出之，可想见秦时禁令之厉。武帝时，河间献王贤而好儒，故此经得出。《景十三王传》云："献王所献皆古文，先秦旧书，《周官》《尚书》《礼记》《孟子》《老子》之属，皆经、传、说记。"此言有经，即有传与说记也。《艺文志》有《周官经》六篇，《周官传》四篇，而不言《经》亡《冬官篇》，当时《冬官》必未阙。至郑玄所注经本，已无《冬官》，而《周官传》郑氏更未之见。林孝存为东汉人，固力反《周官》者。孝存谓武帝知《周官》为末世渎乱不验之书，摈斥不行，因作十论、七难以排弃之。据此可见《周官》既厄于吕政，又厄于汉武。秦、汉间儒者在帝制坚定之下偷存，以焚坑之祸为戒，其传授经书无有不改窜者。《易经》虽以卜筮得不焚，然有无改易已无从考，且汉《易》皆象数，其于孔子之义理绝不讲求。《春秋》殆完全改变，设无孟子、史公之语，谁知今存《春秋》非孔子之旧乎？孟子称孔子作《春秋》，又引孔子之言曰："知我者其唯《春秋》乎？罪我者其唯《春秋》乎？"可想见《春秋》必是破专制而昌民主，破阶级而求均产。孟子言民贵、言井田、言贱丈夫垄断、言诛独夫纣矣未闻弑君、言善战者服上刑，皆《春秋》义也。史公语已引见前文。《繁露》、《公羊》与何休注，所存孔子微言亦甚少，然尚赖有此耳。《书经》几于全亡。《礼经》

旧多以《仪礼》为经，吾不谓然，大、小戴《礼记》不纯是七十子之真，然孔门古义保存者究不少。总之，六经遭吕政焚坑，亡阙太多，其汉初偶存者，当时儒生惧得罪帝者，又必改变其精神与面目，而后敢献之朝廷，公之于世。《周官》在武帝时已出，林孝存攻《周官》已引武帝语为重，足征刘歆伪造之言全属虚妄。但刘歆必有改易，歆且戴新莽为帝，其敢昌民主乎？且改易者，当不始于歆，武帝时，此经已入于秘府，《冬官》何至阙失？余由《天官篇》所载冬官事职推之，《冬官》当有社会主义之制度及工场与商业等规画，其与刘季保固帝制之阴谋、利用人民无组织力、只使之各安耕凿者，必完全相反。故《冬官》独被毁灭，其余未毁者，当改窜不少。最显著者，如《秋官》以八辟丽邦法，其一曰议亲之辟，二曰议故之辟，六曰议贵之辟，此三条者，按诸《周官》大均之原则，其法例决不应有此。《周官》以法治辅礼治，断不容有此不均之法。孟子言舜为天子，瞽叟杀人，舜本大孝，而当此之时只有窃负而逃，不能用天子之威枉法以赦其父。儒家重法之精神如此，《周官》何得有议亲、议故、议贵诸条以自毁其法乎？是为汉初儒生所改窜无疑。此乃随举一例耳，详求之，则非本文所及。从来疑《周官》者，要皆无关宏旨之枝节细故。吾国人缺乏思辩与向大处找问题之能力，乃从两汉以来养成之，在帝制权威下，只合以无聊考据之业偷活，积久遂成不可拔之惯习。余平生痛恨吕政、刘季者以此。余尝言：汉以后无学术。人皆诋为妄，或则盛赞佛门多材。其实佛门上等人物只是将外来物不论短长一齐接受耳，然此项人物亦太少，其次则吾不欲言。中夏民族非不聪明睿智，只惜秦、汉以后锢蔽太深。上来所言，似旁涉嫌多。余敢断言，乡三物为秦、汉间儒生所改窜，或纯属汉人改窜亦未可知。幸《地官》保存民主制度与社会主义之思想尚可窥见。天官以本官上兼家宰，即一面领本官之职，一面总统六官，而王实为虚位。又秋官尚存小司寇外朝之制，有三询之法，如询国危、询国迁、询立君，皆召集全国人民会议，而地官乡遂亦见此制。因此《周官》骨髓未剥丧尽净，然从表面观之，犹是君主政体，此《周官》所以得存留至今也。刘歆、杜子春、郑兴、郑众、卫宏以及马融、郑玄皆有护持功，百世不能忘也。

《周官》于社会组织颇严密。《秋官》言刑乱国用重典，并非以宽柔为政者。《地官》乡遂之治纳其民于共同生活之轨范，如生产、教育、力役以及葬祭诸礼、赏罚等事，皆使民相助相及，不容有离群而自便其私者；其于兵役之教练至极谨严，无有懈怠。《夏官》制军诘禁，诘，穷治也。使大国比小国，大小以强弱分，不定以国土广狭分也。比者，辅助义，见《易·比卦》。郑氏训亲，误也。小国事大国，事者，亲近义。大国能辅助小国而不相侵，故小国可亲近之也。均守平则，以安邦国。平则者，犹今云平等互惠也。凡国无论为强大、为弱小，均守平等互惠之平则，故万国安和，可进于大同也。夏官掌军政，对列邦有违反正义、强暴残民者，必讨伐之，此其所以严于治军也。孟子言王道，始不免迂阔。汉以后之儒皆近孟氏。《周官》发明王道，绝不迂阔，盖与《大易》《春秋》为一贯，其源出孔子无疑也。《周官》原于《易》《春秋》，此意说来太长，兹不暇及。孟子之学源出曾子而稍参《公羊》，注意稍字。于内圣有本原，于外王终不足。其学自战国迄今影响颇大，亦足异也。韩非之书主张性恶，同其师荀卿，又反孝弟、非仁义，皆所以攻孟也。孟子游梁，三晋必受其影响，故荀卿、韩非并攻之。史公传孟子,独尊之于诸子上,亦可见其在当时影响较大。庄子言儒、墨之是非,亦指孟。汉、唐尊孟者皆不乏人。至宋、明则孔、孟并称,以迄于今。

春官掌邦礼,言礼即摄乐。与地官联事最密。地官掌邦教,其教政则有学校之教与社会之教。社会之教莫严于读法,而法必以礼乐为本。礼乐者,教民有以理性情也。理性情者,陶其情于正,即性无亏蔽也。性禀于天,本无不善。天非外在之神,实即吾人之性而假说为天耳。夫人之生,非凭空幻现也,必有其本源,而此本源就吾人分上言,则谓之天耳。情者亦性之流,而非性之固然。非固然者,犹俗云不必如其本来的样子。吾人自肇生而后,已是具有形气之个体,则性之灵流行发用于形气中,而与环吾个体之天地万物交感者,是谓之情。此情字,义宽,非如心理学上三分法,以情别于知与意而单言之也。性者,通天地万物而无差别相,自性上言,天地万物均吾一体,本源无二故。虚灵绝待,故无不善。情者,缘个体而发。其发有系,便成不善;有系者,滞于个体之谓,如儒云私欲、佛云贪嗔痴等是也。发而中节,中节者,如见利思得,即由情存个体,无由中节。若其情不系于个体,即无利己之私,则见利必思其义,不妄得也,是乃中节。始成乎善。情发为善,即率乎性之固然,是情亦性也,故曰陶其情于正,即性无亏蔽。情发为不善,即徇个体之私而失其天地万物同体之真,是本性亏蔽也。是故圣人之教,在使人陶其情于正,以复其性而已。陶情之道,莫善于礼乐。礼者序也,原夫人之本性元是生生而条理,此言性体是生生不息的,亦是具足无穷条理的。礼所由制,实因人性固有条理而为之序,故人由乎礼,即其情思与天地万物酬酢处,一切循序而不可乱,则其性之固然者无亏蔽矣。乐者乐也,下乐字,读洛,和乐也。原夫人之本性元是通畅而无闭阂,《易》故谓之"太和",详

212

《易·乾卦》。乐所由作,实因人性本来通畅而为之乐,以达其乐,末乐字,读洛。故人不去乐,则其于日常动止语默间恒是油然和畅,其情无淫荡、无留系,而得其本性之正矣。淫荡者,情之狂迷外逐而自丧其真也;留系者,情之滞于物欲,如《礼记》所谓人化物也。人化物者,即人失其灵性而成为顽物。是故圣人制礼乐,皆顺人性而为之,将使人由礼之序、乐之乐,以陶其情于正,而复其性之固然也。礼乐所以理性情,其道本乎尽己性以尽物性,究乎天地位、万物育。难言哉礼乐也!

或问:礼之序、乐之和同本于性,则礼乐皆一成而不可变欤? 答曰:否否。性者天德,礼乐者人事。夫言性体含备无穷条理者,从其流行发现莫不有则而征之也。流行无止息,条理无穷尽,天之德用至妙也。天谓性,下同。吾人法天而为礼之序,如其不了流行之未尝守故,执一成不易之序,而不可与天理之无穷尽者相应,天理者,性体含备无穷条理,亦省云天理。是礼将为戕性之具也。古礼之难通于后世者多,职此之由,夫礼之为序固也,而序非一端,则随时而更其序者多矣。如古者以尊君为序,近世以民贵为序,至太平世则以万物各畅其性、群龙无首为序。是则序者未可执一常而不知变,为礼者所当谨也。至于人性本自和畅,因为之乐以达和,则乐或无古今之异欤? 此亦不然。人心动感无穷,其激于利害、缘于环境、移于风习,情动乎中,哀乐万绪,而发于歌咏、形于舞蹈、运用器物,谓乐器。以谐其音律而宣其意理,以通神明、以格万类者,其能陶情于正,正者谓中和,上言正者亦仿此。毋亏其性者,诚未易得。昔孔子当唐、虞、三代之后,而论乐独取于韶舞;唐太宗采四裔之乐,而融归华夏之声,今已不可得而闻矣。后有作者，其将以吾古乐之中和调融近代西人壮厉之音而作新乐，为人类含养德性，岂不盛哉！

礼乐所以理性情，此义宏深广远，非知道者，难以语此。庄生云"至言不止于俚耳"，俚俗之耳闻至言，则莫之感通。不止犹不入也。可慨也。何谓性？何谓情？汉学考据之业固不究及此，宋学诸大儒于性地确有体认，其证解圆满与否是别一问题，而于情上似亦有见之未莹处，今此不及评判。余于上文则已将情、性分疏明白，但未暇取前儒之说比勘同异得失耳。古今万国言治者，大都以利用厚生立其基，法纪严明举其功，而富强乃收其效。至于富强，则大患又伏于此矣。人失其性而功利之欲无餍，未有不流于人相食也。盍亦反其本欤？夫聚人而成国，合群而为治，未有贱功利而贵穷乏、恶富强而求贫弱者。但人生最高之目的毕竟在发扬其灵性生活而复其天地万物同体之真，此即复性之谓。游于无待，振于无竟，夐然无待，故无终竟。无竟而恒不衰，故曰振。于是人生始有无上价值与无穷意义。故为治之道，必使民毋失其性；欲民毋失其性，即莫如兴礼乐；礼乐达于天下，而后天下之人人乃有以陶情于正、毋害其性，此治道之极则也。礼乐之本立，则功利之图、富强之计皆所以助成礼乐之化，而后人生不至坠退，乃互相得于一本万殊、万殊一本之中，敦分而各足，敦分云者，万殊即有分矣。庶物芸芸，各畅其性，各尽其能，各足其需，此礼之序也。玄同以合爱，达于人生之本源者，即是见性；见性则悟天地万物皆吾一体，故玄同。由此而同体之爱无竭，此乐之和也。是《春秋》太平大同之盛轨也。中外古今言治者，其所竭全神以探索与从事者，总不外食货与法制诸问题，而于养复人性之根本大道甚少措意。唯梵方大雄氏，哀众生自性堕没遂至起惑造业、感招诸苦、惑相无量，相字，去声。恶业无量、苦亦无量，哀字，一气贯至此。乃欲援之以出火宅。其道大激而趋于反人生，余滋或焉。假令度脱宏愿能使大地平沉、虚空粉碎、生生者不生，余将寓诸寂寥，何所不乐？无如愿与理违，志不切事，虽欲从之，莫由也已。佛法究归出世，大乘不舍众生，则以众生未度故耳，其希愿仍在度脱。详余丛书中黄君所述《摧惑显宗记》。夫唯吾先圣吉凶与民同患，详《系辞传》。将拯含识之伦，莫如文之以礼乐，平其好恶，详《乐记》。息其贪嗔痴，详《新唯识论》。然后生人不失其性，超然上达，浑然与天地万物同体，泊然若各不相为谋而物各自正，是化火宅为清净海也。夫礼乐者，治之母，为其可复人之性也。食货不足，法制不立，不可为治，不可行礼乐，人所知也；食货已足，法制已立，而无礼乐，可以为富强而不可为治，人所未知也。圣人之道，似迂而实不迂。世界不毁，人类不绝，将向往太平大同，不由礼乐之化，而何由哉？子曰："谁能出不由户，何莫由斯道也？"吾衰矣，抱此信心，终不退转。吾爱人类，吾信圣人之道与人类同无尽。

地官乡遂教民读法，至为严密。法者，用以辅礼乐之所不及也。以法辅礼，言礼即摄乐。以刑辅德，守常而通变，正本而不迁，此儒道所以衣被人天、功侔大造也。乡遂以下各属之政，以祭祀、丧纪、昏冠、饮酒诸礼普教齐民，行礼必作乐，不待言。齐民犹言众庶。故知《戴记》"礼不下庶人，刑不上大夫"，当为汉儒窜入，非尼父口义也。又凡举祭祀及乡饮等礼时，亦必属民读法，此即寓法治于礼治之中。

地官学校之教，约分道、艺二科。艺科为知识之学。知识技能愈多者，必守礼而由于规矩，始不背于道。老云"智慧出，有大伪"，未尝约之以礼故耳。老云智慧，即知识异名。又知识之探求愈深远者，其与躬行若愈不切近。知识组成体系者，其客观性亦愈重，如此则知识与躬行似无合一处。唯约之以礼，纳诸返躬实践之途，使其向外求理之方与返躬之道两不相混而实相资，渐收内外合一之效。明儒黄梨洲讥程、朱向外求理，然程、朱尚不尽然，科学方法却如此。且反躬愈深，实践愈力，然后透悟一切知识，如大网罟，百千万孔互相联系。向疑知识有与吾躬行不相关者，只是吾行未至、知不广，故妄疑耳。由此可见知识之学必须约之以礼、敦笃躬行，而后无知行离异之病。

道科之学，不遗知识，却须超越知识境界。其为学也，要在涵养与思唯并进，使思唯因涵养而益纯明，自诚明也；涵养，立诚也。思唯以求明也，诚则无不明。使涵养因思唯而益冲粹，自明诚也。冲，深也。粹，纯善也。此云自明而诚与上自诚而明，皆言明诚相资，即是涵养与思唯互相资也。但此云思唯与平常习用思想一词绝不同义。因平常所谓思想乃原于量智之努力，量智犹云理智。前儒所谓强探力索是也。此种思想之轨范，则董子《繁露》"同而通理，动而相益，顺而相受"三语可谓尽之矣。依于散殊而求其统类、观其会通，是谓同而通理；先物而起判断，征之动用而效益不爽，是谓动而相益；各个命题于其全体系中互相顺成而无违反，是谓顺而相受。晚世各派逻辑，董子三语殆无不包通。思想轨范之精严与其功用之伟大皆可惊叹，然亦有不能避免之缺失，则因思想对于宇宙之考察，只能识其化迹，化迹谓本体流行变化所现之迹象也。而不可得其根源。根源即本体之形容词。是义渊微，此不及论。余今所谓思唯者,却别是一般境地。大智伏除诸惑,佛云无明等惑,犹儒云私欲、私见等也。伏者,抑制之;除者,断灭之。智照湛然,不虑而虑,识万化之攸归;万化所由起与吾人所以有生,原无二本。反己自识,即万化根源不劳外索。无思而思,发玄机于密藏。藏,读去声。密藏者,真理未发见时,如隐匿于秘密藏也。唯智者每突发玄机,而密藏始显。此乃最上之境,非凡愚可测也。其次则上根入,虽惑未尽,而能不为惑使。凡夫生活纯为惑之所驱使,上根不然。神解突发时多,则其明睿所照,上穷玄奥,玄者,理之至极,无在而无不在也;奥,深微也。下尽物曲,亦有机感自然之妙,但恐知及而未能仁守,有贫子说金之病耳。总之,道科之学,必涵养与思唯并进,而涵养为要;涵养不力,待恃思唯,将以虚见为实得,终自害也。涵养必由礼乐。颜子非礼勿视、听、言、动。详《论语》。《曲礼》曰:"士无故,不彻琴瑟。"故,谓大灾变或丧疾之类;不彻,犹言不去。《乐记》曰:"礼乐不可斯须去身。致乐以治心,则易、直、子、谅之心油然生矣。易者,简易,心无杂染;直者,正直,无有倒妄。子者仁慈;谅者真实。此言心体纯善之相。易、直、子、谅之心生则乐,乐则安,安则久,久则天,天道只是恒久不息。然此云恒久,是超时间义,须深玩。天则神。神者,不测义,佛氏十地终,即此诣。自致乐以治心至此,含义深远无边,深于佛氏《涅槃经》者较易喻,凡夫难与究此。明儒有曰:乐是心之本体。学者由此语深参去,亦佳。致礼以治躬,则庄敬,庄敬则严威。心中斯须不和不乐,而鄙诈之心入之矣;外貌斯须不庄不敬,而易慢之心入之矣。"易,轻肆也。详玩此一节,可见礼乐为涵养之实功,学者反己体之自知。此云体者,实践义。

　如上所说,学校之教,无论为道为艺,皆不可废礼乐。春官大司乐掌成均之法,以治建国之学政,此与地官掌教相联系,最有深义。余以为学校之教如失吾先圣礼乐之旨，则大道废而知能无本，以道科言，无礼乐则学者缺涵养，不可入道，故大道废。以艺科言，无礼乐以立其躬行之基，则知能将成玩具，故云无本。欲入之上达而有与立，必不可几也。《系辞传》曰："穷理尽性以至于命。"理者，一本而万殊、万殊而一本也；性者，以此理为我所具有而言之也；命者，以此理为我与天地万物所同具而言之也。命者，流行义。此理流行不息，是为宇宙本体。世之以知识自多者，固欲即凡天下之物而穷其理，借用朱子传《大学》格物语。不悟其所测者只是万殊之迹，万殊之物皆迹也。而万殊一本处，毕竟不可以知识推度，是其穷理终限于皮肤，未可与言上达也。夫上达者，达其万殊之一本而已，易言之，达吾自性而已，达吾与天地万物同体之本命而已。穷理不至于此，便是庄生所谓"小知间间"，间间者，分析貌，谓其析物而不可得物之原也。佛氏所谓"世智辩聪，非真知也"。真知必待有礼乐之涵养，方可上达。学不至于上达，即不了吾生与天地万物同体之真，不识自性具足无穷德用，其生活常陷于内外有畛、物我对峙与盲目追求之中，而丧其灵性，陷于物化，故不能有立也，此真人道之忧也。立字含义深远。《论语》："仁者，己欲立而立人。"颜子曰："如有所立，卓尔。"周子曰："立人极。"试问如何是立？学者宜省。

春官职掌礼乐而只详典制，至其所以立此典制之义蕴，则非好学精思者莫之能究也。《艺文志》有《周官经》六篇、《周官传》四篇，想其传《春官》，必发挥礼乐之义，今不可考矣。《艺文志》称武帝时，河间献王好儒，与毛生等共采《周官》及诸子言乐事者以作《乐记》，内史丞王定传之，以授常山王禹，禹，成帝时为谒者，献其书有二十四卷。刘向校书，得《乐记》二十三篇，与禹不同。愚按,献王主撰之《乐记》,必于古《周官传》多所发明,今皆无考,是可惜也。余尝欲采《论语》《礼记》《大戴礼》《荀子》及诸子明礼乐旨要者,辑为一书,并于每章附以己意而申论之,名曰《礼乐精义》。顾以衰年,惮劳心力。后有究天人之际、通古今之变者能成此业,是盛德事,不必成之自我也。

老氏毁礼,所毁者,礼之文制耳。文制谓制度文仪。礼之原即道也,其可毁乎? 老氏伤世主托于礼教而以名分束缚下民,故毁礼。实则其所谓礼者,只就典制仪文而言,故曰"礼者,忠信之薄而乱之首"也。世主以贵贱尊卑之名分而立文制,谓为礼之当然。小民劫于势而从之,非中诚也,其冲决网罗之志不少衰,故曰"礼者,忠信之薄而乱之首",其于礼之原不相涉甚明。《礼记》曰"礼,时为大",《礼器篇》。则文制当随时变易不待言。《春秋》于据乱进升平之世,则以天子为爵称,而除其帝号,明人主但为行政首长,与百职事同。详余著《读经示要》第三卷。又以古者妾甚贱,非人道,始制妾母可为夫人,用母以子贵之说塞守旧者之口。举此一二例,可见孔子于礼之文制随时取宜,不主袭故,而其不可变者,唯礼乐之大原而已。《礼记》多保存七十子传授本义,能明礼乐之原,但汉儒亦有增窜,诚当简别。《大戴礼》惜不全,其间可采者亦不少。要之《两戴记》所存古代制数文仪,今犹不尽可弃,如何革故取新,非深于礼乐之原而随时精义者,不足语此。汉以来治《礼》者,唯知有名物制数,而不求其义,不究其原。宋学兴,自负精义矣,然承汉儒封建思想,以名分之帜阴护帝制而不悟。明季船山、亭林诸儒为宋学别开生面,而其言礼,终不出程、宋窠臼。孔门礼乐本义,湮没将三千年而莫之明也,岂不惜哉! 汉以后学人执末而舍其本，则不辨其末之敝也，索子而弃其母，必使其子失于长养也。今后生弃其固有，老者鲜有与予同所见，而亦零落殆尽矣，予何言哉！予何言哉！时独步荒院，苍茫望天，若隐有慰予者，予无尤矣。

春官不独与地官联事密切，而夏官职在整军、秋官掌刑，皆与春官为联。惧夫民之习礼让而流于文弱也，故夏官有整军之政；惧夫民情之易有所溺、不率于礼也，率者，由义。故秋官有崇法明刑之政。孟子曰"物之不齐，物之情也"，佛氏有言"世界无量，众生无量"，故大常者道而万变者事。礼乐秉其常，兵刑通其变，通变所以复于常，天下毕竟无离道之事矣。老氏恶兵刑，而浑言毁礼，必将并礼乐而去之。夫礼乐不兴，则世丧其道，其流必归于兵谋刑法。申、韩源出于老，而吕政资其法术，岂偶然哉？夫秉大常以趣万变者，礼乐为本，兵刑为辅，其究也兵刑措而不用，是圣人所以为万世计也。乘万变而昧于大常者，即不知有礼乐之事，而兵谋刑法无可一日绝于天下，乾坤几乎熄矣。呜乎！大宇之内，群生同命，奈何舍礼乐之化而与兵谋刑法相终始乎？上文老氏浑言毁礼云者，浑者，无分别之谓。老氏所毁责之礼，本指文制而言。然达于礼乐之原者，只可言古礼之文制不适于今者宜从变革，未可笼统其词，径举礼而毁责之也。老氏措辞浑然无分别，恐于礼乐之原未深究在。

《周官》于国家之组织取联邦制，绝不同秦以后名为大一统而实散漫无纪之局。绝不，至此为句。其所谓王国，实由列邦联合而成之。民国初年曾有唱联邦说者，而舆论无甚响应，旋有联省自治之论，为军阀所利用，社会亦厌闻之。其实，元以来之省制亦类似联邦形式，但组织上未臻强固，终与联邦不同耳。《周官》

建国之理想在成立社会主义之民主国，以农工为主体。此非附会之词，细考《地官》，乡遂之大多数农民与各种职工互相联系，或直接参预国营事业，如各职工。或选举代表，如乡遂三年大比，农民选举贤能。及国有大故，如国危及立君等。得出席全国会议之类，农民皆有此权，乡遂有明文。工商团体亦应有此权，惜《冬官》亡，不可考。可为农工居主体地位之确证。由农工主政，故其政治基础在地方，如乡之治起于五家为比，遂之治起于邻，亦五家。比，自间以上至于乡，邻，自里以上至于遂，其各级政区之辖地皆不广，各级机关之结构严密与其政令之殷繁紧核，实为汉以后二千数百年之中国人久习于无组织之生活者所梦想不到。但在今日，一方面世运大进，吾人生活日趋复杂，一方面社会主义之实现，必易家庭生活而为群体生活，变私营而为公营，则《周官》乡遂之法制乃皆出于事势之不得不然，并非奇特，更非过为烦苛。由此可见《周官》一书理想高远，非圣人不能作。犹复须知，此种政治，其政区实不宜过大，过大则恐弛散，难以强固有力，故乡遂以下各级政区皆是小单位，此当注意者一。各乡各遂亦不宜散漫无纪，乃复由乡遂合而成各邦，又由各邦联合，始成王国。邦有君，可考《夏官》。以总其邦之政教禁令。国有王，以总各邦之政教禁令。旧注于邦国一词而分别邦为大、国为小者，殊不足据。邦国系复祠，即通目各邦也。故邦君于其邦内之政有指挥与监督权，国王于各邦之政亦然，上下相维而成治，无散漫失纪之患，此当注意者二。余推《周官》之建国理想，略如上述。

有难：地官六乡六遂皆直隶于王官，不见有隶于邦君之文。

答曰：现行《周官经》，已非孔门流传故书，其改窜不知多少。地

221

官六乡六遂，必就王朝所直辖之域内而言，六乡直隶于司徒，六遂直隶于遂人，自无疑义。然以理推之，乡遂之法制必通行于各邦国，否则王朝直辖之地与各邦异政，断无是理。王国本由联邦而成，而一国之中央与各邦有不同之政体，尚成为国家乎？唯各邦有大小不一，其乡遂之数不必皆六耳。

夏官职方氏掌天下之图，有四夷、八蛮、七闽、九貉、五戎、六狄之人民云云。后人欲就周代疆域考定其地，似不必。愚按，此乃泛指四裔远方诸国不在王国内各邦之列者而言。此远方诸国对于王国皆为异国。《夏官》以九伐之法正邦国。旧注："诸侯有违王命，则出兵以征伐之，所以正之也。"愚按，注云诸侯，即王国内之各邦君也。则九伐之法似专为王国内之各邦君而设，理必不然。此所云正邦国，当通摄远方异国。据九伐之罪名，在民主国家似不多有，而僻陋异国之君则犯此等罪者当易见。《周官》本圣人为万世制法之书，民主国以正义率天下，异国君主有作乱者，必以兵正之，而不割其土地、不夺其物资、不奴其人民，所以为正也。然九伐中，有放弑其君则残之一项，不问被放弑者有应得之罪与否，恐为汉儒改窜。

地官小司寇外朝三询之法，其一曰询立君，而在王朝直辖之乡大夫、遂大夫，亦有遇国大故，率万民而至于朝之文，则此立君当指立王也。王朝直辖之乡遂，其民皆可参预大议。若各邦之乡遂地远人众，必须选代表以参朝议。至于各邦立君，当由各邦乡遂之民先于其本邦大会议决，而后上达于王以命之。以上二事，现存《周官经》虽无文，要可由小司寇外朝与乡遂之文推其必然。

马端临论《周官》之法可行于封建之世，不可行于秦、汉以后郡县之局。详《文献通考》。其说似辨，而实不通治理。封建之君王奴役群众而坐享安富尊荣，《周官》之法正反封建，而马氏不悟。何耶？《周官》法度不能行于秦、汉以后之天下者，非有他故，吕政暴虐而速亡，刘季鉴其失，乃假宽大之名，而使群众各各孤立，无有组织，正如一盘散沙，皇帝乃穹然于其上，使大臣委郡守县令，以监临散漫无力之民众，如牧人执鞭而挥驯羊。汉以来之帝者皆承此术，民力消亡殆尽，民智闭塞已久，如何可行《周官》法度？马氏不知帝制之害，徒怪封建易为郡县始不可行《周官》之法，岂不愚哉？至于王莽、苏绰、王安石，皆法《周官》而不验者。《周官》本为民主主义，如欲实行之，必须提醒民众，完全为民主之治而后可。今莽、绰、安石乃在帝制积弊之下而盗袭《周官》一二节为文饰，宜其不可通也。颜习斋不识《周官》根底，乃欲节取《地官》乡三物以改造思想，不悟其所取者，正是汉人妄窜之文，毫无义蕴。以此伐程、朱，岂有识所愿闻哉？《周官》一经，几于旷三千年而无能读者。秦、汉以后，思想界何故如斯固陋？帝者诚有罪，而学人不自爱，尤可痛也！

《周官经》，古称为周公作，汉以来疑之者则谓为出于六国时人，何休首持此说。抑之者且诋为刘歆伪作，皆不深思之过也。此书囊括大宇，经纬万端，非圣智出类而有为万世开太平之弘愿者不能为。刘歆才则考据，行则党奸，何能创作此经？歆校理秘书而表章此经，盖以其为古籍而有取焉耳。当时共排之者，以己未得见而故与歆立异，则竖儒之污习耳。此经亦决非周公作。昔人之论，或以为周公创制而未实行，或以为此经于成、周之制亦

223

有合者，二说皆陋。创制不出一人，亦自有相合处，要当从其思想体系与根底而别同异，后说不究乎此。周公生商、周之际，为周代创业垂统之人，而春秋时代学术思想之盛，更非周公之世所得有。今如臆度周公能有余力遐想，特造此经，不实行于当时而愿遗之万世，未免妄猜太过，故二说皆陋也。何休以为出于六国时人，而不信其出于孔子，则又大错特错。《周官》不必为孔子手撰，而其高远之识、深密之思，非大圣不克逮此。余以为，此经大旨必孔子口授之七十子，其成书至迟在战国初期，文辞朴重，与战国初期以后之文似不同气息。详其义蕴，盖原本《大易》《春秋》。《易》明"先天弗违"，此言天者，盖指运会而言。运会未至而吾人创开之，卒不相违也。《周官》唱导民主，其先天远识，今已莫之违也。至于"开物成务""备物致用"诸义，亦《周官》所本。《冬官》富邦国、养万民、生百物之宏纲巨领虽不幸缺亡，而《地官》生产部门繁赜，正与《大易》开物、备物之道合。《春秋》言治道，依据《大易》变动不居之宇宙论。参考《系辞传》。明群变万端而酌其大齐以张三世，曰据乱世、升平世、太平世，其义亦本于《易》。《易纬·乾凿度》明万物之变皆有始、壮、究三期：物初生为始，长大曰壮，归终名究。此三期者，物变之大齐也。究者终也。终非断灭之谓。详余著《读经示要》第三卷谈《易经》处。凡物皆刹那变易，都不暂住。此处吃紧。《易》云"变动不居"，不居即无暂时止住之谓。然从一方面言，物皆相似续流，如前一刹之变方灭，后一刹之变即续前而生，相状似前，是名相似续流。从又一方面言，凡物之变，时有突化，凡物皆不固定，只是变而已，变力盛大，决非一往平平沓沓去，此宜深究。沓沓犹云弛缓。但此云突化，非约一刹那顷言，若约一刹那顷言者,则凡物皆刹那刹那顿变,何又别言突化乎？今所云突化者,即凡物经多刹那相似续流已,后乃忽有特殊变异,虽复刹那刹那续前而生,却与前所现相不必相似。由后后多刹之变与前前多刹之变有不相似故,当知有突化,是义无疑。圣人知凡物之变有相似续流,亦有突化,故无定相,于是酌物变之大齐,而别以始、壮、究三期,其观物也微矣哉！参考余著《新唯识论》"转变"章。《春秋》据《易》义以推群变而张三世：社会一词,本之日人译名,不如用群字为佳。据乱,群之始也；升平,群之壮也；太平,群之终也。三世所以每进而不守其故者,由有突化焉耳。《易·乾》之九五曰"飞龙在天",即明突化。圣人释此爻之象曰"先天弗违",所以勉人之法天而勿委心任运也。夫圣人言先天而吾云法天,何哉？天行健,突化而常舍其故也。人能法天突化之功,乃先天矣。若如老氏任运无为,虽訾毁独夫专制而怀想上古淳朴,不欲有所创新,将使昏庸得托之以苟偷,而群俗群制常滞于腐坏之域,是吾人不能法天道之突化而偷以违天也。违天者不祥,其群能免于祸败乎？人道法天之突化而后能先天,此中有深意而不暇详,他日容别论。夫《周官》一经,创明社会主义与民主主义,是与据乱世之群俗群制无一毫沿袭处,群俗谓群之一切习尚,群制谓一切制度。此其创制易俗之奇,将使新旧群体递嬗之间有相续而无相似,其不谓之突化得欤？群体者,谓群之一切习尚与其制度自成一种体式,谓之群体。有相续者,旧者灭而新者生,是相续；无相似者,新生者全无似于其旧,是突化也。突化,天道也。天道之于物也,常使故故不留、新新顿起,是天以其健德而成突化之功也。《易》阐天道之奥,而《春秋》本之以张三世,明群化不恒以据乱相续,将有突化可能。《周官》据《春秋》作新制，以为离据乱、进升平之准备，而太平之兆将开于此矣。是故《大易》《春秋》《周官》三经为孔氏一家之学，《易》明天之化恒突起而不用其故，<small>天德，健也。</small>《春秋》《周官》明人道法天，以为功于其群者，亦曰导之突化而已。鄙哉！何休之排《周官》也，乃以为六国阴谋之书而排之。何休所云阴谋，不无所见，盖《周官》之制，正所以革除据乱世之群制群俗，乃突化而不守其故也。突化者，革命所本也。休知此经非拥护据乱传统之书，其识固高于当时众儒，然不言革命而诬以阴谋，可见休之习于苟偷以媚帝者无所不至矣。近人康有为述《春秋》，虚揭三世名目而不求其义，其所为诸书皆抄胥之业，故反民主、拥帝制，与何休同污，其不知《周官》无足怪。夫《春秋》之本在《易》，不通《易》未可言《春秋》。不真知《春秋》，必不知《周官》为《春秋》创制之书，必不信《周官》源出孔子。三经俱晦而儒学名存实亡。中国停滞于封建社会者二千数百年，非经之毒，有经而不求通故成毒也。

　　天道无有一刹那顷不是突化，天之化常新而不用其故也。<small>可详玩《新唯识论》"转变"章。</small>然天道非离物而独在也。易言之，万物皆天也。所以者何？物者，天道变化不息之迹耳。离天道无物，离物亦无天道，故不妨曰万物皆天也。<small>宜玩《新论》体用不二之旨。</small>天之化也，本无封域，然其动而不已也，则现似物相。<small>《新论》所谓翕也。</small>物相成，则天之突化若不可窥矣。<small>此意难言，今亦不暇详。</small>然天道恒突化而不用其故，终必破物之封域。凡物从始至壮，则壮期之相视始期已迥异矣。及乎究期，则毁其相缚。<small>究，则物毁灭也。相缚，借用佛书名词，物相成，即失其得于天之无限性，故名缚。</small>而天道复显其突化之功，乃大生、广生，而为新物所资始也。夫物唯任天而自无突化之功，此意不暇详。人类由其生机体发展，其灵性得以显现，故人道能法天之突化，不为形役，以发扬其灵性生活之无限性。人如失其突化之功，即受形限，为形所限制，将如顽物。而人不天矣。不天，谓无灵性生活。若夫群治之需突化也，尤不待论。荀卿曰"民生在群"，此语至精。人在群中，犹四肢之在身也。将善吾之生，莫急于善吾之群。然群道肇于草昧，若一切习尚、一切制度，其始盖为统治者熏之成之而渐至于固定。及其固定日久，弊亦日滋。人虽感其积弊之深，而囿于习、劫于势，卒难变革，非有先觉以突化之功导其群，未有能革故取新者也。夫突化，天道也。物不能法天，天以突化之力破物之缚，非物自力能尔也。唯人能法天以显突化之功。不唯释小体之形缚，不为物役即是释去形骸束缚，此就小己言也。乃复除大体之锢疾，使之一旦舍旧而为新，大体谓群。此乃人道所以尊也。《大易》《春秋》《周官》三经，其无上甚深之蕴莫如倡突化。吾国民性，自秦以后，久受帝制摧残，灵性锢蔽已深，期以突化，似未易言。前世儒生皆谓《周官》不可行，然今已实行矣。剥极必复，岂不信哉！

　　世儒疑孟子未见《周官》，此事无从考定。此经由孔子口授七十子，展转传述，当六国时，必已盛行三晋。《孟子》书有北宫锜问周室班爵禄，孟子答之，不与《周官》同，后人以是为孟子未见《周官》之证。然《周官》本孔子为万世制法之书，实非周室旧制，但恐见嫉于时，故托于周公耳。北宫锜之问，或因疑《周官》不合周制而发亦未可知。孟子所答，殊不涉及《周官》，或未便直言孔子故托周公，或实未见《周官》，遂不提及。孟子颖悟高，而不必博览故籍，细玩其书，可见此情。《周官》孟子未睹，不足奇也。荀卿似已见《周官》，其礼治之意与民生在群及养欲给求诸义，当从《周官》融化得来。唯荀卿为小康之学，《礼运篇》以禹、汤诸圣治起于衰乱，而名小康。犹护持帝统，不欲遽行社会主义与民主主义，其精神与面目毕竟不似《周官》，此或为其不明言《周官》之故。吕政所坑诸儒，其罪名则为是古非今，想皆持《周官》以抗暴秦者也。汉初言《公羊春秋》者都不敢称说《周官》。武帝时，此经已出，而复入秘府，诸儒犹莫得见。及刘歆奏请列之于经为《周礼》，而诸儒犹共排之，盖去焚坑之祸未远，故相戒不敢传之耳。自刘歆至于郑玄，虽有尊信此经者，然原本必经改窜无疑，否则不便通行也。

郑玄以《周官》为经，《礼记》为记，记则推阐先师之义，先师谓孔子。其说甚是，但以《周官》为周公作，乃大误耳。近人皮锡瑞以为《周官》言官制，不专言礼，当别出《周官》自为一书，而以《仪礼》为经，大小戴两《记》附之。愚案，锡瑞说非是。《仪礼》自是周室遗制，可别出之。《周官》为经，郑说不可易。大小戴两《记》与《荀子》俱宜删定为传，附之《周官》，但原本皆不可废。锡瑞谓《周官》言官制，所见太陋。《周官》囊括大宇，经纬万端，所以裁成天地、辅相万物、参赞化育者，无所不备，岂仅言官制而已乎？《乐记》有言："及夫礼乐之极乎天而蟠乎地，穷高极远而测深厚。"言礼乐之功用，上极于天，下蟠于地，高无不穷，远无不极，幽深无所不测。其广大悉备，广则无不包，大则无外，悉备则无有亏缺。唯《乐记》形容得当。郑玄以《周官》为礼经，正与《乐记》合。锡瑞乃谓《周官》不专言礼，便将礼看得极狭极浅，吾不知锡瑞所谓礼者果作何义界耶？且圣人礼治之道，正是包涵万有。锡瑞妄驳郑玄，适自彰其陋耳。

礼以道行，不止在一身之动静语默须中礼也，当知一身非小，天地万物皆吾一身，凡齐家、治国、平天下以至位天地、育万物之事，皆非吾身外事，实皆吾躬行事。识得此意，则独善其身犹未足言礼，极于位育参赞，而后无遗行，而后无亏礼。《周官》之为经也，皇矣大哉！郑玄犹能识之矣。

已说《礼经》，次及《诗》《书》。

《诗》以道志，庄生此言，本于孔子也。志者，中有所存而不放逸之谓。子曰："《诗》三百，一言以蔽之，曰思无邪。"思无邪者，正是志在。而世儒有疑者，以为《三百篇》有淫诗、怨诗，不解孔子何故蔽以无邪？余谓疑者致误之故有二。一、疑者不悟《三百篇》皆孔子所删定，故误会有淫诗。《史记·孔子世家》曰："古者《诗》三千余篇，及至孔子，去其重，取可施于礼义，上采契、后稷，中述殷、周之盛，至幽、厉之缺，始于衽席。故曰《关雎》之乱以为《风》始，《鹿鸣》为《小雅》始，《文王》为《大雅》始，《清庙》为《颂》始。三百五篇，孔子皆弦歌之，以求合《韶》《武》《雅》《颂》之音。"据此，则古者三千余篇，孔子去其重，取可施于礼义，即是删诗。而世儒或疑孔子未删诗，不知何所据也？魏源引三家异文，不知孰为夫子所删之本，以此证夫子未删诗，此说甚谬。删诗只是去其重，取可施于礼义，非于每一篇诗而删章删句删字，若塾师改削蒙童文字也。孔子所定之三百篇，取可施于礼义，则无淫诗可知。朱子误解《论语》"郑声淫"，遂于郑、卫诗，每说为淫奔之辞。其实孔子言郑声淫者，谓其声淫，不涉其诗之本事也。《乐记》曰："人心之动，物使之然也。感于物而动，故形于声。"又曰："是故哀心感者，其声噍以杀；其乐心感者，其声啴以缓；其喜心感者，其声发以散；其怒心感者，其声粗以厉；其敬心感者，其声直以廉；其爱心感者，其声和以柔。六者非性也，感于物而后动。"又曰："郑、卫之音，乱世之音也，比于慢矣。"据此，则征于声可以察其心，而慎于接声者，亦所以养其心。孔子谓郑声淫，是剋就声言，而非论其诗之本事为淫奔与否。玩《乐记》辨声数语，已可识孔子之意，而朱子每以淫奔说郑、卫诗，其错误不待言矣。且诗人多托意男女，寓情草木，朱子《楚词集注》已见及此，何独于《三百篇》而不之察乎？孔子正乐，删定《三百篇》，皆弦歌之以求合《韶》《武》《雅》《颂》，诗教与乐教为一，诗之思无邪，即乐之所以为和。知此，则《三百篇》无淫诗，断不容疑。

二、怨诗发于好恶之公，即是思无邪。世儒不能类万物之情，故不识斯趣耳。类万物之情者，只是得其公好公恶而与之同，不相拂也。类者同义。《三百篇》皆来自民间，今所谓大众文学是也。民众被侵剥于统治阶层，其劳作之苦、饥饿之逼，情动于中而发为怨诗。此怨非私也，乃与天下贫苦众庶同此怨也。如《小雅·蓼莪》云："瓶之罄矣，维罍之耻。鲜民之生，不如死之久矣！"案，瓶、罍皆酒器，瓶小而罍大。贫民以瓶自比，而以大罍比君上，言小民资粮罄尽，悉入大罍，此亦大罍之耻也。鲜民犹言穷乏之民，生不如死，则怨之至也。此诗为孝子不得终养而作。又《鱼藻》有云："鱼在在藻，有颁其首。藻，水草也。言鱼何在乎？在水藻处也。颁音焚，大首貌。王在在镐，岂乐饮酒。"言王何在乎？在镐京也，则恺乐饮酒矣。岂音恺。此为第一章，贫民托兴于鱼，言王者视民若肥鱼，可饵而食也，故恺乐饮酒以肆志，此亦贫民怨王之诗。《三百篇》中以此类诗为最多,略举一二,用见其概。凡怨诗皆代表天下劳苦大众忧思之情,忧而思,思然后积,积然后流,流然后发,诗发于思,思以率作兴事,思以率群众而振作之,以兴起革故取新之事。以思相感,则情深而气充矣。群俗政制坏乱不堪,常赖民间诗人抒其忧思,为劳苦众庶激发自觉,诗之为功盛矣哉!

郑玄《六艺论》引《春秋纬·演孔图》说《诗》含五际,又引《泛历枢》云:"午亥之际为革命。"案,此以十二支表阴阳消长,《易》家以阳表善象,以阴表恶象。午为阳谢阴兴,酉为阴盛阳微,及至于亥,则阴盛极而当消,阳从微而渐长,故以午亥之际表示恶象日增,不容不革。至亥则革命势力已张,大明之象也。如统治阶层肇建于古代,亦时有善象,积久而其恶象增炽,则阶级究不容存在。如《小雅·苕华》之诗云:"牂羊坟首,牂羊,牡羊也;坟,大也。羊瘠则首大,诗人自况如羊之瘠也。三星在罶。罶,笱也。罶中无鱼而水静,但见三星之光而已,此言百物凋耗之状。人可以食,鲜可以饱!"又曰:"知我如此,不如无生!"此亦贫民怨上之辞。今由《变雅》诸怨诗,可想见周初虽有一时善象,而其后王侵剥小民太甚,非废统治阶层,小民终无以为生。孔子正乐删诗,而甚注重贫民怨诗,弘阐革命大义,此天理之极则,人情之大公,而可疑怨诗为邪思乎?

孔子删《诗》,去其重,取可施于礼义,因定为三百篇。言三百者,举成数也。此只是董理之业,何足尊尚?孔子于《春秋》则曰:"其事则齐桓、晋文,桓、文于五霸为最尊,春秋时,列国大事可以桓、文为代表。其文则史,《春秋》原文,则鲁史之文也。其义则某窃取之矣。"据此,则孔子自明其修《春秋》,虽因桓文之事、鲁史之文,而己则寓以新义,己者,设为孔子之自谓。与其本事不必相关。其视鲁史但为记事之文者,自不可同年而语,此《春秋》所以成为孔子之创作也。《春秋》如此。《易》始占卜,至孔子修之,乃成为哲学上囊括大宇、包罗万有之宝典。不独《易》《春秋》,六经无一不如此者。《诗》自孔子删定为三百篇后,而尊之为经,亦必有孔子创发之义,别为诗传,附经以行,惜遭秦火,无复可考。然《诗》含五际、午亥之际为革命一语,尚存纬书,则孔子于《诗经》,明明昌言革命。以此微言征之《论语》,微言者,孔子为万世制法之高远理想,不便著书而口授七十子者,是为微言。曰:"《诗》可以兴,朱注:'感发志气。'愚按,谓不为强暴所摧折也。可以观,朱注:'考见得失。'愚案,后贤反帝反封建等,亦是观义。可以群,案,谓同情天下劳苦小民及不违众志。可以怨。"案,怨者,所以对抗暴力。四义宏深,正是革命精神,却从诗教涵养得来。四义,兴、观、群、怨。上述纬书,足与《论语》互证,未可轻于诋纬而不信也。孔子六经原本皆有经有传,如《易》之卦辞、爻辞,孔子承古卜辞而修之,寓以新义,当是经;《彖》《象》《文言》等旧云十翼者,皆传也。十翼原出孔子,而七十子后学亦有增益。现存《春秋》经文及《公羊传》文,尚非孔子原本,前已说及。《左氏》《穀梁》,皆与孔子《春秋》不相关,见余著《读经示要》。《周官》有经有传,见《艺文志》,可覆看前文。刘歆已不见《冬官篇》,恐更不见传也。《大小戴记》足与《周官传》相为羽翼,但其中多杂缀之文,不尽符《周官经》者,宜刊正。唯《诗经》全而不见传。《书》则传不可征,而经亦罕存。余尝推想,自七国战祸日亟,迄吕政用韩非之说董子曾言之。禁绝学术,诸子百家之书皆亡,而儒家遭焚坑,受祸尤烈,不独高文典册俱丧,而七十子后学传承之义散见于纬,其词浮乱,无理致者多。故汉以来,尝以纬与谶并视。余以为纬书文义多不雅驯者,盖秦、汉间儒生以焚坑为戒,乃故意如此,以免触忌。唯其中有孔子微言,至可宝贵,如《诗》含五际、午亥之际为革命,此必孔子《诗》传之义。《诗》传毁绝,赖纬有之,功亦钜哉!纬书唯《易纬》辞义深远,无有浮乱,因发抒玄旨,可无讳也。

《关雎》一篇,定为一《经》之旨,后儒以为此诗刺康王晏朝。何竟以刺诗冠《经》首? 而范处义《逸斋诗补传》则谓《关雎》虽作于康王时,乃毕公追咏文王、太姒之事,以为规谏,故孔子以冠经首。太史公曰:"周道缺而《关雎》作。"冯衍《显志赋》:"美《关雎》之识微兮,愍周道之将崩。"愚按,范处义说追咏文王、太姒之事以为规谏,当是此诗之本事,唯作者是否为毕公,犹难考定。史公与冯衍语,深得《关雎》作者之意,而冯衍识微二字,尤下得妙。尧、舜兢兢业业,一日二日万几,所以为中夏开万世之基。董子《繁露》曰"天积众精以自强",富哉斯言! 唯大智者深心体之,而后知其义味无穷也。康王溺色晏朝,精神懈怠,失其刚矣。人主怠于上,臣民怠于下,周道不崩得乎? 孔子以《关雎》冠《经》首,所以垂戒也。《论语》有云:"《关雎》,乐而不淫,哀而不伤。"后儒皆疑孔子以哀乐并言,殊不可解。郑《笺》乃云哀当为衷字之误,擅改《论语》之文,亦与毛《序》不合。朱子注《论语》"关雎"章云:"求之未得,则宜其有寤寐反侧之忧,盖嫌哀字过重而以忧言之。"其疑一心中不得哀乐并有,固与郑《笺》同。参考《论语集注》。愚于汉、宋诸儒疑一心中哀乐不并,而窃叹儒学精神丧亡殆尽,不独考据家亡之,即理学家言涵养者,吾不知其养个甚么? 冯衍称《关雎》识微,愍周道将崩,颇识得一哀字;而于一心中哀乐并有,恐衍亦未识在。圣人之心,超脱小己利害得失之外,常与万物同休戚。<small>常字吃紧。</small>超小己故，其心无有不乐时；心有所不乐者，皆由缠于小己之私也。常与万物同休戚故，其心无有不哀时；心失其哀者，必其迷执小己而不能与天地万物通为一体也，此心便为形役，非本心也。此哀与忧异者，哀虽缘事而见，要非缘事而有，至诚恻怛是本心也，不论触事与否，恻怛恒悱然在中，<small>中谓心。</small>其流通于天地万物，息息无间而若不容已者，乃恻怛之几，即哀是也。忧则缘事而发，外缘所牵故，常扰其中，昔人言忧能伤人是也。哀者，恻怛内蕴，本性自然，不杂以私，恒无过激，<small>杂私便成忧，即至过激。</small>故哀即不伤。伤便成忧，已非哀也。乐不淫者，明此乐为真乐，本性自然，无待于外。若待外境而乐者，境便牵心，令其浮举。<small>反己体之自知。</small>浮举谓之淫，<small>淫者荡也，即浮举之相。</small>淫即心不安，已成苦恼，何可云乐？故不淫之乐，方是本心固有之乐；不伤之哀，亦是本心固有之哀。哀乐同属一心，非如两物不可并容。哀者，言乎此心之恻怛；乐者，言乎此心之通畅。孔子曰"吾非斯人之徒与而谁与"，恻怛之诚，溢于言表，哀之至也。又曰"仁者不忧，智者不惑，勇者不惧"，乐之至也。佛之大悲，哀也；无挂碍、无恐怖，乐也。人生如失其哀乐双融之心体，则无大自在力，不能有衣养万物而不为主之热诚与勇气。孔子删《诗》，以《关雎》冠《经》首，而《论语》记其赞《关雎》，乃以哀乐双融发明心地。呜乎！全《经》之蕴在是，人生无上之诣亦止乎此矣！

《书》以道事，庄生此言，深得孔子删《书》之旨。孔子自明其修《春秋》之意云："载之空言，不如见之行事深切著明。"其删定《尚书》，亦是此意，盖借古帝王之行事，以发挥其所怀抱之理想，非如后世史家只是记事而已。孔子删《书》，始唐虞，大概至文、武、周公而止，成王以下之事，孔子所修之《尚书》必无取焉。

《诗》始康王，周道始衰。孔子于《诗》倡革命，有以也。平王失道，东迁式微，其晚年仅以守府虚名寄于上，王迹荡然无存，王朝采诗之典必不举，列国不复陈诗，故孟子谓诗亡然后《春秋》作。《春秋》演《大易》《革》《鼎》二卦之义，<small>《杂卦篇》云："革，去故也；鼎，取新也。"</small>而张三世，犹《诗经》革命之志也。

由《春秋》继《诗经》而作以推《诗经》所由作，则知《诗经》继《尚书》而作殆无疑。《礼运篇》虽入《小戴礼记》，确是《春秋》外传，其言小康之治，颇赞禹、汤、文、武、成王、周公六君子之体绩。<small>宋儒诋其薄禹、汤诸圣，只是所见不广耳。</small>六君子于据乱世得致小康，其事诚不易，其功未可薄，而孔子所当之世，犹未离据乱，亦不便遽舍六君子之礼教，<small>可参考《礼运谈》小康一节。小康之世正是封建思想，其礼教即以上下尊卑之名分为主旨。</small>故删定《尚书》，以存六君子之绩，使来者得有所考鉴。孔子之教，有大义，有微言。<small>六经皆有大义、微言二派之说，得此枢要，便于圣言无疑滞。</small>其大义者，即六君子在据乱世而能致小康之礼教也。<small>微言，见前注。</small>问曰：《尚书》若只存六君子之事，而托始尧、舜何耶？答曰：六君子在据乱世，有小康之绩矣，千里始于跬步，后之离据乱而进升平，由升平而趣太平，皆自小康始也，此所以存六君子也。然圣人之意，存六君子之绩，而未可以六君子之礼制为后世法也。《礼运》六言君子之治曰："今大道既隐，<small>隐，谓不得显明于天下也。</small>天下为家。<small>天下为帝王一家之产。</small>各亲其亲，各子其子，货力为己。<small>货者，财货；力者，如体力、智力，皆名为力。小康之社会，经济制度为私有，各人皆以货与力为己，而不悟己不离群，不肯去私为公。</small>大人世及以为礼，<small>大人，谓天子；世及者，天子之位世</small>

235

袭，父死子继或兄终弟及也。诸侯世有其国，大夫世有其家，亦然。城郭沟池以为固。礼义以为纪，以正君臣，以笃父子，以睦兄弟，以和夫妇，礼义，至此为长句。以设制度，以立田里，附说。以贤勇知，以臣下之有勇有智者为贤，取其能为君上服事也。以功为己。功者，兼功力、功利、功名三义。天子雄长于列国，固欲以功为己，列国亦各欲以功为己，大夫亦欲以功为己，众庶将莫不然。故谋用是作，而兵由此起。禹、汤、文、武、成王、周公，由此其选也。此者，指前所说以功为己至谋作、兵起等语，而禹、汤诸圣则在此等恶习中不为所陷，能自拔出，故云其选也。此六君子者，未有不谨于礼者也。以著其义，义者，于己之外知有人，不自私也。以考其信，以功为己者，盗义之名而取自利之实，是无信也，故必考其信。著有过，著，明也。有过失必自著明，不再蹈前愆也。匿过者，必罪之。刑仁讲让，仁者爱人。刑犹法也，谓取法于仁爱之道。让者，常思抑制一己之私而不夺人，更不欲上人。示民有常。信义仁让，是人道之正常也。如有不如此者，在势者去，众以为殃。在势者，谓天子、诸侯、大夫，皆居势位，如不由乎信义仁让，终必失败，而去其势。众庶如不由乎信义仁让，必将侵侮人而致祸殃。是谓小康。"六君子于据乱世而以信义仁让率天下，所以致小康。是故六君子之为礼也，其要归在信义仁让，诚为生人常道不可或渝者。但其礼制犹未能荡除阶级，此乃据乱世之制度，非天下为公之大道也。故孔子之书首尧、舜，因尧、舜不以天下为一家私产，故托尧、舜之事用明天下为公之道。以此开宗明义，然后叙六君子之绩，则知六君子者大都因时立制，非可为万世不易之常法。《礼器篇》曰"礼时为大"，此一时字，实为《礼经》之大权。天下万有不齐之轻重，持权以衡之而无或爽；古今万有不齐之变，因时而为礼制即无失。故时者礼之权。《大易·随卦》之《象》曰："随时之义大矣哉！"

此礼时为大之所本也。《随卦》下《震》上《兑》,《震》为大动之象,《兑》为悦象,动而后悦名随。此言随时,即有革故创新之义,故动而悦。由此可见随时直是造时。造时者,先时而动,不可偷以待时而后应也。汉以来言随时者,皆待时而应之意,其弊必至失时。六君子在彼时立制,犹不失为随时。东周以后,孔子于《诗》言革命,于《春秋》言升平、太平之治,皆造时义也,惜其理想不得实现。自汉以后,乃一切失时,且无待时可说,况造时乎?《易》与《礼》之言,甚深宏大,无所不包通。至孟子言孔子"圣之时",乃专以其一身之仕止久速言,如此则孔子个人进退诚有余裕,而社会何赖有孔子其人乎? 孔子明明曰:"天下有道,丘不与易也。"孔子欲易天下之弘愿,岂为个人进退计乎? 孔子本圣之时,当就其"先天弗违""开物成务""参赞位育"等大机大用处见。孟氏乃专就个人进退言。后儒皆取法乎是,无肯以其身蒙垢犯难以任天下之重。汉以后衰运,此亦一因也。六经之义不明,其为吾群之戚,可胜言哉! 因论小康礼教,不觉曼衍。

余尝言,以功为己一语,揭穿人类罪恶。夫以功为公,则万物皆得其所,而互畅其灵性生活,人道之正也;以功为己,则阴谋交竞,同以兵自毁,是佛氏所谓众生颠倒也。人类何故如斯颠倒? 从大人世及以为礼而后,上下贵贱之名分严,而社会始有阶级。阶级既判,则其趋势不至于以功为己而不得也。六君子固非为己者,然上古草昧未开,天下为公之治要未可遽希,见卵而求时夜,不为达人所诮乎? _{天未曙而鸡鸣,谓之时夜。今卵且未孵,而冀有时夜之事,是空想也。详《庄子》。}然六君子以兵谋为戒,其礼制虽仍阶级之规,但其要归在于著义考信,刑仁讲让,示民有常,则与霸者用心全是为己之私、纯从阶级意识出发者，其相去何止天渊！余以为升平、太平之治，必由信义仁让而后可几。兵谋适以自毁，强且黠者固可以兵谋收一时之利，但从远大处看，则祸人者未有不终于自祸也。吾国历史，对外有防御之战而无侵略之战，六君子之遗教深远矣。

附说：《礼运》小康一节中"以设制度，以立田里"，而其后文有云："故天子有田，以处其子孙；诸侯有国，以处其子孙；大夫有采，以处其子孙。是谓制度。"据此可见古代天子以其邦畿千里之田为己有，子孙养于斯。诸侯于其国内之田，大夫于其采地之田皆然。而天下最大多数农民，则皆天子、诸侯、大夫之奴隶耳。天子、诸侯而贤也，则能念农奴之疾苦而宽其赋役，民可乐生；居上者不贤，则横行剥削而民无死所。《苕华》之诗有"不如无生"之叹，岂独王畿之民为然乎？王朝采诗之制当始自周公，此意甚善，然后王行之，或成具文，至平王晚年，则此事已废。孔子修《诗》而倡革命、反封建，作《春秋》而求进升平、太平，以臻天下为公之盛，其为万世人类计也，仁矣哉！

古者书，三千二百四十篇。孔子所删定之《书》，据《汉书·艺文志》，凡百篇。《尚书·璇玑钤》曰："孔子求书，定可以为世法者百二十篇。"案，所求之书，即古书三千余篇也。百二十篇，则孔子所删定也。据此，则《艺文志》言百篇者，举成数耳。汉初，距吕政焚书时甚近，其传说必无讹误。吕政焚书，济南人伏生，故秦博士，传《书》二十九篇。汉以来治《尚书》者，皆以伏生二十九篇为真。至张霸百两之篇,在汉时已辨其伪。马、郑古文《尚书》,出于杜林者,世亦不信其为孔壁真古文。马、郑之书,唐世已亡。而东晋梅赜献古文《尚书》,纯属伪造,则自宋儒迄清人,已成定谳。愚案,伏生所传二十九篇,如信为孔子所删定之《书》,亦未免轻信。古书三千余篇,其为孔子之《书》所未取者,当亦流传人间。伏生故秦博士,以《尚书》名家,必于孔子《书》及古书三千余篇,皆所博观并究。至晁错往受书时,伏生年九十余,已垂死,气索而神弗完矣,焉得于模糊记忆中,将古书三千篇中未为孔子所取者决不混入孔《书》之内哉?孔《书》,谓孔子所删定之《书》。近入皮锡瑞确信伏生二十九篇为孔子所定《书》,予未敢苟同也。伏生之《书》以《秦誓》终,决非孔子手定。齐桓、晋文并有高功,《论语》更以正而不谲许桓。楚庄德量甚宏,尤未易及。此三公者,皆非秦穆所敢望,而二十九篇不载其事,独以《秦誓》侪于二帝三王典诰之列,有是理乎?伏生为秦博士,此必伏生所增窜也。然《誓》辞有云:"其心休休焉,其如有容。人之有技,若己有之。视人之长若己之长也。人之彦圣,其心好之,不啻若自其口出,人之彦圣者,其言之善,我则心好之,视彼善言如出于我口。是能容之。视人犹己,足见其心之休休能容。以保我子孙黎民,亦职有利哉!"能容故能保子孙与黎民,是大利也。按,穆公此誓有君子之道焉,其得为五霸之一者正在此。秦自孝公以后,惨酷猜狭之习日深,至吕政益不堪问。伏生以此《誓》列入《尚书》,所以讽吕政之徒思旧德而知自反也,其用心亦苦哉!

孔子删定之《书》,首尧、舜而终于六君子,《璇玑钤》所谓"定可以为世法者"是也。古《尚书》三千余篇,是古史;孔子删定之《尚书》百余篇,则是经而非史,此不可不辨也。孔子借二帝、尧、舜。六君子之事，而寓以己之最高理想，故与古史不同。世儒有疑经文纯为孔子假托者，此说甚妄。《论语·卫灵公篇》："子曰：吾犹及 言犹及亲见之。 史之阙文也。 当时治史者遇有阙文，即守阙而已，不以己意妄增窜，此有真实不欺之风。 有马者借人乘之， 此有不私之意。今亡已夫。" 亡读无。孔子叹二事今无也。 据此可见孔子述古事必存其真，决无伪造之理。孔子所定《书》百余篇，其叙述二帝、六君子之事，当是取其可为后世法者，据事直书，列之为经；至于借古事而发挥己之理想， 己者，设为孔子之自谓，上言己者同。 必别为传，附经以行，如《春秋》之有经有传，无疑也。

孔子之《书》必终于周公、成王时事者，以三义推知之。一、《礼运》谈小康，专举三代之英，所谓六君子是也。故知周公摄王位，立成周一代之典礼，开八百年之基，而《书》即以是终。二、《论语》称古帝王之德，唯尧、舜、禹、汤、文、武、周公是子所雅言，此与《书》之始终相应。三、《诗》首《关雎》，刺康王之衰也。家天下与封建制度，自禹始奠之，至成王、周公而盛已极。极则不可以不革也，故《书》终于周公、成王，而《诗》始康王，发抒革命思想，《诗》《书》二经终始之脉络可寻也。明乎孔子之《书》是经非史，是借二帝、六君子之事以立己义， 己字， 见前注。 则不当妄计孔子必详于成、康以后王朝与列国之事也。《汉书·艺文志》言《诗经》三百五篇遭秦而全者，以其讽诵，不独在竹帛故也。惟《书》遭秦火最酷，散亡殆尽，惜哉！

《书》首尧、舜，与《周官》之虚君制颇堪印证。孔子《书传》虽不存，而微言之见于《论语》者，如《泰伯篇》云："大哉，尧之为君也！巍巍乎，唯天为大，唯尧则之。荡荡乎，民无能名焉。 天道之大,无为而成,唯尧则之,故民无得而名之也。**巍巍乎**,其有成功也。**焕乎**,其有文章。"焕,光明貌。文章,谓政教与一切制作及文物之盛。**尧不以己意宰天下**,而命舜总百揆,使九官十二牧各修其职,协和而治,群黎百姓皆畅其性而遂其生,故孔子赞之,以为替君权而崇民治之宏规也。又《卫灵公篇》云:"子曰:无为而治者,其舜也欤? 夫何为哉? 恭己正南面而已矣。"案,《帝典》称舜即位后,辟四门,言使四方民情得以上达,无有壅隔也。明四目,言使四方之目皆得明视天下事。达四听,言使四方之耳皆得聪听天下事。此其所以无为而治也。孔子因尧、舜之事而推演之,以创民主之制。《春秋》《周官》二经当与《尚书》互相参究,方可察见孔子思想脉络与其体系之伟大。惜乎《书经》几尽亡;《春秋》口义在汉初虽未绝,而其著竹帛者,已非孔门传授本真;《周官》窜易太甚,《冬官》已缺,而《周官传》竟无一字存。晚周一切学术绝于吕政,余自儿时闻先父其相公说吕政事,痛恨不能忘,迄今犹如趋庭承诲也。

问曰:六经遭吕政焚坑之祸,或残阙,或窜易,已非孔门传授本义,先生何故尊经如是其力耶? 答曰:六经虽有残阙及窜易,而根底犹可究,大体犹可寻。《大易》为五经之原,六十四卦、三百八十四爻最完具,十翼之文虽有七十子后学增益,而巨谬犹不多见。若夫《春秋》一经,《公羊》何注首释元年,明变一言元,即《大易》乾元始物之蕴,是其宇宙论与《易》通。至以三世推群变,随时改制,归趣太平大同,则《乾》之群龙无首、天下文明象也。孟轲、董生奉元而治,奉元者,体乾元之道而为治,与天下同归于仁。辨王霸,别义利,其庶乎得《春秋》之本矣。夫霸者以诈力劫制天下,王道反是。霸者竞利,王道崇义。崇义而无力,则迂阔无攸济；守义而以强力行之，庶几为群生所托命欤？董子曰"天积众精以自强"，一积字甚妙。佛说精进，如箭射空，箭箭紧接，相承而上，永不退坠，是积精之谓也。孟子言养浩然之气，至大至刚。二子之学，_{二子谓孟、董。}皆有得于《易》，同为《公羊》学，识《春秋》之本者，犹赖有二子，然皆不免迂阔。上寻《周官》，实行民主，勿任散漫而严组织，作以道艺，_{《周官》言作民之作字，其意义甚重大，开导、提振、鼓舞、奖励等方法，皆作也。道者，哲学思想。艺者，科学知识。并见前文。}作以生产，作以功力，_{凡工役与习武事，总名功力。}作以礼乐，作以法纪，_{如读法之类。}作以军备，然后本末兼修，治道克举，霸者不得逞志，而大同可期矣。是故《春秋》虽经窜易，而参以《大易》《周官》，稽之孟、董、何，源流不紊，_{《易》为《春秋》之源，《周官》又原本《春秋》，孟、董二子与何休《公羊》注皆《春秋》之枝流余裔也。}纲领堪寻，_{《春秋》之宏纲巨领，犹可考之《周官》与《礼运》大同说。}孰谓《春秋》经旨湮绝难寻哉？大、小戴《礼记》虽有宗法社会之遗，然其收罗颇富，宝物极多，如何抉择？如何董理？是非易事。_{凡治哲学与社会科学者，万不可不深究两《戴记》。}《诗》三百篇，《二南》《雅》《颂》，奥义宏深。子谓伯鱼"不为《二南》，面墙而立"，_{面墙者，一物无所见，一步不能行。人而不为《二南》，其病若是，故吾人当由《二南》以领会人生之意义与价值。}千古读《论语》者，于此昏然闷觉，何哉？《关雎》之诗，孔子直会到哀乐双融境地，而汉、宋群儒犹以为不可解也。《雅》《颂》多了义语，_{了义语，系借用佛典。谈义透澈根源，谓之了义语。}晚周迄宋、明诸子时见称述，从来大哲不废古诗。后生浅薄，难识斯趣，吁可惜哉！况夫劳苦之众，非号而图改革，大地无量年，众生未平等，谓此不平鸣，万劫常新可也。总之，六经虽不全，其根底可究，其体系可寻。虽汉儒多所窜易，然每根据孔子以前旧义，<small>孔子以前，宗法社会思想为盛。</small>亦可为稽古之助。茫然废经，未知其可也！

问曰：学穷其大，理究其极，将莫如玄矣。二氏穷玄，堪称两大。二氏谓佛、老，而先生独尊儒，何耶？答曰：孤往之造，小知所骇也；圆通之诣，俗学不测也。夫二氏之学，勇于孤往，其游玄也，不无耽无滞空之病欤？夫佛氏宗派繁多，而印以三法印，究竟空寂。<small>前二印皆空义，第三印是寂义。</small>道家由南华而上探柱下，根极虚无。<small>虚无亦犹空寂，故佛法东来，道家首迎合焉。</small>然格以儒学宗趣，上穷玄极，<small>玄者，谓其理无定在而无所不在；极者，至也。此理至极，更无有上，是万理之所会归。</small>则乾元性海，<small>乾者健也。元者原也。万化之原，其德至健，故谓乾元。是为万物之本命，人生之真性，故又以性海名之。海者，以形容性体广大，无量无边。乾元性海四字，复词也，上所云玄极者即此。</small>未尝不虚无空寂，亦未尝不生生化化而健动也。二氏终未免耽无而滞空矣。耽无滞空之宇宙观，无有发育。《中庸》云："洋洋乎发育万物。"儒家宇宙观，此一语道尽，极可玩。佛家唯识，以山河大地为妄识变现，期于断舍。他宗虽名言有异，而大意颇同。道家虽不呵毁宇宙万象，而以为自然之运，无健动义，亦不须吾人参赞化育之功。是二氏宇宙观均异吾儒。犹复须知，耽无滞空之人生观缺乏创化。《易》曰"君子自强不息"，<small>强者自强，非仗他力。强故不息，吾人生命本来如是。</small>曰"富有之谓大业"，<small>吾人生活内容丰富而深蓄，故发为大业。</small>曰"日新之谓盛德"，<small>日新而不守其故，所以为盛德。一息不新，则滞于故习、陷于物化，而失其天德矣。</small>是皆创化义也。佛氏以大雄力趣向度脱而反人生，老氏柔退，其下流至于委靡，皆与吾儒不似。<small>创化一词，用张东荪译名，但与柏格森氏本义不必符。吾儒之学</small>

亦不妨说为生命论，但吾儒剋就性分上言，即将吾所固有生生不息之真推出于形骸外而言其德用，是固至善无染，而亦常在创新舍故、化化不息之进展中，故云创化。

是故在群治方面，佛氏大悲，唯欲拔众生出生死海而已，政治社会诸大问题，彼不过问也；老氏不敢为天下先，庄生曰"孰弊弊焉以天下为事"；弊弊，经营貌。儒者裁成天地、辅相万物，与开物成务、先天而天弗违种种大义，皆二氏所无有。道家厌文明，恶夫圣智，以有为伤万物之性。道家所谓圣人与圣智，乃指富于权谋机变，足以动一世者言，与吾儒所云圣智不为同物，切忌混淆。其说亦非全无是处，犹惜其知一而不知二，未为通论也。文明诚有可厌者，然草昧未开之社会，以风习言，其朴实固有贤于文明人，但高尚文化之熏染既缺，往往野性勃发，其凶残贪诈亦甚难驯；以生活言，服食起居交接等项，其幸福与文明人孰多，又不待智者可决也。圣智以有为伤万物之性者，因其怀私纵欲而不惜刍狗万物也。儒者之道，以仁率天下，吉凶与民同患，其裁成、辅相，极于天地位、万物育而不见其有为之迹，《论语》称尧、舜之德，引前见。可玩也。夫有为无为之辨，公私而已。为之而杂以私，则以己宰物而物伤，庄生骈拇之旨诚然；为之而一本于公，则辅万物之自然，使物畅其性，事称其能，万物皆作而不相扰，是有为即无为也。老庄必欲一切无为，恶乎可？佛氏出世法，毕竟未能粉碎虚空，则大悲宏愿，何若用之于经世为得乎？庄子言"春秋经世"，如政教等法制以及社会组织、经济制度，皆所以经理世宙。二氏于本原上，已未免耽无滞空之失，故向下无往不失。汉以后，二氏思想盛行，不独文士诗人有聪慧者皆染玄义，玄谓魏晋玄学，即宗老庄者也；义谓佛家教义。而江左、隋、唐以迄五季,当神州多难之秋,甚多瑰伟奇特人物皆为佛法所吸引。倘以为法忘躯之勇、游玄造微之慧,用之于实事求是、拯救生人,中夏当不至衰颓太甚。然二氏影响得失,且勿深论。学者以求真理为事,二氏偏从虚无空寂方面理会万化根源,而不悟其即虚即健、即寂即生,云何契应真理? 余造《新唯识论》,归宗《大易》,融二氏之长而违其短,虽见嫉凡俗,余何辞焉?

上来所说六经纲领旨趣,庶几粗具。六经为中国文化与学术思想之根源,晚周诸子百家皆出于是,中国人作人与立国之特殊精神实在六经。独惜汉初诸儒戒焚坑之祸,窜易经文,虽史公直质,能道《春秋》,而犹不无一二语将顺皇帝。首述《春秋》"贬天子、退诸侯"云云,皆孔子本旨。后文言为人君与为人臣者皆不可不知《春秋》,则史公附以己意而图掩盖也。何休称《春秋》多非常可怪之论,盖口义在东汉犹有传者。然休注《公羊》,并无一字涉及非常可怪处,休以后,口义遂不传,惜哉! 汉《易》家虽多,皆讲象数,而于孔子之《易》无关。象数者,古代占卜之遗。孔子则因卦爻而发明无穷义理,通数以明变,原非占卜家之数;如每卦三爻,即以一生二、二生三,明万变之原则。假象以显理,不同占卜家之象。如《乾》之取象于天,所以显宇宙本体之德用至刚至健也。取象于龙,所以象本体之流行变化而显为万物者,其发展莫不有则也。初之潜、二之见乃至五之飞、上之亢,皆天则自然也。《诗》曰"有物有则",此之谓也。又每卦六爻,亦明宇宙万象互相关联。但其关联并非如一副机械,其中有动爻显潜动之力,亦有突跃之变,义蕴无穷,难以穷析。汉儒象数之书虽残阙,就其现存者观之,其不为废话者几何? 王辅嗣扫象,真卓识也。汉儒于孔子之《易》既用古占

245

卜之象数以为说而弃其本义，于《春秋》虽传口义而不敢著竹帛，卒至亡失，董子《繁露》，亦只略存微言。他经残缺改窜，更不待言。其尤可痛者，汉儒注经，皆本封建社会思想以垂训，为帝制作护符。武帝知其便于己，故定孔子为一尊，其术高于吕政远矣。武帝，刘季曾孙也。刘季亲见吕政，于焚坑事当知之甚悉。季初起兵，见儒生，即取其冠溲溺之，何故折辱儒生至是乎？盖亲见儒生在秦世坚执经义以反抗吕政之帝制，今惧儒生以反吕政者反己，故每见儒生即折辱之，使其屈于威势，不敢萌抗志也。及季已称帝，犹不除秦时挟书律，可见其阴毒。惠帝时始除此律，而书出犹少。文、景、武三朝，众儒畏祸，不敢存孔子六经真本，残缺之外，又加窜易。及为传注，复以拥护帝制为根本。武帝乃喜而利用之，于是孔子大毁于秦而定一尊于汉。封建社会延长至二千数百年，吾人恨吕政，恶其开祸端耳，刘季祖孙之罪不下于吕政也。东汉光武、明、章并讲经学，《白虎通》一书，诸儒集议，皇帝亲决，始盛张三纲五常。自此之后，群儒释经皆奉为天经地义，二千余年未之有改，而帝制遂坚立不摇。三纲者，君为臣纲，父为子纲，夫为妻纲。其本意在尊君，而以父尊于子、夫尊于妻配合之，于是人皆视为天理当然，无敢妄疑者。夫父道尊而子当孝，天地可毁，斯理不易也。父不得无理束其子是别一问题，究不可曰父母不当尊也。虎狼有父子，而况于人乎？但以父道配君道，无端加上政治意义，定为名教，由此有王者以孝治天下与移孝作忠等教条，使孝道成为大盗盗国之工具，此害可胜言乎？详玩《论语》孔子答门人问孝，皆就至性至情不容已处启发之，如曰"父母惟其疾之忧"，曰"至于犬马皆能有养，不敬，何以别乎？"此例不胜举。

自三纲之说出,只以父子说成名教关系,而性情之真乃戕贼无余矣。古义,妻者齐也,妇者匹也,夫妇平等昭然矣。今以尊夫者配合于尊君,又何理欤?五常谓仁、义、礼、智、信,乃人性固有之德,本不可毁;但以五常连属于三纲,则五常亦变成名教,将矫揉造作而不出于本性之自然矣。如孝在五常中是仁之端也,今之为子者,以迫于名教而为孝,则非出于性情之不容已,其贼仁不已甚乎?又如夫妇有别是义之端也,今束于名教而始为有别,则夫妇非以义合,是贼夫义也。自东汉倡名教纲常之说以护持帝制,而生民渐失其性,民德之偷已久矣。蛮野之徒迭起为帝,不亦宜乎?朱子《论语集注》解子张问十世章有曰"愚按三纲五常,礼之大体,三代相继,皆因之而不能变"云云,此非朱子一人之见,实代表二千余年汉、宋群儒之共同信守也。其实孔子说:"殷因于夏礼,所损益可知也;周因于殷礼,所损益可知也;其或继周者,虽百世可知也。"此段话本极圆活,不可以三纲五常填实因字中去。孔子之意若曰:殷继夏而兴,于夏礼自不无因仍之处,但殷之时势已大变于夏,决不可于夏礼多有所因,必有所损革,必有所新益,此为吾人所可知者。下文准知。详此章之义,本注重损益,而朱子填入三纲五常,便说成不损不益,此岂小过?清儒以戴震为钜子,震尝以朱子与康成并称,谓康成精于制数,制者制度,数者品数,如云"礼仪三百,威仪三千",即以数计。康成考据之业,所精在制数而已,震此说甚平允。朱子精于义理。朱子谈性理处,本非康成所及,震此说亦允。但朱子与周、程诸大师谈礼制或治道处则完全承汉儒奴化,或且变本加厉焉,此则震所不悟也。平情而论,汉初诸儒经吕政大毁灭,心怀戒惧,虽窜易经文,而犹保存古义不少。

《周官经》虽改面目，而骨子里并未变，犹赖有此，可以与孟子"民为贵"、董子《繁露》及何休三世义并史公所云"闻诸董生《春秋》贬天子、退诸侯、讨大夫"等微言相印证。《史记》偶存古义，多有奇宝。如"《易》本隐之显，《春秋》推见至隐"，此二语直是囊括大宇，当从宇宙论、人生论乃至群化各方面深究去。严复仅以逻辑之术言，虽不无见，犹泥于一曲也。友人孙学悟颖川甚爱此二语，慧眼哉！《易纬》多玄言奥义，后儒鲜能理会。《两戴记》亦多鸿宝，古今有神解者少，惜哉！戴东原最喜《大戴记·本命篇》"分于道谓之命"一语，谈天人之际，此语含义深广无边。然戴氏于此语究作何解，恐犹远隔在。此一语在本体论、宇宙论、人生论各方面是最大问题所在。道者，本体之目，是绝对而无偶，大全而不可剖析。今云分于道，何耶？分之为言，从万物之所各得而言也。此中万物则为天地人物之总名。命字有多义，兹不及详。此处言命，则是赋予义。万物皆得道以生以成，故说道分赋于万物，譬如无量众沤皆得大海水以成，即可说众沤所由成是大海水赋予之。即依分赋义而假曰命之也。命亦假名耳，非道超越于万物之外能命物也。此须善会。分字最吃紧，如误解分字，将以为一个人或一微尘只于大全中揽一细分而成，大全谓道，细分犹言一小分。此词借用印度胜论，而与原义不必符。是以凡情析物之见而测玄微，其迷谬亦甚矣。如分字善解之，即一一微尘各各具有大全，譬如众沤各各具有大海水，易言之，即每一沤皆以大海水为体，非可于大海水中割划一细分，取之以成为某一沤故。万物各各具有大道之全体，义亦犹是。而每一微尘皆是无穷无尽，一微尘非小，其体即道故，斯无穷尽明矣。佛者所谓"一华一法界，一叶一如来"是也，佛家法界、如来诸词，皆为本体之名。而况于人乎？

东原果作何解，吾不便猜度，然能知此语重要，其识已过人远矣。总之，西京诸儒，犹有存孔门古义者；东京之儒，则为纲常名教所束缚。党人习于气矜而无实行、无正见，浮华脆弱，乡原之雄，典午胡祸，伏于此矣。顾亭林称美东京，何其识之下哉？《孝经》是汉人伪造，以拥护帝制，其言皆不切近天性，容当别论。

吕政禁绝学术，诸子百家一切废弃，不唯毁灭儒学而已。其说倡自韩非，而吕政、李斯采用之。刘季祖孙承吕政之策而变其术，伪儒学既定为一尊，诸子坠绪，百家遗业，不待厉禁而自绝。六经原本既窜乱，诸儒注经又皆以护持帝制为本，中国学术思想绝于秦、汉，至可痛也！社会停滞于封建之局，帝制延数千年而不变，岂偶然乎？

余在清光绪二十八九年间，即与王汉、何自新诸先烈图革命，旋入武昌兵营当一小卒。时海内风气日变，少年皆骂孔子、毁六经，余亦如是。皮锡瑞在清末著《经学史》一小册，曾谓当时有烧经之说，盖实录也。辛亥武昌首义，神州光复，蔡子老主张学校禁止读经。余初未措意，旋见吾党诸新贵似不足办天下事，而旧势力之腐坏，亦岌岌不可终日。余自度非事功才，始决志从中国学术思想方面用一番功力。初治宋、明学，总有拘隘偏枯之感；进求之老庄，喜其玄解，而终有所未满；余于《读经示要》中卷曾略论老庄而未及详，得暇当为专篇。又求之大乘空有二宗。余于佛家浩浩三藏无量无边义蕴，窃欲蔽以一言，曰观空不证而已。学究其极，理穷其至，莫大于观空，莫难于观空不证。空非空无之谓，但以无形无象无作意故、无惑染故，名之为空，此非一切知见安足处。观者，观照，非妄识猜度故，名之为观。不证二字，深微至极，难以训释，强随俗解，只是不取空相。不取犹云不执。宜详玩《大般若经》。**彻了诸法如幻而不取幻相,**此云诸法,犹云宇宙万象。**彻了众生如泡影而不舍众生,于寂灭海而兴大悲,**寂灭有二义:一者,一切惑染灭故,名寂灭;二者,宇宙万象无暂住故,生而不有,未尝不寂故。大悲者,与众生同体故。**是谓观空不证。**此与《易·系辞传》"穷神知化,德之盛也"同一无上甚深境界。世智闻此,索然无味;大慧乍领,深叹百千万劫难遭遇。呜乎!安得解人与之默然于斯理哉?虽然,大乘超越小宗,已近乎儒而犹未至于儒也。《易》《春秋》内圣外王之全体大用,龙树、提婆、无著、世亲倘生中土,其将莫逆于心欤?

晚周诸子并作。庄生《天下篇》所称述者,皆当时流行之大学派也。秦以后,其学皆绝,其书皆不传。荀卿《非十二子》,韩非称八儒、三墨,亦皆当时大学派也,而汉初已鲜可征矣。其为庄生、荀卿、韩非所受影响未深而不及称者又岂少也哉?中夏文化发达甚早且甚高,而吕政、刘季相承,毁之一旦,岂不惜哉!

商鞅、韩非,亦怪杰也。蜀汉昭烈读其书,叹为益人意理。以二子之才,如能抑君权、倡民主,学术思想自由,有评判而无禁绝,政治上本之以敦仁隆礼,持之以明法绝私,行之以严威实干,振六国衰颓之俗,开三代未有之运,岂不妙哉!商、韩毕竟非法家正宗,余于《读经示要》已论之。正宗之学,鲜可考者。《淮南》所存"法原于众"一词,明法由民众公意制定,当是正宗遗意。《管子书》或成于战国之际,必为齐人宗管氏者所为。其书以法家而兼融儒、道,论治则优于孟子远矣,汉以来颇不重视,惜哉!《内业》《明心》诸篇,近人以为非《管子》之篇,此实不通《管子》耳,容当别论。

晚周诸子佚文,古籍偶有可征述者,成都蒙文通尝留意于斯，未知近得安心素业否？

余年四十后，深感民国以来唾弃固有学术思想，壹意妄自菲薄，甚非自立之道。吾国古代科学思想发达已盛，虽古籍沦亡，而汉人已言八卦与《九章》相表里，是《九章算术》发明在鸿古代，岂非奇迹！《易经》为囊括大宇、包罗万象之哲学大典，虽完成于孔子，而实由羲皇本之数理以造其端，岂不神哉！天文、地理、博物、医药、工程诸学，古代并精。指南针、舟舵、木鸢、飞机之始。机械、公输子以机械称于战国时。候地震仪、音律，种种制作，皆在古代。吕政焚百家语以愚黔首，汉承其毒而为术益巧。科学亡绝，咎在专制，非中国从古无科学也。哲学思想，晚周盛极，虽亡于秦、汉，然六籍广大之蕴尚可窥。诸子现存者虽残缺，亦甚足珍贵。汉以后，道藏、佛藏，宝物弥多。宋明理学，清人妄诋，何伤日月？其真是处，不可颠仆也。哲学有国民性。治哲学者，自当以本国思想为根底，以外国思想为资助，吸收外人之长，以去吾固有之短，亦当考察外人之短，而发挥吾固有之长，供其借鉴。学术者，天下之公器也，容不得一毫自私也，更容不得一毫自薄心。余尝言，将来世界大同，犹赖各种文化系统各自发挥其长处，以便互相比较、互相观摩、互相取舍、互相融和，方有大同之福。否则，人类精神界将有颓废之忧，岂明哲所希愿哉？真正哲学家当有空诸倚傍、危岩独立精神，始得有远识明见，堪为暗室孤灯。民国近四十年，谈哲学者只知有西洋而不知有中国。学者或自况于旧瓶新酒，然瓶固此方之旧，酒非今时自造之新，正恐犹是他方旧沙砾耳！子玄《庄注》曰："头奚不履？足奚不语？"头、足各保其独立之能，始有全体发展之幸。言近旨远，子玄有焉。余平生抱曩哲之遗文，泛扁舟于孤海，惟守先待后，皇皇如不及是惧。犹忆梁任公尝以清世汉学拟之欧洲文艺复兴，其言甚无识。欧人文艺复兴时代，自有一段真精神，申言之，即其接受前哲思想，确能以之激发其内部生活力而有沛然不可御与欣欣向荣之机，否则能有善果乎？清世帝王以边地夷人人主，《春秋》所谓夷狄，乃蛮野之称，如吴、楚失道皆狄之是也，并非与汉族不同种。以利禄奴化文人。清儒为学，每专一经，而博览故籍、搜集其有关之材料，如是则已耳。清世所称经学大师，皆抄胥之业，《清经解》具存，有目者当能辨之。清人考据，本承宋儒遗绪。但宋儒义理，若辈卑陋，不肯希求，则无忌惮而抹煞之，以汉学自标榜。夫汉学非孔子之真，余已言之矣。然西汉诸儒尚有苦心护持古义者，古义谓孔子微言。清儒则于明季大儒船山、亭林、青主、习斋、梨州、晚村诸老之劲节宏愿，与其民主思想、民族思想及不专靠读书而注重明物析理之精神，皆不惜斩绝尽净。假令此曹当汉初，其肯密传《春秋》口义延至东京而后绝乎？其肯存《礼运》大同小康之文乎？其肯不将《周官》毁尽乎？清儒自称汉学，可谓无耻极矣！且西汉之儒尚有笃信经义至以身殉之者，如睦孟、盖宽饶诸公欲实行天下为公之道，乃悍然据经义上书皇帝，请其退位，至死不悔。此等伟大精神，清儒污贱，决不起丝毫感触，而犹自托汉学，可乎？汉儒虽奴化，尚有正义未泯。唐儒言礼，渐除封建锢习。《仪礼·士冠礼》，父母并拜子，重宗嗣也。杜佑《通典》以为渎乱人伦，讥之诚是。古时重男轻女，父尊而母卑，以与尊君而贱臣民相配合。不引《仪礼》及《礼记》，避繁故。故丧服，父在为母期。唐以后，母丧加至三年。子妇于舅姑亦然。古嫂叔无服，男女有界，虽嫂叔不容泯也。唐以后，嫂叔亦有服。吾觉汉、唐诸儒犹有可取，唯清儒奴化最深，无正义感。谓其考据之勤于治古籍者有助，余亦何尝没其功？若许其于学问有得力处，至拟之欧洲文艺复兴，自非浅识，何忍妄言惑世？余以为辛亥光复，帝制告终，中国早应有一番文艺复兴之绩。唯所谓复兴者，决非于旧学不辨短长，一切重演之谓。惟当秉毛公评判接受之明示，先从孔子六经清理本源，次则晚周诸子犹未绝者，如老、庄、孟、荀、管、墨之类。或残篇仅存如《公孙龙子》之类。及有片言碎义见于他籍者，皆当详其本义，而后平章得失。

晚周而后，魏晋玄家，王辅嗣卓然独创，向秀、张湛、郭象皆承其流而演《庄》《列》。辅嗣注《老》而先说《易》。有《易略例》及《易注》。道家祖老聃，而老学源出《大易》，其渊源可考也。现行《列子》或即张湛杂采故籍以成此书，复自为注。郭象注《庄》而盗向义，不著其名，千秋秽事，智者弗为。漆园之学有极高深处，亦有极下劣处，向、郭未精析也。

玄学始于辅嗣，清谈者托之，以招胡祸，是辅嗣不及料也。魏、晋迄陈、隋间，南北宗浮屠者，其始皆深于玄而以玄迎佛，终乃归佛而背其本宗，是又辅嗣不及料也。

汉世伪儒学，弃孔子之微言微言详前注。而发扬封建思想以护帝制，思想锢蔽，至后汉而极矣。此时思潮当有一种转变。郑玄崇尚《周官经》，确有卓见，惜乎犹是考据家态度，终无实践精神，不足激引群情众志。王辅嗣乃以玄学起而代之，离群众而遗实用，虽恶帝制、訾封建，详辅嗣《老子注》。而以不争为宗极，亦复何济？如《老子》七十三章云："勇于敢则杀。"又云："天之道，不争而善胜。"辅嗣于上注云:"必不得其死也。"于下注云:"天唯不争,故天下莫能与之争。"夫勇于敢者,革命之事,斗争之事,志不在得其死也,而辅嗣不辨老之非,可乎? 天者,谓自然之势。老子言天,非谓神帝。自然不与天下争,而天下无有得抗自然者,如今帝国主义者,正在自然之下崩溃去,虽欲与自然争,不可得也。就此一方看去,辅嗣赞同老子,未可厚非,但道理不可说向一边,佛家去边见,犹儒云去偏见。帝者积恶久而必溃,此即自然之势。帝者至此,固无可抗自然;反帝者勇于敢以争,正是顺自然。《大易》于《坤卦》著玄黄血战之义,老氏似不省,余故不以老氏为尼山肖子也。然儒者用斗争为去不平以求平,或去暗以求明时,不得已而从权以济,决非以斗争为正常之道,此义万不可忽。老氏、辅嗣必偏主不争,是率天下偏向恶浊,万古不返也。郑玄颇识《周官》而未通《大易》,汉世《易》家皆谈象数,与孔子之《易》无关,说见前文。故无革鼎之盛事。辅嗣宗老氏,老氏学《易》而变其宗,虽欲自树,适形其短,惜哉! 辅嗣不宗儒而宗老也。辅嗣崇无,详《老注》。既非善变。如外来思想有与《春秋》《周官》接近者,自可因新感摄而引发内蕴之生命力。不幸外来者为印度佛教,佛氏明空,与老氏崇无本相似而实不相同也。相似与相同,其区别太大。余虽欲略辨之,而苦于难下语,亦非不能下语也。学者于两家思想体系及其根底若非各别精研过,吾虽以简单语句判定两家异同,闻者不唯无实解,正恐引生许多恍惚之见,益成毒害。颇有谓东方古哲之学不是一套空思想,因而疑吾用思想体系之词为不合者,此等见解,如欲与辨,似太麻烦,兹不暇及。黄君所述《摧惑显宗记》,于佛氏本义持衡正确,近印二百部。学者肯虚心于此,再细玩若干部大经大论,自有真悟入。佛法确高于老,高者透,则其低一级者自易彻。擒贼先擒王,为学何独不然?

两汉以来,孔子六经之真已晦蔽不可见。二千数百年所谓儒者,若概斥为奴,似难过。然平情深究,不谓其奴化之深不得也。魏晋以来,佛法在中国思想界确为主流,南北、隋、唐以及五季,聪明奇特人几被空王一网打尽。南北朝时代,不唯江左佛法盛行,北中国则罗什宏宣力大,徒众之多,殊过洙泗。唐世,儒学无人才,佛家为盛。五季俊杰,尽在禅宗。宋明理学虽云反佛,其实始终与禅学夹杂。至明季诸子始大攻心学,欲别于禅,而本原上终欠宏深。然清人入关,诸子之学亦斩于奴化之汉学家矣。

佛法东来,其演变极复杂。余于历史素不甚留意,但肤俗之论每以华梵融通之业专归宋明理学,确甚错误。魏、晋迄隋、唐,中国人已自创许多宗派,而同有玄佛合流之意味。其最著者,如肇公《物不迁论》,文字极少而境界极高,《起信论》不生灭与生灭和合,乍见和合二字,似不甚妥,其实此中义旨深广无边。明儒管东溟论性,于此似有窥。杜顺法界玄镜理事圆融,《十力语要》卷二有一书谈及。皆澈法源底。借用《胜鬘经》语。诸公倘遇龙树、无著诸大菩萨亲说法要,自当令其心折,况论师之流乎? 余尝言,玄家融佛者,其直凑单微,颇有超过宋、明诸师处,然亦有不逮宋、明者。玄家会三玄以归于佛,晋人以《大易》与《老》《庄》称三玄。毕竟与佛氏三法印究竟空寂者不尽合,而自命为佛之徒,不肯宗三玄,欲自失所据。佛言依自不依他,此是极亲切语,而亦无妨作宽泛解。诸公如此行径,似未免依他之失。然诸公所以自居于佛者,三玄虽有《大易》,而玄家实以《老子》为宗,其于《易》也,亦本《老子》之旨趣会

255

去，终不悟孔子本义。老氏崇无，故易投入空寂之教，且老氏于世间法有呵毁而无经纶，呵毁者，如"天地不仁，以万物为刍狗"及攻击帝者与訾仁义之类。老庄皆主清净自正，而无开物成务之道，故无经纶。其趋于出世也又甚易。玄、佛融通之业，自吾国思想界视之并不希奇，亦非民生困敝之国家所需要，故影响不及宋、明。向来研佛教史者，或只知佛法之来，玄家首与迎合，实则不止迎合而已，其融通之业确亦大有可观，不容茫然莫察也。

孔子六经与佛氏出世法，确为两不相容之物，两家根本不同处，《摧惑显宗记》略言之，见《十力丛书》。宋、明儒始作此大难事，所以可贵。然余于宋学总有拘碍偏枯之感，今此不及论。明学本继承两宋。自王阳明出，确不守程、朱绳墨。张江陵继阳明而兴，其取精用物宏多，又为王学所收拾不下。然以佛法出世精神转为吾儒经世精神，则两先生所同也。

晚明船山、亭林、习斋、梨州、晚村诸子承宋学、王学之绪而发起新变化，《读经示要》曾略言之。旧作《示要》，未言及傅青主，此是一大疏脱。青主于民主思想、民族思想皆极真切，惜其微言以见志，人或不察。诸子致力于学，颇注意观测事物，虽博极群书，而不谓读书即是学问，此与考据家死守书册者迥异，而理学家空谈心性者尤所不取。亭林、船山此种态度更显著，是为变化之最大者。民主思想、民族思想一向被奴儒埋没，无从启发，而诸子脱然超悟，此一变化更奇特。独惜诸子虽反帝制而犹不能完全扫除汉、宋以来根深蒂固之奴化，易言之，封建社会礼制与纲常名教之信条，诸子犹被牵缠，不能自拔。如亭林论父在为母期，即据丧服四制、国无二君、家无二尊之义，而断定父在不可为母行三年丧。此明

256

是封建社会之礼制，所以拥护君权，而亭林竟莫之省。夫父母，尊同也，恩同也，今母在为父行三年丧，父在又何忍为母期？制父母之丧礼而不本乎人心之安，无端加上政治意义，其贼人性如此。王船山论郊祭之礼，谓后世郊祀皇地，侂北郊以拟天，无阴阳崇卑之别，乱自此生云云，汉以来言《易》象者，以阳有天象、有君象、有男象，以阴有地象、有臣民之象、有女象，尊阳而贱阴，即谓天尊而地卑、君尊而臣民卑、男尊而女卑。此等谬解，源于古代术数家，而经师盛演之以护帝制，实非孔子之《易》。兹不及详。其误与亭林同。余以为《仪礼》是周室之制，虽本于周公，而后王附益者必多；《礼记》为汉人所记，颇杂采故籍，不尽为孔子本义。后人考礼，必依据《大易·随卦》及《革》《鼎》《损》《益》诸卦与《春秋》三世之旨，随时精义，方可得孔子之意，不当为汉儒增窜之文所误也。汉儒所弘阐者，鲜不为封建思想也。今人言破封建，须将汉以来礼制研究一番，不当卤莽破去。上言丧祭礼，不过一例，若细考之，不胜其繁，非此所及。

余之一生，于吾国学术思想确曾用过苦功，非以广见闻为务，非欲以学问家自鸣。余常思秦以后二千数百年颓运，不得不明了秦以后之学术思想，此一意也。欧化东来，吾固有学术思想似日就湮废。余常设想今当舍旧图新，不守其故而新生，则诚然矣；不用其故而新生，恐不应理。不守故而新生者，如米变为粥，米故也，粥新也，米守故而不变，则新粥不生矣，是知新生由不守故。然复须知新生之粥却是用已故之米方变得来，如将故米毁尽，欲新粥生，其可得乎？知用故与守故不可并为一谈，则留心国故，不为浪耗心力，此又一意也。以上二意，而竭平生之力，为无用之学。今临暮年，略抒感想。窃以为中国人之作人与立国精神毕竟在孔子六经。六经遭秦火后，出于汉者，又经汉人窜易，但保存孔子本义尚不少，唯汉、宋群儒皆以封建思想说经，今当遵毛公评判接受之明示慎重整理。

晚周诸子可考无多，唯老庄自后汉以来影响颇大，西汉黄老并言，后汉则老庄之风已盛，魏晋后玄佛合流。此于吾社会之停滞不进确有关系。然道家穷玄，已窥众妙之门，堪与梵方之佛并称两大，抉其长而存之，发其短而勿效，是在吾人。

古今任何学派，其立义必皆持之有故，故者，所以义，亦即所据。此有总有分。总者，凡一派思想或理论，其最初找出问题而作解决时，胸中必先有所据，乃从其所据而推析去，便演出许多条理，然后完成系统，唯此所据在哲学上每由玄想得之。分者，每下一义，即有其所据，如因明三支比量，其因、喻二支皆宗之所据也。言之成理，凡成一完整体系之理论，其中各方面必不相违反，故云成理。但其所持之故不能尽确，而必有正确不摇者在；其所成之理不能皆当，而必有至当不易者存。佛氏在宗教方面之教证、理证，余平生存而不论，教证、理证者，诸大菩萨宗经而造论，每立一义，或引佛说以证。佛之所说称为教故，是为教证。若以比量推求义理，论证足以自圆其说，如《三十论》以十理成立赖耶识，是为理证。唯念佛家最奇特处，即在其以宗教而包含至高深至广博之哲学思想，其体系伟大无涯，唯儒家与之相类。佛家派别极多，其间矛盾之论确不少，而有判教等方法以调融之，便不相妨。儒者六经广大，无所不备。晚周诸儒虽不可考，而汉以来群儒著述及经生注疏亦各有独到处，惜未加整理耳。印度佛法已式微，中国自魏、晋以来吸收佛法之成绩确甚伟大。今后当在评判与融通两方面着手，不堪废坠。

宋明学不可忽视。《读经示要》曾言其变迁之大概。宋学有许多问题、许多派别,明学亦有许多问题、许多派别,都无人继续研究。帝制时代,不肯奖励思想,学者以考据不触世主之忌,又易成名,故自汉以来,群趋于考据之业,亦渐失其思辨之能力,此甚可痛。

共和己二年,文教方针宜审慎周详,学术空气之提振更不可缓。余以为马列主义毕竟宜中国化。毛公思想固深得马列主义之精粹,而于中国固有之学术思想似亦不能谓其无关系。以余所知,其遥契于《周官经》者似不少。凡新故替代之际,故者替而新者代兴,曰替代。新者必一面检过去之短而舍弃之,一面又必因过去之长而发挥光大之。新者利用过去之长而凭藉自厚,力量益大。过去之长经新生力融化,其质与量皆不同已往,自不待言。佛氏有云"因赅果海,果彻因源",斯言可玩。万有虽皆变动不居,然后之变承前而起,应说前为后作因,后望前而名果。因方在前,固非已有后果,然后果之可能性则因中确已赅备,故曰"因赅果海"也。果而曰海者,形容其广大故。果变后起,后之变对前而名果,即以果变二字连属而为复词。虽与前不为同物,然此广大之变,要不无因于前,故由后望前,决非中断而不可上通也,是云"果彻因源"。前因为后果之源,故因源二字亦复词。明夫前因后果连续,无有中断,则前法不可一刀斩绝,法犹云物,借用佛典。此词可虚用。前法谓过去所有学术思想。而毛公评判接受之训,无可易矣。唯评判一事确不容易,政府必须规设中国哲学研究所,培养旧学人才。凡在研究机关工作之学者,只须对于新制度认识清楚,不得违反,而不必求其一致唯物。其有能在唯心论中发挥高深理趣,亦可任其流通,但唯物论者可依其本宗之观点而予以批驳。如此,即与辨证之旨无不相符。凡高深理趣之影响于人类生活，恒在无形中。无形也，故久乃大，不当持实用之观点以苛求之。民国近四十年，新人物对于固有学术思想太疏隔，此为彰明之事实，无待余言。今日诚欲评判旧学，必先养才。养才必须成立一种研究机关，搜求老辈素为义理之学者，请任指导。_{暂不定额。}研究生名额宜定为八十名左右，肄业年限宜较长。但马列主义、毛公思想，研究生必须自习，使有温故知新之效。或谓研究生八十名恐太多，殊不知中国如此广大，学派纷繁，故籍极多，向来只有考据之业，而思想方面毫未理出头绪，八十名研究生岂得云多？纵目前省减，亦非有三四十名不可。又在过去私立讲学机关宜恢复者约有三：一、南京内学院。此为欧阳竟无居士所创办，实继承杨仁山居士金陵刻经处之遗业。杨公道行，犹在众口。欧翁一代大师，不烦称述。谭浏阳在清季为流血之第一人，即与欧翁同受佛法于杨公者也。同盟会中钜子如章太炎等皆与杨公、欧翁有关系。南京佛学研究机关对革命人物不无相当影响。欧翁虽下世，而其弟子吕秋逸居士克宏前业，当请政务院函商南京省市政府觅一房屋为内学院院址，邀秋逸主持，暂聚生徒数名，由公家维持其生活，以后徐图扩充。吾于佛学本不完全赞同，世所共知，然佛法在中国究是一大学派，确有不可颠扑者在。内学院为最有历史性及成绩卓著之佛学机关，如其废坠，未免可惜！其次，杭州马一浮先生主持之智林图书馆。一浮究玄义之殊趣，综禅理之要会，其学行久为世所共仰。抗日时，曾在川主持复性书院，不许某党干涉教学，而院费卒无着。当世知其事者不少，尚可查询。一浮以私人募资，选刻古书，皆有精意卓裁，于学术界大有贡献。后改立智林图书馆,绝无经费。清季以来,各书局翻印古籍,甚多错误。保存木刻,不失古代遗法,似亦切要,拟请政务院函杭州省府、市府酌予资助其刻书事业,并得聚讲友及生徒数名,存旧学一线之延。一浮之友叶左文先生,博文约礼之醇儒也,同居讲学,实为嘉会。其三,梁漱溟先生主持之勉仁书院。在民国十年左右,彼与北大哲学系诸高材生有私人讲习之所,曰勉仁斋,青年好学者颇受影响。抗日时,始在四川北碚成立勉仁书院。漱溟方奔走民盟,余时栖止勉院,曾以《大易》《春秋》《周官》三经教学者。漱溟本非事功才,以讲学为佳,愚意拟请政府准予资助其恢复勉院,规模不必大,使其培养旧学种子可也。中国文化在大地上自为一种体系,晚周学术复兴运动此时纵不能作,而搜求晚周坠绪、存其种子,则万不可无此一段工夫。中国五千年文化,不可不自爱惜。清季迄民国,凡固有学术废绝已久,毛公主张评判接受,下怀不胜感奋,故敢抒其积怀。年来深感政府以大公之道行苦干实干之政,余确有中夏兴复之信念,故对文化,欲效献曝之忱。今奉书左右,至希垂察,并恳代陈毛公赐览,未知可否? 书中所请设立中国哲学研究所与恢复内学院、智林图书馆、勉仁书院等办法,恳代达政务院,是否有当,伏候明教! 辱在相知,故敢相渎。伯渠、必武、沫若诸先生,统希垂鉴。